개정판

쉽게 풀어쓴 비판적 사고

쉽게 풀어쓴 **비판적 사고**

―

펴낸날 2020년 9월 7일 초판 1쇄
　　　 2021년 3월 2일 초판 2쇄
　　　 2023년 2월 15일 개정판
지은이 전대석
펴낸이 이주희
꾸민이 강대현

―

펴낸곳 컵앤캡(Cup&Cap)
주소 12148 경기도 남양주시 호평로 9 2402-203
전화 031) 516-1605 | **팩스** 031) 624-4605
이메일 cupncap@hanmail.net
등록 제399-2015-000015호(2015년 5월 29일)

―

ISBN 979-11-955628-9-3　03170

ⓒ 전대석, 2020

―

※ 이 책은 저작권법에 의해 보호받습니다. 무단으로 전재하거나 복제하면
　법의 처벌을 받습니다.
※ 본문 일부 이미지: Designed by Freepik

> 개정판

쉽게 풀어쓴
비판적 사고

전대석 지음

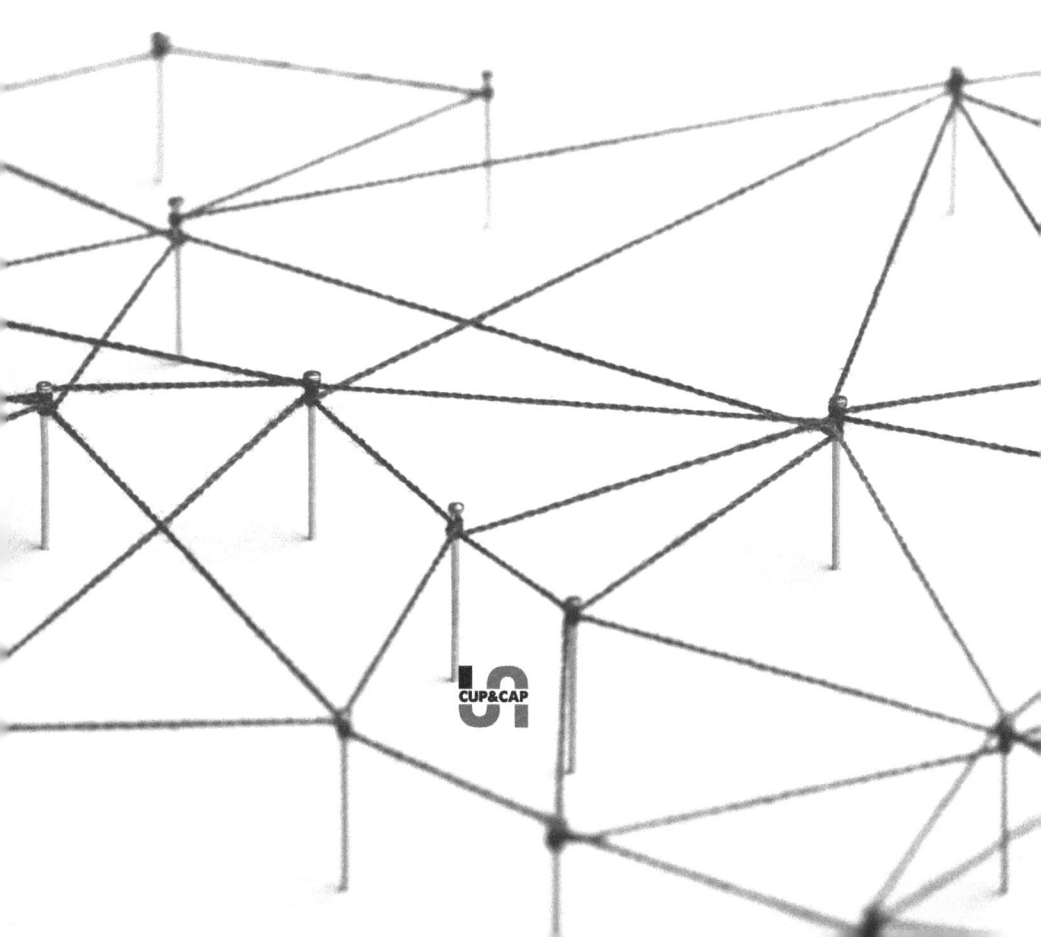

CUP&CAP

머리말

'논리'라는 '단어'는 우리에게 제법 친숙할 뿐만 아니라 일상에서 자주 사용하는 용어이기도 하다. 그것은 '비판' 또는 '비판적 사고'라는 단어도 마찬가지다. 예컨대, 우리는 '선택'과 '결정'이 요구되는 문제 상황에서 그 '단어'들이 포함된 말과 문장을 통해 그 문제에 대한 자신의 견해를 보이기도 하고, 상대방의 주장에 반대하기도 한다. 반면에 우리는 '논리'와 '비판적 사고'를 겉으로만 친숙하고 자연스럽게 사용할 뿐, 정작 논리와 비판적 사고의 '내용과 형식에 대한 앎'에 대해서는 그렇게 친숙하지 않은 듯하다. 간략히 말해서, '논리'와 '비판적 사고'는 우리를 움츠러들게 하는 묘한 힘이 있다. 그 까닭은 여러 가지가 있을 것이지만, 크게 두 가지 정도를 말할 수 있을 것 같다. 우선 떠올릴 수 있는 것은 '논리'와 '비판적 사고'에 대한 선입견, 즉 그것을 배우고 익히는 것이 매우 어렵다는 막연한 두려움이다. 다음으로, 우리는 그러한 앎(지식)이 우리의 삶과 일상에 실용적이지 않다는 편견을 가지고 있을 수 있다. 하지만 정말 그럴까?

먼저, '편견'에 대해서 말해보자. 우리는 '하루'라는 시간 안에서도 제법 많은 선택과 결정을 한다. 아주 극단적인 상황을 제외한다면, 어떠한 선택이나 결정을 전혀 하지 않는 날이 있을 것 같지는 않다. 우리는 일상에서 (작든 크든 또는 사소하든 중요하든) 많은 문제 상황들을 마주하게 되고, 그 문제들에 대해 나름의 선택과 결정을 한다. 그리고 우리는 그 선택과 결정이 '합리적'일 뿐만 아니라 '나에게 도움'이 되기를 원한다. '비판적 사고'는 바로 이와 같이 일상 속에서 마주하는 문제들에 대해 우리가 적실성 있게 대처할 수 있도록 도와준다. 이러한 측면에서, 비판적 사고는 자신의 삶을 꾸려가는 데 있어 유용하고 필요한 것이다.

　다음으로 '두려움'에 대해 말해보자. 이것은 어떤 측면에서 수긍할 부분이 있는 듯하다. 좋은 예는 아니지만, 이것은 마치 우리들 중 많은 사람들이 수학에 대해 갖는 두려움과 유사하다. 하지만 수학이 배우고 익히기 어렵다고 해서, 수학을 전혀 사용하지 않고 살아갈 수 있을까? 당연히 그렇지 않다. 물론, 우리가 수학을 전공하거나 수학을 기반으로 하는 학문을 연구하는 전문가 수준으로 수학을 공부할 까닭은 없다. 하지만 우리는 수학의 가장 기본적이고 기초적인 원리인 사칙연산을 능숙하게 사용할 뿐만 아니라, 그것에 기초하여 복잡한 문제들을 해결하기도 한다. 논리와 비판적 사고도 마찬가지다. 우리는 이미 논리와 비판적 사고의 가장 기본적인 원리와 기법들을 일상에서 이미 익숙하게 사용하고 있을 뿐만 아니라, 그것에 기초하여 제법 복잡한 문제들도 해결하고 있다. 우리는 단지 그것의 '사용'이 아닌 '형식'에 익숙하지 않을 뿐이다. 만일 그렇다면, 우리는 논리와 비판적 사고에 대해 막연히 두려워하거나 실용적이지 않다는 편견을 가질 필요가 없다. 따라서 우리는 이 책을 통해 비판적 사고의 가장 기본적이고 기초적인 것들을 함께 배우고 익힐 것이다. 이 책의 제목이 '쉽게 풀어쓴 비판적 사고'인 까닭이다.

　이 책은 학습자가 논증의 분석과 추리의 과정을 단계적으로 따라가면서 자연스럽게 이해할 수 있도록 크게 세 부분으로 구성하였다. '1부: 비판적 사고와 논증 이해하기'는 비판적 사고를 배우고 익혀야 하는 이유를 밝히면서, 논증을 구성하는 기본 원리와 사고의 흐름을 보여주는 논증 구조도를 구성하는 데 초점을 맞추고 있다. '2부: 논증을 세련되게 만들기'에서는 논리의 가장 기본이라고 할 수 있는 '연역추리'와 '귀납추리'의 핵심 내용만을 선별하여 다룬다. '3부: 논증의 문제 파악하기'는 우리가 일상과 학문 영역에서 저지를 수 있는 오류의 내용과 유형을 살펴볼 것이다. 반면에, 이 책은 '술어논리, 양화논리, 복잡한 추론 규칙을 활용한 논증 증명' 등은 다루지 않는다. 물론, 이와 같은 내용을 배우고 익히는 것이 필요하지 않기 때문은 결코 아니다. 이것은 철학을 전공으로 삼은 학생들 또는 논리학에 관심을 갖고 있는 학생들이 별도의 시간과 노력을 투자하여 공부해야 할 것들이다. 다만, 그것들은 논리와 비판적 사고의 핵심적인 내용을 배우고 익힘으로써 자신의 학문 영역과 일상의 문제들을 논리적으로 분석하고 비판적으로 평가하려는 사람에게까지 필수적으로 요구되지는 않기 때문이다. 게다가 이 책은 '논리'와 '비판적 사고'를 처음 접하거나 익숙하지 않은 입문자들이 조금 더 쉽게 논리와 비판적 사고의 중요한 내용들을 이해하는 것을 목표로 하고 있기 때문이기도 하다.

 이 책은 학습자가 비판적 사고에 쉽게 접근할 수 있도록 가능한 한 분석 과정을 세세하게 설명하려고 노력하였으며, 추론의 과정 또한 절차적으로 제시하려 시도하였다. 본문에서 사용한 예시 사례와 연습문제는 새롭게 만든 것도 있고 비판적 사고를 교육할 때 대표적으로 사용되고 있는 텍스트를 활용한 것도 있다. 하지만 예시 사례와 연습문제에 대한 '풀이와 해설'은 모두 새롭게 구성하였다. 본문 중의 일부 어색한 표현들, 즉 영어를 바로 옮긴 것 같은 표현이나 국어 표현에 잘 들어맞지 않은 문장들은 논증의 논리적 관계를 보다 분명하게 보이기 위한

'의도적인 표현'이라는 점을 미리 밝힌다.

  우리가 학문 영역과 일상에서 엄밀히 '비판적 사고'를 한다는 것은 어려운 일도 아니지만, 결코 쉬운 일도 아니다. 더욱이 비판적 사고는 사회적, 문화적, 환경적 또는 윤리적 문제 등과 같이 중요한 실천적 문제를 분석하고, 그 문제에 대한 합리적인 평가를 내리는 일이기에 더 그러하다. 하지만 우리가 이 책에서 다루고 있는 비판적 사고의 가장 '기본적이고 기초적'인 내용부터 단계적으로 공부한다면 훌륭한 '비판적 사고자'가 되는 것도 도달할 수 없는 목표는 아니다. 우리는 입문자의 입장에서 비판적 사고의 중요한 내용들을 단계적으로 배우고 익힘으로써 훌륭한 비판적 사고자가 될 수 있을 것이다.

  마지막으로, 이 책이 완성되기까지 도움을 주신 분들께 감사의 말씀을 드리고 싶다. 먼저, 좋은 질문과 문제제기를 통해 비판적 사고를 학습자의 입장에서 분석하고 해석할 수 있는 시각을 가질 수 있도록 강한 동기를 부여해 준 많은 학생들에게 큰 감사의 말씀을 드린다. 삶의 중대사인 결혼을 준비하는 과정 중에서도 부족한 원고에 대해 날카로운 비판을 아끼지 않은 백송이 선생에게 이 지면을 빌어 축하와 감사를 드린다. 빠듯한 일정 속에서 부족한 원고를 다듬어 선뜻 출판을 해준 후배이자 동료인 이주희 선생에게도 감사드린다.

2020년 8월 광복절에
저자 드림

목차

1부 비판적 사고와 논증 이해하기

1강 비판적 사고란 무엇인가?   12
2강 논증이란 무엇인가?   22
3강 논증 구조도 (1) 논증 구성하기   45
4강 논증 구조도 (2) 전제와 결론이 생략된 논증 구성하기   72

2부 논증을 세련되게 만들기

5강 연역추리 (1) 타당한 추론 규칙과 타당성 검사   98
6강 연역추리 (2) 연연논증의 타당성과 건전성 검사   132
7강 귀납추리 (1) 단순 귀납, 통계적 일반화, 통계적 삼단논법, 유비추리   159
8강 귀납추리 (2) 최선의 설명에 의한 추론, 과학적 가설추론   184
9강 귀납추리 (3) 인과적 귀납추론   211

3부 논증의 문제 파악하기

10강 형식적 오류 228
11강 비형식적 오류 (1) 유관성의 오류, 애매성의 오류 251
12강 비형식적 오류 (2) 보장받지 못한 가정의 오류, 그 밖의 오류 278

연습문제 예시답안 304

1부
비판적 사고와 논증 이해하기

1강 비판적 사고란 무엇인가?

'논리' 또는 '비판적 사고'라는 단어는 우리를 움츠리게 만드는 알 수 없는 '힘'이 있다. 우리들 대부분이 그것은 '**어렵고 따분하고 일상적이지 않다**'고 생각하기 때문이다. 따라서 비판적 사고에 관한 내용을 본격적으로 다루기에 앞서 다음과 같은 물음으로 논의를 시작하는 것이 좋을 것 같다. 아래의 물음은 우리가 일상에서 매일 겪는 일에 관한 것이다. 즉,

① 나는 오늘 눈을 뜬 후부터 몇 번이나 (이러저러한) 주장을 하였을까?
② 내가 오늘 처음으로 한 주장은 무엇인가?
③ 내가 한 그 주장은 받아들여졌는가, 그렇지 않은가?
④ 나의 주장이 받아들여지지 않았다면, 그 이유는 무엇일까?

이와 같은 물음에 답하기 위해 우리가 한 번쯤은 (실은, 제법 많이) 겪었을 법한 이야기를 구성해보자. 예컨대,

> 나는 어제 매우 바쁜 하루를 보냈다. 어제의 일들을 간략히 말하면 이렇다. 나는 제출해야 할 전공 수업의 과제를 마무리했고, 이러저러한 이유로 미루어 두었던 집안 청소도 깔끔히 해내었고 … 등등. 나는 평소보다 많은 일들을 했다. 그러한 까닭에, 나는 보고 싶은 영화가

있었지만 평소보다 몸이 피곤하기도 하거니와 내일 아침 일찍 수업이 있었기 때문에 평소와 같은 시간에 잠자리에 들었다.

아침 7시, 알람이 울린다. 평소 같았으면 알람 소리를 듣고 지체 없이 일어났을 것이다. 하지만 오늘은 어제 피곤한 하루를 보낸 탓인지 평소와 달리 눈이 잘 떠지지 않는다. 나는 눈을 제대로 뜨지 못한 채 마음으로 '나'와 대화를 나누기 시작한다. '지금 바로 일어나야 해!' 또는 '아니야, 조금 더 자도 괜찮아!'

우리는 아마도 이와 같은 경험을 적어도 한 번쯤은 해보았을 것이다. 위의 사례에는 주장이 있는가? 적어도 '두 개의 주장'이 있는 것으로 보인다. 그리고 그 두 주장은 서로 충돌하고 있다. 만일 그렇다면, 그 두 주장 중 어떤 주장이 채택되었을까? '바로 일어나는 결정'이 선택되었을 수도 있고, '조금 더 자는 결정'이 선택되었을 수도 있다. 이제 눈도 뜨지 못한 채 두 선택지 중 하나를 결정하기 위해 '나' 자신에게 개진하고 있는 두 주장을 조금 더 정치하게 만들어보자. 아마도 두 주장을 뒷받침하는 이유들은 다음과 같은 것들일 수 있다. 즉,

선택1	'지금 바로 일어나야 해.'
이유들	① 아침 일찍 수업이 있다. ② 지금 일어나지 않으면, 아침밥을 먹지 못하고 집을 나서야 할 수 있다. ③ 지금 일어나지 않으면, 수업에 지각할 수 있다. ④ 수업에 지각하면, 수업에 집중하고 있는 친구들을 방해할 수 있다. ⑤ 수업에 지각하면, 선생님께 혼날 수 있다. ⑥ 수업에 지각하면, 성적에 불이익이 있을 수 있다. ⑦ etc.

선택2	'조금 더 자도 괜찮아.'
이유들	① 어제는 너무 피곤한 하루였다. ② 조금 더 잔다면, 피곤이 풀릴 것이다. ③ 조금 더 휴식을 취함으로써 오늘 하루를 더 잘 보낼 수 있다. ④ (적어도 오늘은) 아침밥을 먹는 것보다 조금 더 자는 것이 이익이다. ⑤ 아침밥을 포기한다면, 아침 수업에도 지각하지 않을 수 있다. ⑥ 피곤한 상태로는 수업에 제대로 집중할 수 없다. ⑦ etc.

만일 당신이 오늘 아침에 이와 같은 일을 겪었다면, 당신은 잠에서 완전히 깨어 기지개를 켠 후 침대에서 일어나기도 전에 중요한 '문제'를 제기하고, 그 문제에 대해 나름의 **주장**'을 하는 것으로 하루를 시작한 것이다. 이처럼 우리는 많은 주장을 하면서 하루를 보낸다. 그런데 우리가 여기서 주목할 것이 있다. 우리는 어떤 주장을 할 때, 즉 '지금 일어날 것인가, 아니면 조금 더 잘 것인가'와 같은 사소한 물음에 대한 결정을 내리는 경우에도 (우리가 그것을 인식하든 그렇지 않든 간에) 막연하게 주장하는 것은 아니라는 것이다. 우리는 그 주장을 뒷받침하는 나름의 '**근거와 이유**'를 제시함으로써 그 주장을 '**정당화**(justification)'하고 있다는 점을 포착해야 한다. 앞의 예에서, 만일 우리는 '선택1'을 지지하는 이유들이 더 '**적절하고 합당하다**'고 여길 경우, 조금 더 자는 선택지를 포기하고 평소와 같이 바로 침대를 박차고 일어날 것이다. (물론 '선택2' 또한 같은 구조의 설명이 가능하다.) 우리는 이와 같이 어떤 결정, 선택 또는 주장에 대해 그것을 강하게 뒷받침하는 근거와 이유를 마련함으로써 그 주장을 설득력 있게 만든다.

물론 우리가 모든 문제와 주장에 대해 이와 같이 세세하게 그 주장을 뒷받침하는 이유들을 찾아 정당화하는 것은 아니다. 우리가 행하는 많은 일들은 이미 우리의 반복된 오랜 경험을 통해 정당화 과정을 거쳐 '내재화(embodied)'된 까닭도 있을 수 있고, 깊이 있는 숙고가 요구되지 않는 문제여서 그 숙고의 과정을 생략했을 수도 있다. 아마도 그 이유는 이 밖에도 많이 있을 것이다. 하지만 다루어야 할 문제가 중요한 경우에는 어떨까? 예컨대, 그 문제가 나의 향후 삶의 경로에 영향을 줄 수 있는 '진로 선택'과 관계가 있거나 학문적으로 해결해야 할 '이론적인 문제'라면 어떨까? 우리는 아마도 최선의 '생각'과 '논리'를 활용하여 그 문제에 답하고자 할 것이다. 그것이 자연스러운 우리의 태도이기 때문이다. 논리와 비판적 사고는 우리가 그와 같은 일들을 충분히 그리고 적실성 있게 해낼 수 있도록 돕는 '사고의 기법'이라고 할 수 있다.

1. 논리와 비판적 사고(logic & critical thinking)

비판적 사고에 대해 자세히 알아보기에 앞서 '논리적 사고'와 '비판적 사고'의 관계에 대해 먼저 살펴보는 것이 도움이 될 것 같다. 왜냐하면 어떤 경우와 상황에서는 그 둘을 거의 같은 의미로 혼용하는 경우들이 있고, 그러한 이유로 비판적 사고는 논리적 사고와 다른 것이 아니라 '완전히 같은 것'이라는 오해가 있기 때문이다. 물론, '논리학'과 '비판적 사고'에서 논의하고 다루는 내용과 형식은 많은 부분을 공유하고 있기 때문에 닮아 있다. 하지만 우리는 다음의 글을 통해 논리와 비판적 사고의 차이가 무엇인지 이해할 수 있을 것이다.

논리적 사고는 비판적 사고에 필요하지만 충분하지는 않다. 논리적 사고는 전제들에서 결론이 도출될 수 있는 올바른 연역적 또는 귀납적 원리에 따르려는 것이다. 올바른 이성적 사고는 논리적 사고의 목적을 충족시켜야 한다. 그러나 그것만으로는 충분하지 않다. 그것은 그 전제들이 받아들일만한 진리성도 갖출 것도 요구한다. **비판적 사고는 논리적 요구와 이 진리성 요구에 대한 반성적 사고이다.** 무엇보다 중요한 것은 비판적 사고가 주어진 텍스트에 대한 **분석과 평가의 전체적인 성찰**이라는 점이다. 하지만 논리적 사고에서는 그와 같은 전체적 성찰이 꼭 필요한 것은 아니다.[1]

'논리적 사고'와 '비판적 사고'에 관한 이와 같은 설명에서도 확인할 수 있듯이, 비판적 사고는 우리의 행위와 관련된 이론적 사고뿐만 아니라 '실천적인 사고'까지 포함하는 것을 알 수 있다. 비판적 사고의 전체적인 모습과 내용은 '델피 보고서(Delphi Report, 1990)'의 다음과 같은 정의를 통해 더 여실히 드러난다.[2]

[비판적 사고 정의]
우리는 비판적 사고가 해석, 분석, 평가 및 추리를 산출하는 의도적이고 자기규제적인 판단이며, 동시에 그 판단에 대한 근거가 제대로 되어 있는가, 개념적, 방법론적, 표준적 또는 맥락적 측면들을 제대로

---

1. 이좌용, 홍지호 『비판적 사고: 성숙한 이성으로의 길』 성균관대학교출판부, 2010, p. 7
2. 김광수 『논리와 비판적 사고』 철학과현실사, 2007, p. 24

고려하고 있는가에 대한 설명을 산출하는 의도적이고 자기규제적인 판단이라고 이해한다.

(…)

이상적인 비판적 사고자는 습관적으로 이유를 꼬치꼬치 묻고, 잘 알고자 하고, 근거를 중요시하며, 평가에 있어서 열린 마음을 가지고 있고, 공정하고, 자신의 편견을 공정하게 다루고, 판단을 내리는 데 있어서 신중하고, 기꺼이 재고(再考)하고, 현안 문제들에 대하여 명료하고, 복잡한 문제들을 다루는데 있어서 합리적이고, 집중하여 탐구하고, 주제와 탐구의 상황이 허락하는 한 되도록 정확한 결과를 끈기 있기 추구한다. (…)

이와 같은 정의를 통해 확인할 수 있듯이, 비판적 사고에서 가장 중요하게 다루어야 하는 것은 '**분석**(analysis)'과 '**평가**(assesment, evaluation)'라고 할 수 있다. 비판적 사고는 다양한 방식으로 정의되고 있다. 즉 비판적 사고는 '어떤 믿음이나 가정적 형식의 지식을 그것의 근거와 그것이 향하는 결론에 비추어 적극적이고 지속적으로 주의 깊게 고찰하는 것', '무엇을 믿고 무엇을 행할지 결정하는 데 초점이 맞춰진 합리적이고 반성적인 사고' 또는 '관찰 사항, 보고 내용, 정보, 논증에 대한 기술적이고 적극적인 해석과 평가' 등으로 정의된다. 하지만 이와 같은 다양한 정의들은 모두 본질적으로는 같은 말을 하고 있다고 보아도 무방하다. 말하자면, '비판적 사고'는 '**논리**'에 기초하여 주어진 문제를 '**분석**'하고, 분석된 내용에 근거하여 그 문제를 '**평가**'하고, 나아가 그 문제를 해결하려는 '**적극적인 사고**'라고 할 수 있다.

2. 논리적 사고의 두 기능(two functions of logical thinking)

  우리는 지금까지의 짧은 논의를 통해 '비판적 사고'에 관해 나름의 간략한 정의를 내릴 수 있었다. 만일 그와 같은 (대략적인) 정의에 동의한다면, 우리는 이제 비판적 사고를 실천함에 있어 가장 기초적인 토대라고 할 수 있는 '논리'에 관해서도 우리가 쉽게 이해할 수 있는 방식으로 정의를 내리는 것이 좋을 것 같다.

  우리는 일상에서 무엇인가를 정의 내리고자 할 때, 그것이 가진 '기능(function)'이나 '속성(property)' 또는 '특성(character)'이나 '역할(role)'에 의거하는 방식을 채택하기도 한다. 만일 논리를 정의하는 것에도 그와 같은 방식을 적용할 수 있다면, 논리가 가진 두 가지 중요한 기능은 '추리(reasoning, inference)'와 '논증(argument)'이라고 할 수 있다. 간략히 말해서 '추리'는 '전제적 이유로부터 결론을 도출'하는 사고(생각)이고, '논증'은 '전제적 이유를 가지고 결론을 주장'하는 사고(생각)이다. 그리고 두 경우 모두 각각의 추리와 결론이 그럴듯한 것인지 그렇지 않은지 여부는 그 추리와 결론을 뒷받침하고 있는 '(전제적) 이유'에 달려있다는 공통점을 가진다. 지금까지의 논의를 간략히 정리하면 다음과 같은 그림을 얻을 수 있다.

```
                          추 ← 이유로부터 결론을 도출하는
                       논 리
   이유로부터 결론을 주장하는 → 증
```

이러한 맥락에서, '논리학'의 일반적인 정의를 살펴보는 것이 도움이 될 것이다. 논리학은 일반적으로 "정확한 추론과 부정확한 추론을 구분하기 위해 사용되는 여러 원리와 방법을 연구하는 학문"으로 정의된다.[3] 우리가 이미 알고 있듯이 "여러 원리와 방법"은 간략히 말해서 **연역추리**(deductive inference)와 **귀납추리**(inductive inference)를 가리키며, 논리학의 주된 관심사는 다루는 주제와 영역이 무엇이든 간에 추론(推論)이다.[4] 그리고 논증은 추론의 산물이다.[5] 그러한 의미에서 논리학은 논증에 대한 '분석'과 '평가'를 실행할 수 있는 기회를 제공한다고 말할 수 있다.

물론 논리학을 배운 사람만이 추론을 잘 할 수 있다거나 정확하게 추론할 수 있다고 생각하는 것은 잘못이다. 이것은 마치 음악 교육을 제대로 받

---

3. 어빙 코피(E. Copy) 『논리학 입문(10판)』 박만준 외 역, 경문사, 2000, p. 8

4. '추론(reasoning)'과 '논증(argument)'개념이 어떠한 논란의 여지도 없이 분명한 것은 아니다. 최근의 활발한 논의에 따르면, 추론은 크게 '내재주의적'관점과 '외재주의적'관점으로 구분된다. 전자는 추론을 일종의 '정신적'이고 '심리적'인 과정으로 본다. 따라서 추론은 '개인'적인 측면에서 자신의 견해를 바꾸는 데 작용한다. 반면에 후자는 추론을 '사회적'과정으로 인식한다. 따라서 추론은 '사람들 사이'에서 발생하는 언어적인 상호작용이다. 추론과 논증의 개념적 정의에 관한 이와 같은 논의는 매우 중요하지만 여기서 모두 다루기는 어려울 뿐만 아니라 필요하지도 않다. 하지만 추론과 논증에 관해 잠정적으로라도 합의된 정의로부터 논증적 글쓰기에 관한 논의를 진행하는 것은 중요하다. 따라서 우리는 여기서 추론과 논증이 (잠정적으로) 다음과 같은 것이라고 생각하는 것이 좋을 것 같다. 추론은 참이라고 알려진 또는 상정된 명제(들)로부터 출발하여 그것으로부터 보장된 방식으로 따라 나오는 다른 명제로 이동하는 '사유의 과정'이다. 논증은 '전제삼기'와 '결론짓기'라는 두 가지 활동의 복합체를 가리키며 '의도와 목적'을 가지는 '행위자의 행위'다. 따라서 추론과 논증의 차이를 크게 세 가지로 요약할 수 있다. '① 추론은 논증에 사용되는 것이다. ② 추론은 목적 없이 이루어질 수 있지만 논증은 반드시 목적을 가지고 이루어지는 행위이다. ③ 추론은 논증이 이루어지기 전에 어찌되었든 행위자의 사고 속에서 먼저 선행하여 이루어지는 것이며, 여러 목적을 위해 논증에 사용된다.'Douglas N. Walton, "What is Reasoning? What Is an Argument?", *The Journal of Philosophy*, Vol. 87, No. 8 (Aug., 1990), pp. 399-419 참조

5. 추론과 논증은 전제로부터 결론을 도출하는 과정이다. 따라서 추론과 논증은 좋은 추론과 논증(good reasoning & argument) 그리고 나쁜(bad) 추론과 논증으로 구분된다. 논리는 좋은 추론과 논증을 나쁜 추론과 논증으로부터 구분하는 일을 한다. 예컨대, 어떤 이가 "오늘은 비가 내린다. 따라서 올 해 크리스마스는 행복할 것이다"라고 진술한다면, 이 또한 전제로부터 결론을 추론하고 있다는 점에서 논증이다. 하지만 이것은 좋은 논증일 수는 없다. 전제와 결론 사이에 논리적 유관성이 없기 때문이다.

은 사람만이 훌륭한 음악을 만들거나 뛰어난 연주자가 될 수 있다고 말하는 것과 같다. 전설적인 밴드 비틀즈의 멤버들 중에는 악보를 제대로 읽고 쓰는 사람이 없었고 악기를 제대로 배운 사람도 없었지만 그들은 주옥같은 명곡과 명연주를 남겼다. 즉 논리학을 전혀 배우지 않은 사람이 논리학을 열심히 공부한 사람 못지않게 훌륭한 추론을 하는 경우도 있다. 유쾌하고 좋은 예는 아니지만, 사기꾼들의 경우를 생각해보는 것이 도움이 될 것이다. 그들이 행한 사고의 절차가 매우 논리적인 추론에 의지하고 있다는 것을 어렵지 않게 파악할 수 있기 때문이다.[6]

우리는 비록 충분하지는 않지만, 이 책을 통해 함께 공부해야 할 '비판적 사고'에 관한 대략적인 그림을 살펴보았다. 우리는 이어지는 '2강'에서 먼저 '논증'에 관해 논의하는 것을 시작으로 비판적 사고에 관한 가장 핵심적인 내용들을 함께 고찰할 것이다. 하지만 본격적인 논의를 시작하기에 앞서 몇 가지 일러둘 것이 있다.

① 이 책에서 다루고 있는 것들이 논리와 비판적 사고의 전부라고 생각해서는 안 된다. 여기서 다룬 내용을 기초로 삼아 논리학과 비판적 사고의 더 깊고 넓은 내용들을 공부할 필요가 있다.
② 이 책에서 제시하는 '예시 설명과 답안'만이 '정답'이라고 여겨서는 안 된다. 비판적 사고는 그 본성 상 주어진 해답, 주장 또는 결론에 대해 '**의문**'을 던지고 끈질기게 그 답을 찾아나가는 작업

---

6. 전대석 『의료윤리와 비판적 글쓰기』 북코리아, 2016, pp. 58~59

이며 과정이라 할 수 있다.

③ 논의의 맥락에 따라 '추리'와 '논증'이 거의 같은 의미로 사용되는 경우들이 있다. 따라서 이어지는 논의에서 어떤 경우에는 (논의의 맥락에 의존하여) '추리'와 '논증'을 혼용하여 사용할 수 있다.

이제 우리는 비판적 사고의 가장 기초적이고 핵심적인 내용을 고찰할 준비가 어느 정도 되었다. 이어지는 장에서는 '논증'이 무엇인지를 먼저 살펴보고, 합당하게 추리하고 논증하기 위해 반드시 피해야 할 '오류'들은 무엇인지까지 함께 찾고 이해해보자.

2강 논증이란 무엇인가?

1. 문제해결 활동으로서의 논증

우리는 살아가면서 많은 사건과 문제 상황을 마주한다. 우리의 삶은 사소한 것부터 매우 심각하고 중대한 것까지 끊임없는 문제의 연속이다. 이러한 문제 상황들은 열거하기 힘들 정도로 많다. 그 중에는 '설득(persuade)'에 관한 것들이 있다. 다른 누군가를 설득해야만 하는 경우가 있고, 심지어 나 자신을 설득해야 하는 경우도 있다. 그리고 '행위'에 관한 것들도 있다. 무엇을 하고 무엇을 하지 말아야 하는지를 결정해야 하는 상황이 그것이다. 또한 '믿음'에 관한 것들도 있다. 무엇을 믿고 무엇을 믿지 말아야 하는지 등과 같이 '판단'이 긴급하게 요구되는 상황은 쉽게 떠올릴 수 있다. '논증(argument)'은 일반적으로 '나'를 포함하여 '누구'를 설득하는 언어적 기법이다. 하지만 '논증을 하는 것(argumentation)'은 일종의 문제해결을 위한 시도로 보는 것이 더 적절하다.

우리가 논증을 하게 되는 상황은 누군가를 설득하는 상황만이 해당되는 것이 아니다. 앞서 언급한 바와 같이 수많은 종류의 문제해결 과정에서 우리는 논증을 하게 된다는 것을 이해해야 한다. 또한 나중에 살펴보겠지만, 논증의 목적은 매우 다양하다. 따라서 우리는 문제해결 방법으로서의 논증을 배우게 될 것이다. 우리가 일상에 마주할 수 있는 다양한 문제를 다음의 지수와 로제의 사례를 통해 구체적으로 살펴보자.

지수는 직장에서 해고를 당할 처지에 놓여 있다. 지수의 직장 상사인 로제는 지수의 해고를 심각하게 고민하고 있다. 그리고 이러한 사정은 지수에게 알려졌다. 이러한 상황에서 지수는 다음과 같은 문제를 스스로에게 던질 수 있다. "나는 이 직장을 계속 다녀야 하는가? 내가 이 직장에 계속 남을 수 있다면 그렇게 하는 것이 나에게 최선인가?" 로제 또한 스스로에게 다음과 같은 문제를 던질 것이다. "나는 지수를 해고해야만 하는가? 지수를 해고하는 것이 최선의 선택인가?" 한편, 지수가 현재 직장에 계속 남아있는 것이 최선이라는 확신에 이르렀다면, 지수는 대략 다음과 같은 고민에 빠질 것이다. "어떻게 하면 로제를 설득해서 해고자 명단에서 나를 제외하게 만들 것인가?" 어쩌면 불행히도 로제 역시 반대의 상황에서 "어떻게 하면 지수를 설득해서 순순히 해고를 받아들이게 만들 것인가?"를 고민할 수도 있다.

지수와 로제의 사례는, 다소 불행해 보이지만, 우리가 일상적으로 실행하는 '논증의 핵심적인 과정'과 '다양하고 다층적인 모습'을 잘 보여준다.
지수(또는 로제)는 논리를 이용해서 상대방의 합리성에 호소한다. 지수(또는 로제)는 문제의 해결을 위해 몇 가지 명제들로부터 시작하여 결론에 다다르는 생각의 흐름을 가진다. 우리는 이러한 생각의 흐름을 '추론(reasoning, inference)'이라고 부른다. 그리고 추론은 논증에서 핵심적이다. 일반적으로 '논증'과 '추론'은 별도의 구분을 요구하지 않고 함께 사용될 수 있다. 하지만 다음의 두 가지 사항은 짚고 넘어가는 것이 좋다.

① **추론**은 논증에서 사용된다. 추론은 '전제'라고 불리는 명제들로

부터 '결론'이라고 불리는 명제로 연결되는 생각의 흐름이다. 전제는 진리값이 참이라고 알려진 명제들이며, 결론은 전제(들)로부터 논리적으로 도출됨으로써 진리값의 참이 보장받는 명제다. 한편, 논증은 추론을 핵심적으로 활용한 '언어적인 활동'이다. 간략히 말해서, 추론은 생각의 차원에서 접근한 개념이고 논증은 보다 외형적인 그리고 언어적인 차원에서 접근하는 개념이다. 물론 둘 모두 문제해결 과정으로서 논리를 이용하고 합리성에 호소한다.

② 추론은 특정한 목적 없이 이루어질 수 있는 정신적인 과정이다. 우리는 자연스럽게 타고난 능력에 의해서 일련의 전제들로부터 자연스럽고 자동적으로 특정한 결론에 다다를 수 있다. 하지만 논증은 우리의 언어적 행위이기 때문에 반드시 '특정한 목적'을 가지고 이루어진다.

다시 지수와 로제의 사례로 돌아오자. 우리는 논증 활동이 이루어지는 상황에서 다양한 목적이 있음을 확인할 수 있다. 우리가 직면하는 모든 상황들은 일종의 문제해결 과정으로 볼 수 있다. 하지만 문제해결의 목적은 상황에 따라 다양하고 다층적이다. 예컨대, 지수와 로제는 어떤 믿음을 가져야 하는지에 대해서 논증을 할 수 있다. 말하자면, 그녀들은 어떤 행위를 해야 하는지 또는 하지 말아야 하는지에 대해서 논증을 할 수 있다. 또한 지수와 로제는 상대방이 가지고 있는 믿음과 태도를 바꾸거나 상대방이 특정 행위를 하도록 만들려는 목적을 가지고 논증을 할 수도 있다. 지금까지의 논의를 간략히 요약하면, 논증이란 일종의 문제해결의 과정이며 논리를 사용하여 합리성에 호소하는 언어적 활동이다. 물론 이것은 아주 넓은 의미에서 논증을 바라본 것이고, 보다 구체적인 사항들로 더 나아가야 한다. 다음 절에서 논증의 형식적 정의와 목적 그리고 상황에 따른 다양한 논증의 분류법에 대해서 알아보자.

2. 논증의 형식적 정의

앞서 살펴보았듯이, '논증'이란 일종의 '문제해결' 활동이다. 논증은 언어로 만들어지고, 그 언어를 제어하는 것이 바로 논리와 추론이다. 따라서 논증의 핵심은 추론의 핵심과 동일하다.

추론은 이미 알려진 명제들로부터 출발하여 새로운 참된 명제에 도착하는 사유의 흐름이다. 전제(들)는 이미 알려진 명제들이고, 결론은 전제로부터 새롭게 얻게 되는 명제다. 물론 전제로부터 출발하여 결론에 이르는 과정은 논리적으로 제어되어야 한다. 논증 또한 이와 동일한 형식을 가진다. 논증은 반드시 아래와 같은 두 개의 구성요소로 이루어져야 한다.

1) 주장:　　　상대방으로 하여금 받아들이게끔 의도하는 명제
2) 이유(근거): 주장을 지지하는 명제(들)

따라서 논증은 다음과 같이 형식적으로 정의내릴 수 있다.

논증의 형식적 정의=_def. 주장과 이유(근거)로 이루어진 명제들의 집합

여기서 중요한 것은 '지지하는(support)'이라는 개념이다. '명제 A'가 '명제 B'를 지지한다는 것은 정확히 무엇을 의미하는가? 다소 애매하게 들릴 수 있지만, 두 명제 사이의 논리적 지지관계는 심리적으로도 측정이 가능하다. 데카르트(Rene Descartes, 1596~1650)는 『방법서설』 서론에서 다음과 같이 말한다.

"신이 인간에게 부여한 능력 가운데 가장 공평하게 부여한 능력이 있으니, 그것은 바로 각자의 판단력이다."

여기서 말하는 판단력은 바로 '**논리적 감각**(sense of logic)'이라고 볼 수 있다. 앞의 사례에서 지수가 가질 수 있는 두 가지 마음 상태를 고려해보자.

(p) '나는 이 회사에 계속 남아 있으면 죽도록 일만 하다가 죽을지도 몰라.'
(q) '나는 이 회사에 계속 남아 있으면 안 된다.'

우리는 자연스럽게 (p)가 (q)를 지지한다는 것을 알 수 있다. (p)를 소리 내어 읽은 다음에 '따라서' 혹은 '그러므로'를 덧붙이고 연달아 (q)를 소리 내어 읽어보자. 우리는 당연히 고개를 끄덕이며 지지관계가 성립한다는 것을, 즉 (p)가 (q)를 지지한다는 것을 알 수 있다.

이번에는 앞서와 반대로 소리 내어 읽어보자. 말하자면, (q)를 먼저 읽고 '따라서' 혹은 '그러므로'를 덧붙인 다음에 (p)를 읽어보자. 우리는 무엇인가

부자연스러움을 느낀다. 우리의 논리적 감각이 (p)가 (q)를 지지하는 것으로 파악하고, (q)가 (p)를 지지하는 것이 아니라는 것을 알려주는 것이다. (q)를 먼저 읽고 (p)를 나중에 읽으려면 '왜냐하면'이라는 연결어가 훨씬 자연스럽다.

이러한 '따라서' 등의 연결어는 '결론 지시어'라고 부른다. '왜냐하면' 등의 연결어는 '전제 지시어'라고 부른다. 우리가 여러 명제들 사이에서 지지관계를 확인하고 논증을 식별해 내기 위해서는 이러한 '논리적 연결사'에 주의해야 한다.

전제와 결론의 지지관계는 '강(strong)'할 수도 있고 '약(weak)'할 수도 있다. 여기에서 우리가 반드시 주목해야 할 점이 있다. 비록 전제와 결론이 약한 지지관계로 연결되어 있다고 하더라도, 그것은 여전히 논증으로 파악되어야 한다는 것이다. 예컨대,

(r) 나는 이번 주 로또에 당첨될 확률이 있다.
(s) 나는 이 회사를 그만 두어야 한다.

이 논증은 앞의 논증보다 지지관계가 약하다. 로또에 당첨될 확률은 일반적으로 매우 낮으며, 따라서 복권 당첨의 기회는 퇴사의 좋은 이유가 될 수 없다. 그렇다면 명제 (r)과 (s)로 이루어진 진술문의 집합도 논증인가? 당연히 '논증'이다. (r)은 (s)를 지지하려는 의도로 사용된 명제이기 때문이다. 이와 같이 어떤 경우에는 전제와 결론의 지지관계가 매우 약할 수도 있지만 '약한 지지관계'도 '지지관계'를 가지고 있는 것이다. 달리 말하면, '약한 지지관계'는 '지지관계'가 아예 없는 것이 아니다. 따라서 이것을 통해 우

리는 '약한 지지관계'를 가진 논증이 있으며, 그와 같은 논증은 당연히 큰 설득력을 가질 수 없다는 것을 파악할 수 있다. 그리고 이러한 논증을 실제로 자신을 설득하기 위해서 사용한 사람이 있다면, 그는 '성공적이지 못한' 또는 '나쁜 논증'을 만든 것이다. 그렇다고 해서 우리가 이 논증을 논증이 아닌 것으로 파악하는 것은 바람직하지 않다. 한 가지 사례를 더 살펴보자.

(t) 오늘 아침 최저 기온은 영하 2℃였다.
(u) **따라서** 지수는 1990년에 태어났다.

이러한 진술문의 집합도 논증인가? (t)와 (u)는 지지관계가 약하다 못해 전혀 없는 것처럼 보인다. 만일 '따라서'라는 결론 지시어가 없었다면, 우리는 이것이 도대체 논증인지에 대해서조차 검토하려하지 않았을 것이다. 결론부터 말하자면, 이것 또한 논증이다. 그 까닭은 이렇다. 이와 같은 논증을 만든 사람이 (t)를 전제로 삼아서 (u)를 결론으로 도출하려고 '의도'하고 있기 때문이다. 물론 우리는 왜 그가 (t)를 통해서 (u)를 지지하려고 했는지를 알지 못한다. 그럼에도 우리는 이러한 '전제삼기'와 '결론짓기'라는 행위가 이루어졌음에 의거하여 이것을 논증으로 식별할 수 있다. 이러한 논증은 너무 나쁜 논증이기 때문에 '실패한 논증'이라고 부를 수 있다. 하지만 **나쁜 논증과 마찬가지로 실패한 논증도 논증이다.**

논증을 구성하는 사람이 가진 '의도'는 논증인 것과 논증이 아닌 것을 구분하는 데 있어 매우 중요한 역할을 한다. 실제로, '전제삼기'와 '결론짓기'라는 행위가 발생하였는지 여부는 논증인 것과 논증이 아닌 것을 구분하는 데 있어 핵심 요소다. 이와 같은 관점으로부터, 우리는 '논증'의 중요한 두

가지 특성을 도출할 수 있다. 말하자면, 논증은

① '전제삼기'와 '결론짓기'라는 두 가지 활동의 복합체이고,
② 논증을 만드는 행위자의 '의도'와 '목적'이 투영되는 행위자의 활동이다.

3. 논증(추론)의 종류

논증은 여러 가지 상황에서 다양한 목적에 따라 다양하게 구분될 수 있다. 논증의 다양한 모습들을 이해하는 것은 논증의 본성을 이해하는 데 큰 도움이 된다.

1) 독백적 논증/대화적 논증

'독백적 논증'은 '혼자'하는 논증이다. 앞의 사례에서 지수는 직장에서 해고당할 위기에 처해 있음을 알게 되었다. 지수는 혼자 고민할 수 있다. "계속 이 직장에 남아야 하는가? 직장에 남을 수 있다면, 직장을 계속 다니는 것이 더 유익한가?" 이 상황에서 이루어지는 논증은 상대방으로부터 주어지는 정보나 반론 없이 혼자만의 생각으로 이루어진다. 자신이 가지고 있는 지식들과 관점 그리고 가정 하에서 전제들을 구성하고 결론을 도출한다.

반면에, '대화적 논증'은 두 사람 이상이 각자 상이한 관점과 생각들을 가지고 서로 토론하면서 행하는 논증 활동이다. 예컨대 지수는 로제에게 자신이 해고당하면 안 되는 이유를 설명할 수 있고, 로제는 지수에게 순순히

퇴사해야한다는 것을 납득시키려 들 수 있다. (물론, 이 사례 속에 등장하는 직장은 매우 합리적이고 이성적인 사람들이 모인 장소라고 가정해야 한다.) 지수와 로제는 모두 논리를 이용하며 상대방의 합리성에 호소한다. 상대방으로부터 새로운 정보와 상이한 관점이 상호 교환되는 과정에서 논증이 발생한다. 우리는 이러한 논증 활동을 통상적으로 '토론(debate)'이라고 부른다.

2) 정적 논증/동적 논증

'정적 논증'은 전제들이 한번 주어지면 변하지 않고 그대로 항상 유지되는 상황에서 구성되는 논증이다. 이러한 유형의 논증은 과거에 발생한 사건들에 대해서 추론하는 상황을 생각해보면 이해하기 쉽다. 한번 주어진 전제들은 여간해서는 변하지 않으며, 결론이 도출될 때까지 정적인 상태로 유지될 것이다.

반면에, '동적 논증'은 논증이 수행되는 동안 전제들이 끊임없이 변화할 수 있는 상황에서 논증이 이루어진다. 논증 과정은 환경의 변화에 열려있으며 그 변화를 적극적으로 수용한다. 예컨대 주식투자자들은 항상 시시각각 변화하는 경제적 환경들을 수용하면서 어떤 주식을 사야 하는지 고민하고 추론한다. 이때 행해지는 추론이 바로 동적인 논증에서 사용된다.

3) 실천적 논증/이론적 논증

우리는 논증이 해결하고자 하는 문제의 종류를 통해 논증을 구분할 수도 있다. '이론적 논증'은 '무엇을 믿어야 하는가(혹은 믿지 않아야 하는가)?'라는 문제의 해답을 구하는 논증이다.

한편 '실천적 논증'은 '무엇을 해야 하는가(혹은 하지 않아야 하는가)?'라는 문제의 해답을 구하는 논증이다. 혹자는 무엇인가를 믿는 것도 일종의 심리적 행위라고 볼 수 있다. 즉, 심리적 행위도 일종의 행위이기 때문에 이론적 논증도 실천적 논증에 포함된다고 생각할 수도 있다. 따라서 둘 사이에 어떠한 차이가 있는지에 대해 심각한 의문을 제기할 것이다. 하지만 둘 사이에는 큰 차이가 있다. 이것을 이해하기 위해 다음의 논증을 살펴보자.

① 나는 좋은 점수를 받고자 하는 목적을 가지고 있다.
② 나는 수업을 열심히 듣는 것이 좋은 점수를 받기 위한 가장 좋은 방법이며 그것을 방해하는 다른 것은 없다고 믿는다.
③ 따라서 나는 수업을 열심히 들어야 한다.

위의 사례는 가장 대표적인 실천 논증의 한 사례다. 간략히 말해서, 합리적인 행위자가 G를 목적으로 가지고 있고, a가 G를 위한 가장 좋은 가능한 수단이라는 것을 믿는다면, 그 행위자는 a를 해야 한다는 것을 받아들이고 그것을 의지해야 한다. 이러한 형식의 논증은 전통적인 논리학의 추론 규칙으로는 분석되지 않는 논리적 '**규범성**(normative)'을 담고 있다. 예컨대, 위 논증은 일종의 삼단논법이다. 하지만 아래에서 보게 될 논증과는 큰 차이가 있다. 아래는 '이론적 논증'의 한 사례다.

① 모든 좋은 점수를 받는 사람들은 열심히 공부한 사람이다.
② 나는 열심히 공부한 사람이다.
③ 따라서 나는 좋은 점수를 받는 사람이다.

위 사례에서 논증을 행한 '나'는 좋은 점수를 받기 위해서 무엇을 해야 하는가 따위의 문제와 무관하게 '나는 좋은 점수를 받는 사람이다'라는 믿음을 수용하거나 증명하기 위해서 논증을 수행한다. 이러한 전형적인 '정언 삼단논법'은 전통적인 기법을 통해 형식적으로 그 타당성이 분석되고 보장된다. 실천적 논증은 이와 같은 '소개념(좋은 점수를 받는 사람), 대개념(열심히 공부한 사람), 매개념(나)'의 틀로 분석되지 않는다. 그럼에도 실천적 논증은 이론적 논증과 마찬가지로 논리를 통해서 우리의 합리성에 호소하면서 무엇을 해야 하는가, 어떤 행위를 선택해야 하는가와 같은 문제들의 해답을 찾도록 도와준다.

4) 전통적인 논증/심리적(심리치료적) 논증

논증의 목적은 누군가를 설득하거나 무엇인가를 증명하기 위함이라고 보는 입장이 있다. 하지만 논증이 항상 그러한 것을 목적으로 삼는 것은 아니다. 오히려, '설득과 증명은 성공한 논증의 결과물로 이해'되어야 한다.

'심리적 논증'은 상대방과 논쟁하거나 상대방의 믿음을 혹은 상대방의 행위를 고치도록 설득하기 위한 것이 아니라, 상대방과 일종의 공감대 또는 합의점을 형성하기 위해서 시도하는 논증이다. 심리학자 칼 로저스(Carl R. Rogers)에 의해 이러한 방식의 논증이 개발되었기 때문에 통상 '로저리안(Rogerian) 논증'이라고도 부른다.

반면에 '전통적인 논증'은 아리스토텔레스에 의해서 고안되었고, 우리가 흔히 논증이라고 부르는 바로 그 '설득의 기법'으로서의 논증을 말한다.

지금까지 살펴본 것처럼, 논증이라는 문제해결의 기법은 '논증이 행해지는 상황'과 '논증이 시도되는 목적'에 따라서 다양하게 분류될 수 있다. 논증은 결코 학문적인 과정에서만 만들어지는 것이 아니다. 또한 논증은 꼭 무엇인가를 증명하거나 누군가를 설득하기 위해서만 시도되는 것도 아니다. 논증은 우리의 삶과 매우 밀접한 관련을 가지며, 궁극적으로 우리가 만나는 다양한 종류의 문제들과 상황들 속에서 다채롭게 전개될 수 있는 합리적인 인간의 적극적인 활동이다.

4. 논증과 언어

논증은 기본적으로 '언어적 활동'이다. 논증은 언어를 통해서 만들어지고, 언어를 통해서 이해되며, 언어를 통해서 평가된다. 실제로 수많은 잘못된 논증들과 오류들은 언어의 본성을 잘못 이해하거나 언어를 부적절하게 사용함으로써 발생한다. 우리는 본격적인 논증의 '구성, 분석, 평가'의 단계로 나아가기 전에 반드시 논증에서 사용되는 언어는 어떠해야 하는지를 면밀히 살펴보아야 한다.

1) 명제(proposition)

논증은 언어로 만들어진다. 언어는 우리가 익히 알고 있듯이 시대에 따라 그 의미가 변한다. 가령 '어여쁘다'라는 말은 조선시대 초기에는 '가엾다'는 뜻이었지만 지금은 '아름다운 외모나 행태'를 가리킨다. 만일 그렇다면 논증 역시 한번 만들어지면 그 의미가 시대에 따라 변화한다고 보아야 할까?

진술문(statement)이란 곧 문장(sentence)이며, 참과 거짓으로 판단될 수 있는 문장을 가리킨다. 다음의 세 가지 진술문을 보자.

① 비가 온다.
② It rains.
③ 下雨.

위의 세 진술문은 모두 같은 상황, 즉 같은 날씨를 가리킨다. 따라서 세 진술문이 동일한 시간과 동일한 장소에서 사용된다면, 그 세 진술문은 모두 '참'이거나 모두 '거짓'이 된다. 다음으로, 같은 시간 같은 장소에 모여 있는 '한국인, 미국인, 중국인'으로 이루어진 세 친구를 생각해보자. 이들은 모두 동일한 날씨를 서로 다른 문장들을 통해서 표현할 수 있다. 하지만 이 세 진술문에는 공통적인 한 가지 내용이 담겨 있다. 즉, 세 문장의 뜻(의미)이 모두 동일하다. 우리는 이제 이러한 진술문의 뜻을 '**명제**(proposition)'라고 부를 것이다. 명제란 '참'과 '거짓'이라는 '진리값'을 가질 수 있는 '문장(즉, 진술문)의 뜻'이다.

한편, 서로 다른 명제가 동일한 진술문에 담겨 있을 수도 있다. 예컨대,

ⓐ 비가 온다. (6월 1일에 작성)
ⓑ 비가 온다. (6월 2일에 작성)

6월 1일에는 하루 종일 비가 왔지만, 6월 2일에는 비가 전혀 오지 않았다

고 가정해보자. 그렇다면 ⓐ는 참이고 ⓑ는 거짓이다. 즉, 동일한 진술문에 참인 명제가 표현되어 있고, 거짓인 명제가 표현되어 있는 것이다.

우리의 원래 질문으로 돌아가 보자. 언어는 시간이 흐르면서 변화한다. 그렇다면 논증 역시 시간이 흐르면서 변화하는가? 논증을 표현하고 있는 문장들은 그 의미가 달라진다. 하지만 **논증에 담겨있던 명제는 변하지 않는다**. 그리고 논증을 분석하고 평가하는 핵심적인 대상은 바로 '명제'다. 이러한 이유 때문에 우리는 논증을 다루는데 있어서 항상 '해석'이라는 작업을 해야만 한다. 우리가 한국인이고 한국말을 매우 잘 구사한다고 해도, 우리는 논증을 해석해야만 한다. 달리 말하면, 논증을 표현하고 있는 문장들(진술문)을 해석함으로써 그것의 실제적인 의미인 명제를 밝혀야만 하는 것이다.

2) 애매어와 모호어(ambiguous & vague)

안타깝게도 논증의 해석은 종종 매우 어려울 때가 있다. 분석하려는 논증이 애매하거나 모호한 표현들을 담고 있을 경우, 그리고 논증의 표현들이 매우 정서적이거나 감정적인 경우에 우리는 논증을 해석하는 데 많은 어려움을 겪는다. 다음의 진술문들을 살펴보자.

  ④ 지수는 따듯하다.
  ⑤ 언덕 위의 하얀 호텔의 주인의 자동차는 매우 비싸다.
  ⑥ 로제는 부자다.

어떤 표현이 '애매'하다는 것은 그 표현이 두 가지 이상의 의미를 담고 있는 경우다. ④의 경우 '따듯하다'라는 표현은 '(1) 마음씨가 좋다 (2) 온도가 높다'와 같이 두 가지 경우로 해석 될 수 있다. 따라서 지수가 마음씨는 좋지만 손발이 찬 수족냉증에 걸려 있다면, 진술문 ④는 어떻게 참과 거짓을 판단해야 할지 알 수 없다.

 진술문 ⑤의 경우에는 특별히 어떤 표현이 여러 가지 의미로 해석되는 것은 아니다. 하지만 진술문 ⑤ 또한 애매한 표현임에 틀림없다. 왜냐하면 '호텔이 하얗다는 것인지, 주인이 하얗다는 것인지, 아니면 자동차가 하얗다는 것인지' 알 수 없기 때문이다. 3부에서 자세히 다루겠지만, 진술문 ④는 '애매어'가 사용된 경우이고 진술문 ⑤는 '애매한 문장'이 사용된 경우다.

 한편, '모호'하다는 것은 어떤 표현의 의미가 정확한 외연(기준)을 가지고 있지 않은 경우다. 로제가 부자이기 위해서는 로제의 재산은 얼마 이상이어야 할까? 사회적인 환경에 따라 어느 정도의 기준은 있을 수 있다. 하지만 로제가 10억 원을 가지고 있다면 부자이지만, 9억 9천 9백만 원을 가지고 있다면 부자가 아니라고 할 수 있을까? 따라서 진술문 ⑥은 명제의 의미를 찾아내기 어려운 진술문이다. 로제가 부자라는 진술로는 정확하게 로제의 재산이 어느 정도인지 가늠하기 어렵기 때문이다.

 우리는 논증을 만들거나 분석할 때 명제를 중심으로 논증을 다뤄야 한다. 논증을 이루고 있는 표현 모두 애매하지 않고 모호하지 않도록 각별히 조심해야 한다. 또한 논증을 분석하고 이해할 때도 논증의 정확한 뜻, 즉 명제가 무엇인지 애매하지 않고 모호하지 않도록 해석해야 한다. 물론 아무리 열심히 주의를 기울여 해석해도 애매하거나 모호한 논증이 존재한다. 앞서 말했듯이 이러한 상황에 대해서는 3부에서 자세히 다룰 것이다.

3) 언어의 인지적 차원과 정서적 차원

언어에는 '인지적인 차원'도 있지만 '정서적인 차원'도 있다. 쉽게 말해서, 우리는 언어를 정보를 교환하기 위해 사용하기도 하지만 주관적인 느낌이나 정서를 표현하기 위해서도 사용한다. 물론 이것은 그 자체로 아무런 문제도 만들지 않는다. 하지만 논증을 구성하는 데 있어서 이러한 언어의 정서적인 힘은 부작용을 낳기도 한다. 다음의 진술문을 살펴보자.

㉠ 그 해 여름은 저주스러운 습도와 지옥의 불길마저 시원하게 느껴질 폭염으로 점철되었다.

앞서 언급했듯이, 진술문 ㉠은 인지적 차원에서 어떤 특정한 정보를 담고 있으며 화자의 정서와 느낌 또한 전달하고 있다. 진술문 ㉠이 전달해 주는 인지적 내용은 사실 매우 단순하다. 화자는 아마도 '그 해 여름은 상대적으로 습도가 높고 온도가 높았다'는 것을 우리에게 전달해 주고자 했을 것이다. 하지만 화자는 이에 더해 자신의 정서와 느낌 역시 우리에게 전달하고자 한다. 화자가 전달해 주고자 하는 정서는 "저주스러운", "지옥" 그리고 "점철되었다" 등의 표현으로 미루어 짐작할 수 있다. 이러한 정서적 내용들이 그 자체로 문제가 되는 것은 아니다. 하지만 논증에 이러한 문장과 진술들이 등장한다면 부작용을 낳는다. 논증은 기본적으로 논리를 통해서 합리성에 호소하는 활동이다. 언어의 정서적 측면은 자칫 인지적 내용을 왜곡하거나 과장 또는 축소시킬 수 있다.

논증을 구성할 때 언어를 최대한 객관적으로 혹은 중립적으로 사용하는 것이 좋다. 논증을 분석할 때 역시 마찬가지다. 사용된 표현들이 자칫 우리의 해석을 방해하지 않도록 주의를 기울이며 정서적 힘을 배제하고 중립적인 표현들로 바꿔서 논증을 재구성하는 것도 논증을 제대로 해석하기 위해서 필요한 작업이다. 마지막으로, 한 가지 논증을 더 살펴보자.

① 테러의 위협으로 밤잠을 설친 경험이 있습니까?
② 불특정 다수를 위협하는 테러는 가장 안전해야 할 우리 아이들의 학교를 지옥으로 만들 수 있습니다.
③ 언제까지 항상 불안에 떨면서 사랑하는 사람들의 안위를 걱정만 할 것입니까?
④ 이제 우리는 테러 조직의 우두머리를 찾아내어 그를 영원히 불가역적으로 이 세계로부터 배제시켜야 합니다.

위의 논증은 매우 강한 정서적인 효과를 담고 있다. 이러한 논증이 주어진다면, 우리는 아마도 그 주장에 쉽게 동의하는 방향으로 생각의 흐름이 형성될 것이다. 하지만 정서적인 표현들을 빼고 객관적이고 인지적 차원의 내용만으로 재구성하면 다음과 같은 논증이 될 것이다.

①′ 테러는 불특정 다수를 위협한다.
②′ 테러는 우리의 일상적인 생활을 위협한다.
③′ 테러는 아이들의 안전을 위협한다.
④′ 따라서 테러조직의 우두머리를 사살해야 한다.

앞선 논증과는 달리 재구성된 논증은 우리의 합리성에 더욱 적절하게 호소한다. 물론 어떤 의미에서는 호소력이 반감되었다고 볼 수 있다. 하지만 논증을 구성하거나 분석할 때는 이처럼 각각의 전제(이유)들과 결론(주장)이 정확한 의미로 파악되도록 하는 것이 옳다. 앞선 원래의 논증과는 달리 전제들이 전달하고자 하는 인지적 내용이 정확하게 표현되어 있으며, 결론 역시 정확히 무엇을 의미하는 것인지 명확하게 전달된다. "사살"이라는 표현을 아무리 "세계로부터의 배제"라고 돌려 말한다고 해도 그것이 담고 있는 뜻, 즉 명제는 변하지 않기 때문이다. 우리는 이러한 감정적인 언어들 그리고 '멋 부린 언어들(fancy words)'을 유의해서 사용해야 한다.

5. 인과적 설명(causal explanation)과 논증

지금까지 논증의 다양한 유형에 관해 살펴보았다. 하지만 우리가 학적 영역과 일상에서 접하게 되는 모든 진술문이 논증인 것은 아니다. 게다가 글은 '논증'으로만 구성될 수도 없다. 예컨대 '단순히 믿음이나 의견 등을 나열하는 진술문', '어떤 상황을 단순히 기술(description)하거나 묘사하는 진술문', '어떤 사건이나 상황을 단순히 보고(report)하는 진술문', '예시(illustration)를 제시하는 진술문' 그리고 '어떤 것을 설명하는 진술문' 등은 논증이 아니다. 이와 같이 논증이 아닌 진술문들 중에서 논증과 가장 구분이 되지 않는 것이 설명의 한 종류인 **인과적 설명**(causal explanation)'이다. 다음의 두 진술문을 보자.

① 그는 결석했다. 그는 어제 과음을 했음에 틀림없다.

② 그는 결석했다. 그는 어제 과음을 했기 때문이다.

두 진술문 ①과 ② 중에서 논증인 것과 인과적 설명인 것은 무엇인가? 아마도 이것은 단순한 진술문이기 때문에 어렵지 않게 구분할 수 있을 것이다. 결론부터 말하면, '진술문 ①'은 논증이고 '진술문 ②'는 인과적 설명이다. 이어지는 3강에서 논증에 대해 면밀히 살펴볼 것이기 때문에 여기서는 논증과 인과적 설명을 구분하는 기준에 대해서만 간략히 살펴보자.

'논증'은 '알려지지 않은 사실이나 정당화가 필요한 주장을 뒷받침하는 근거를 제시함으로써 그 사실이나 주장을 정당화하는 진술문'이다. 반면에, '인과적 설명'은 '이미 알려진 사실의 원인 등을 명확하게 밝힘으로써 그 사실을 더 자세히 보여주는 진술문'이다. 이와 같은 정의를 적용하여 두 진술문을 분석하면 다음과 같다.

	사실(근거)	추리(주장)
진술문 ①	그는 결석했다.	그는 어제 과음을 했음에 틀림없다.

	사실(피설명항)	사실(설명항)
진술문 ②	그는 결석했다.	그는 어제 과음을 했기 때문이다.

여기서 살펴보고 있는 진술문 ①과 ②는 논증과 인과적 설명으로 비교적 쉽게 구분되지만, 당연히 모든 진술문이 이와 같이 구분이 명확한 것은 아니다. 그 까닭은 논증과 인과적 설명 모두 'A다. 왜냐하면 B이기 때문이다. (B이기 때문에 A다)'의 형태를 가지고 있기 때문이다. 글은 매우 다양하

고 진술문의 형태는 무수하기 때문에 당연히 모든 진술문에 적용할 수는 없지만, 대략적으로 '필자가 결과를 참이라고 가정하고 있다면 그것은 인과적 설명일 가능성이 높다. 반면에, 필자가 결과를 입증하거나 추리하고 있다면 그것은 논증일 가능성이 높다.' 우리는 적어도 이와 같은 기준을 적용하여 동일한 형태를 띠고 있는 논증과 인과적 설명을 구분할 수 있을 것이다.

연습문제

다음의 진술문 중 논증인 것과 인과적 설명인 것을 구분하시오.

⑴ 오존층 파괴는 국제적인 문제이다. 이 문제는 국제적인 합의를 통해서만 해결될 수 있다.

⑵ 경찰이 산책로 옆에서 여자 사체 하나를 발견하였다. 사체 부검 의사는 이 여자가 심장마비가 왔는데 옆에 도와줄 사람이 아무도 없었기 때문에 죽었다고 말하였다.

⑶ 종교인들이 여러 세계관을 합리적으로 비교하여 자신들의 신앙을 정하는 경우는 매우 드물다는 점은 명백하다. 거의 대부분의 종교인들은 기독교 도든 힌두교든 회교도든 상관없이 자신이 살고 있는 그 지역 사람들의 종교를 그냥 채택한다. 더구나 초자연적인 것에 관한 믿음을 지지해 주는 증거도 거의 없다.

⑷ 신문에 다음과 같은 기사가 실렸다. "태국과 인도는 태국의 자스민 쌀과 인도의 바스마티 쌀을 보호하기 위해 법적 투쟁을 벌여야만 했다. 왜냐하면 라이스 텍이라고 하는 텍사스의 한 회사가 미국에서 자기들이 개발했다고 하는 태국이나 인도의 쌀과 아주 비슷한 쌀의 독점권을 갖게 되었기 때문이다."

⑸ 조사가 계속 되겠지만, 지난 주 비교적 잔잔했던 바다에서 갑자기 트롤 어선이 침몰한 이유는 아마도 잠수함이 그물에 걸려 그 배를 잡아 당겼기 때문인 것 같다.

⑹ 그는 자비란 없는 사람이었다. 자비란 남을 가엾게 여기는 태도를 의미한다면 말이다.

⑺ 운동을 열심히 하는 사람은 반드시 체중이 줄어들게 마련이다. 최근 용성은 운동을 전혀 하지 않고 있다. 그러므로 용성은 체중이 줄어들지 않았음이 분명하다.

⑻ 여러분들은 한 나라의 역사와 문화를 독서를 통하여 알 수도 있고 또 여행 안내서를 살펴보고 알 수도 있을 것이다. 그렇지만 그 나라 사람들과 문화를 직접 체험해 보지 않고서는 제대로 이해할 수 없다는 것은 분명하다. 여러분의 자녀들을 공부시키기 위해 해외로 보내는 것보다 나은 다른 방법이 없는 이유가 바로 여기에 있다. 또한 여러분들이 외국인 유학생들을 접대하는 일이 여러분의 가족들에게 소중한 경험이 되는 까닭도 바로 여기에 있는 것이다.

⑼ 당신은 소수자에 대한 어느 정도의 차별은 피할 수 없다고 말하지만 나는 그렇게 생각하지 않습니다. 당신이 고귀한 생명을 유지하기 위해 하루의 음식을 먹듯이 그들 역시 하루의 음식을 먹고 당신에게 고된 하루를 위로해 줄 가족이 있듯이 그들에게도 가족이 있습니다. 당신에게 분별력이 있

다면 그들에게도 분별력이 있으며 당신이 부당한 억압에 대해 노여워하듯이 그들 역시 부당한 억압에 노여워합니다. 그러므로 당신이 고귀한 존재로서 존중받아야 한다면 그들 역시 존중받아야 합니다.

(10) 약 1억년 가까이 지구의 주인이었던 공룡은 어떻게 멸망했을까? 약 6천 5백만 년 전인 백악기에 소행성이 지구에 충돌했다. 소행성이 충돌하면서 엄청난 에너지와 열이 분출되었고, 그 즉시 지구에 존재하는 생물의 약 70%가 소멸했다. 다음으로 소행성 충돌로 인해 발생한 엄청난 양의 분진은 하늘로 올라가 태양의 빛과 에너지가 지구에 도달하지 못하게 막았다. 지구의 기온은 급격히 하강하였고, 충돌 후 살아남은 생명체조차도 생존하기 어려운 환경이 되었다. 또한 소행성 충돌은 지구 내부의 마그마에 운동 에너지를 전파해 지구 곳곳에서 활발한 화산 활동이 일어나고 큰 지각 변동이 일어났다. 이와 같은 현상은 당시 지구상에서 가장 큰 생명체인 공룡에게 가장 치명적인 영향을 주었다.

3강 논증 구조도 (1) 논증 구성하기

1. 논증의 표준 형식

앞선 2강에서 논증에 관한 일반적인 내용을 모두 살펴보았지만, 본격적으로 '논증 재구성'과 '논증 구조도'에 관해 논의하기 위해 그 내용들을 다시 한 번 간략히 정리하는 것이 좋을 것 같다.

논증(논변, argument)은 근거(이유, 전제)와 주장(결론)으로 이루어진다. 그리고 논증을 구성하고 있는 각각의 문장을 명제(proposition)라고 한다. 그렇다면 논증은 명제(들)의 집합이라고 할 수 있다. 논증을 구성하는 명제(들) 중 근거 또는 이유의 역할을 하는 명제를 전제(premise)라고 하고, 주장의 역할을 하는 명제를 결론(conclusion)이라고 한다. 따라서 어떤 주장이나 문제 상황을 논증으로 구성하여 비판적 또는 반성적으로 사고한다는 것은 '전제(들)로부터 결론이 어떻게 도출되는지 추론(inference)'하는 과정이라고 할 수 있다. 이러한 관계를 간략히 도식으로 정리하면 다음과 같다.

근거 또는 이유의 역할을 하는 명제		**전제**(premise)
	(주관적) **추론**(inference) ⇒	↓
주장의 역할을 하는 명제		**결론**(conclusion)

논증은 일련의 전제(근거, 이유)와 결론(주장)으로 이루어지며, 논증의 표준 형식으로 (재)구성하는 데 있어 중요한 것은 생략된 전제나 결론을 채워 넣어야 하는 경우가 있다는 것이다. 왜냐하면 일상적으로 어떤 전제나 결론은 너무나 명백하고 당연한 것이어서 생략될 수 있기 때문이다. 그러나 생략되거나 숨겨진 전제나 결론이 전체적인 논증이 성립하는 데 중요한 역할을 한다고 판단되는 경우에는 논증의 표준 형식에 그것을 포함시킬 필요가 있다. 그렇게 함으로써 논리적 비약이 있는 주장을 피하거나 제시된 명시적 전제와 결론의 관계를 더 분명하게 만들 수 있다. 반면에, 어떤 경우에는 당연한 것이 아님에도 불구하고 생략되는 전제나 결론이 있을 수 있다. 그리고 그러한 전제나 결론은 논란의 대상이 될 수 있는 것들일 수 있다. 그러한 경우에는 생략된 전제나 결론을 찾는 것이 그 논증을 올바르게 평가하는 데 있어 핵심적인 것이 된다. (전제와 결론이 생략된 논증을 구성하고 평가하는 것은 다음 4강에서 세세히 다룰 것이다.)

　일반적으로, 한 논증이 일련의 전제(들)로부터 하나의 결론만을 추론하고 있을 경우 그 논증을 '단순 논증(simple argument)'이라고 하고, 한 논증의 최종 결론이 두 개 이상의 복수의 단순 논증으로부터 도출되는 경우 그 논증을 '복합 논증(complex argument)'이라고 한다. 아래의 표는 일련의 전제(들)로부터 한 결론을 추론하는 논증의 표준 형식의 모습을 보여주고 있다. 우리가 일상에서 접하거나 학문 영역에서 마주하게 될 문제들은 복잡한 현상을 담고 있기 마련이다. 따라서 똑똑한 당신이 이미 짐작하듯이, 우리가 분석해야 할 많은 텍스트들은 단순 논증이 아닌 복합 논증으로 구성되어 있을 가능성이 매우 높다.

p_1. 전제(또는 이유) 1

p_2. 전제(또는 이유) 2

...

p_n. 전제(또는 이유) n

C. 결론

<단순 논증의 표준 형식>

p_1. 전제(또는 이유) 1

p_2. 전제(또는 이유) 2

...

p_n. 전제(또는 이유) n

c_1. 소결론 1　　　　　　　　= 최종 결론 'C'의 전제(또는 이유) 1

p_{n+1}. (전제 또는 이유 n+1)

p_{n+2}. (전제 또는 이유 n+2)

...

c_2. 소결론 2　　　　　　　　= 최종 결론 'C'의 전제(또는 이유) 2

...

C. 최종 결론

<복합 논증의 표준 형식>

2. 논증 구조도

분석의 대상이 되는 텍스트에 들어 있는 중요한 전제와 결론을 찾아 논증으로 재구성하면, 텍스트에서 주장하고자 하는 것을 분명하고 명료하게 이해할 수 있다. 하지만 각각의 전제들이 결론을 어떠한 방식으로 지지하고 있는지를 좀 더 명료하게 이해하기 위해 '논증 구조도'를 그려보는 것이 도움이 될 수 있다. 논증 구조도는 '전제(들)'와 결론의 '지지관계(relation of support)'와 순차적인 '**위계적인 순서**'를 시각적으로 표현하고 있기 때문이다. 논증 구조도의 표준 형식은 일반적으로 전제(들)와 결론의 지지관계에 따라 '**1) 단순형, 2) 병렬형, 3) 합동형, 4) 연쇄복합형**'으로 구분한다. 각 유형의 논증 구조도의 모습과 그것의 사례를 다음과 같이 간략히 정리할 수 있다.

1) 단순형

단순형은 하나의 전제로부터 곧바로 결론을 도출할 수 있는 유형의 논증을 말한다. 이와 같은 단순형의 논증은 일반적으로 전제로 사용된 명제의 개념적 정의 안에 이미 결론적 주장의 의미가 함축되어 있는 경우라고 할 수 있다.

단순형

p_1
↓
c

p_1. 그는 항상 거짓말을 한다.
C. (그러므로) 그의 말을 신뢰할 수 없다.

p_1. 그는 총각이다.
C. (그러므로) 그는 결혼하지 않은 남자다.

2) 병렬형

병렬형은 둘 이상의 전제가 각각 독립적으로 하나의 결론을 지지하고 있는 유형의 논증을 말한다. 따라서 병렬형은 같은 결론을 도출하는 복수의 단순형 논증이 결합된 형태를 띤다.

병렬형

p_1 p_2
  ↘   ↙
     c

- p_1 흡연은 타인에게 피해를 준다.
- p_2 흡연은 건강에 해롭다.
- C.   (그러므로) 흡연은 나쁜 습관이다.

- p_1 마스크를 쓰지 않는 것은 내가 코로나19에 감염될 가능성을 높인다.
- p_2 마스크를 쓰지 않는 것은 타인에게 코로나19 바이러스를 전파할 가능성이 있다.
- C.   (그러므로) 마스크를 써야 한다.

3) 합동형

합동형은 각 전제 단독으로는 결론을 도출할 수 없지만, 둘 이상의 복수의 전제들이 결합될 경우 결론을 도출하는 유형의 논증을 가리킨다. 따라서 결론을 도출하기 위해 사용된 전제는 적어도 2개 또는 3개 이상이 될 수 있다.

합동형

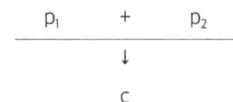

- p_1. 스트레스에 시달리고 있는 사람은 술을 많이 마신다.
- p_2. 그는 술을 많이 마신다.
- C. (그러므로) 그는 스트레스에 시달리고 있다.

- p_1. 정의로운 사람은 불의에 공분할 수 있는 사람이다.
- p_2. 그는 정의로운 사람이다.
- C. (그러므로) 그는 불의에 공분할 것이다.

4) 연쇄복합형

연쇄복합형은 '단순형, 병렬형, 합동형' 논증이 둘 이상 결합된 논증을 말한다. 따라서 분석의 대상이 되는 텍스트의 내용과 유형에 따라 연쇄복합형 논증은 '단순형+합동형', '병렬형+합동형', '합동형+합동형' 등과 같이 다양한 방식의 논증으로 구성될 수 있다.

연쇄복합형

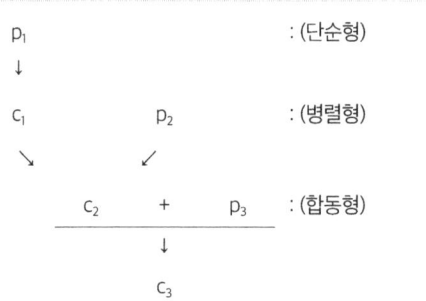

p₁ 소크라테스가 독배를 마신다면, 죽을 것이다.
p₂ 소크라테스는 독배를 마신다.
c₁ (그러므로) 소크라테스는 죽을 것이다.
p₃ 소크라테스가 죽는다면, 플라톤은 슬퍼할 것이다.
C (그러므로) 플라톤은 슬퍼할 것이다.

p₁ 그녀가 나를 사랑한다면, 짜장면을 양보할 것이다.
p₂ 그녀는 나를 사랑한다.
c₁ 그녀는 나에게 짜장면을 양보한다.
p₃ 그녀가 나에게 짜장면을 양보해 준다면, 나는 매우 기쁠 것이다.
C (그러므로) 나는 매우 기쁠 것이다.

3. 논증 재구성 연습:
논증 재구성의 절차 [상향식(bottom-up) 절차법]

분석의 대상이 되는 텍스트 또는 현안 문제의 논증을 재구성하기 위해 최우선적으로 해야 할 일은 '전제(또는 근거, 이유)'와 '결론(또는 주장)'을 구분하는 것이다. 일반적으로 텍스트의 결론을 찾는 것은 비교적 어렵지 않다. 그에 반해 그 주장을 뒷받침하는 전제를 찾는 것은 어려울 수 있다. 만일 주어진 텍스트가 비교적 분량도 짧고 단순한 구조를 가지고 있을 경우, 텍스트에 포함된 진술문들을 전제와 결론으로 비교적 손쉽게 구분할 수 있을 것이다. 하지만 (불행히도) 우리가 일상과 학문 영역에서 마주하게 되는 문제와 텍스트는 그렇게 단순하지만은 않다. 다행스러운 점은 많은 경우 '전제 지시어'와 '결론 지시어'에 의지하여 결론과 전제를 파악할 수 있는 단서를 얻을 수 있다는 것이다. 일상에서 사용하는 전제 지시어와 결론 지시어는 매우 다양하여 그 모두를 여기에 정리할 수는 없다. 다음은 가장 일반적으로 사용되는 전제 지시어와 결론 지시어를 정리한 것이다.

전제 지시어	결론 지시어
왜냐하면 ~ 때문이다. ~이므로 ~이기 때문에 ~인 까닭에 (~라는 이유로) ~을 고려한다면, etc.	그러므로 ~ 따라서 ~ 결과적으로, ~ ~ 함축한다. (~을 도출한다.) ~ 라고 추론한다. etc.

우리가 발 딛고 서있는 세계에서 일어나는 사건과 현상은 매우 다양할 뿐만 아니라 복잡하다. 우리가 마주하는 또는 다루어야 할 문제와 논증 또한 매우 다양하고 복잡하다. 따라서 하나의 정형화된 틀로 이 세계의 모든 논증을 모형화하여 설명하려는 것은 무모할 뿐만 아니라 위험한 시도라고 할 수 있다. 그럼에도 불구하고, 여기에 다음과 같은 정형화된 하나의 분석 절차를 제시하는 까닭은 '논리와 비판적 사고'를 처음으로 접하는 학생들이 좀 더 쉽게 논증의 분석 절차를 이해하는 데 도움을 주기 위해서다.

우리는 일상에서 일반적으로 어떤 '원인으로부터 결과를 추론(causal explanation)'하기도 하지만, 거꾸로 어떤 '결과'로부터 그것을 초래한 원인을 추론(backward causal explanation)'하기도 한다. 말하자면, 우리는 일상에서 (의도하든 그렇지 않든 간에) 일종의 '인과적 추론'을 익숙하게 수행하고 있다는 것이다. 예컨대, 만일 제니가 평소에 잘 입지 않던 정장을 갖추어 입는다면, 우리는 그녀가 오늘 매우 중요한 약속이나 일정이 있을 것이라고 추론한다. (이 경우는 원인으로부터 결론을 추론하고 있다.) 또는 만일 제니가 얼굴을 묻고 서글피 울고 있는 모습을 본다면, 우리는 그녀가 어떤 슬픈 일을 경험했을 것이라고 추론한다. (이 경우는 결론으로부터 원인을 추론하고 있다.)

분석의 대상이 되는 텍스트를 분석하는 방법과 절차도 이와 크게 다르지 않다. 말하자면, 텍스트에 명시적으로 제시된 일련의 전제들을 (모두) 찾은 다음, 그 전제들로부터 결론이 도출되는 과정을 보여줄 수 있다. 반대로 텍스트의 명시적인 결론을 찾은 다음, 역으로 그 결론을 직접적으로 지지하는 전제들을 찾아 전체 논증을 재구성할 수도 있다. 전자와 후자 중 어떤 추론 방식이 논증을 재구성하기 위해 더 효과적일까? 결론부터 말하자면, (적어도) 텍스트를 분석하는 데에는 먼저 결론을 찾은 다음에 그 결론을 지지하는 일련의 전제들을 찾아 논리적 흐름에 맞게 재구성하는 것이 더 효과적이다. 일반적으로 결론을 찾는 것이 전제(들)을 찾는 것보다 어렵지 않기 때문이다.

만일 지금까지의 논의에 동의할 수 있다면, 논증을 재구성하기 위한 '절차적 방법'으로 다음과 같은 '상향식(bottom-up) 절차법'을 제안해 볼 수 있다.

[논증 재구성의 절차: 상향식(bottom-up) 절차법]
   ① 텍스트의 '결론'을 찾는다.
   ② 결론이 2개 이상으로 판단될 경우, '최종 결론'이 무엇인지 찾는다.
      (중간 결론은 최종 결론을 지지하는 전제로 사용된다.)

③ '최종 결론'을 직접적으로 지지하는 '일차적'인 전제(들)를 찾는다.
④ 일차적 전제들의 관계(단순형, 병렬형, 합동형)를 분석한다.
⑤ 최종 결론을 지지하는 일차적 전제들 중 '중간 결론'을 찾는다.
⑥ 중간 결론을 지지하는 '이차적'인 전제들을 찾는다.
⑦ 이차적인 전제들의 관계(단순형, 병렬형, 합동형)를 분석한다.
⑧ 중간 논증(들)과 최종 결론의 관계를 분석한다.
⑨ 전체 논증의 논리적 흐름을 분석하고 검토한다.

단계		주	부
1	결론 찾기	① 텍스트의 '결론'을 찾음	② '최종 결론'과 '중간 결론'을 구분: 중간 결론은 최종 결론의 전제로 사용
2	전제 찾기	③ '최종 결론'을 직접적으로 지지하는 '일차적'인 전제(들)를 찾음	④ 일차적 전제들의 관계 (단순형, 병렬형, 합동형) 분석
3	중간 논증 구성	⑤ 최종 결론을 지지하는 일차적 전제들 중 '중간 결론'을 찾음	⑥ 중간 결론을 지지하는 '이차적'인 전제들을 찾음 ⑦ 이차적인 전제들의 관계 (단순형, 병렬형, 합동형) 분석
4	전체 논증 구성	⑧ 중간 논증(들)과 최종 결론의 관계 분석	⑨ 전체 논증의 논리적 흐름을 분석하고 검토

다시 강조하지만, 여기에서 제안하고 있는 방법적 절차에 의거하여 모든 텍스트의 논증을 완전하게 분석할 수 있는 것은 아니다. 다만, 이와 같은 방법적 절차를 적절히 활용하면, 비판적 사고의 형식적 절차에 익숙하지 않을 경우 어느 정도 도움을 받을 수 있다. 만일 지금까지의 논의에 동의할

수 있다면, 논증을 재구성하는 방법적 절차인 '상향식 절차법'에 따라 몇몇 글을 분석하는 연습을 해보자.

논증을 분석하고 구성하기 위한 '상향식(bottom-up) 절차법'에 따라 몇몇 텍스트를 분석하고 논증을 구성하는 연습을 해보자.

<예제 1>

① 생물 시간에 동물을 가지고 실험을 하게 되면 학생들이 동물을 일종의 소모품으로 여겨 하찮게 생각하게 된다. 또한 ② 최근 연구에 따르면 이런 동물을 공급하는 업체들은 동물의 고통에 별로 신경을 쓰지 않는다. 게다가 ③ 지금은 해부를 통해 배울 수 있는 것을 컴퓨터 시뮬레이션을 통해서도 배울 수 있다. 따라서 ④ 이런 모든 이유에 비추어 보았을 때, 이제 더 이상 생물 시간에 동물을 가지고 실험을 해서는 안 된다.
그런데 ⑤ 동물 실험이 가장 빈번하게 일어나고 있는 곳은 신약과 화장품을 개발하는 의약 회사와 화장품 회사다. 그러므로 ⑥ 신약이나 화장품을 개발하기 위한 동물 실험은 금지되어야 한다.

[1단계: 결론(주장) 찾기]

텍스트에서 주장하고 있는 결론을 찾는 것은 비교적 어렵지 않다. 일반적으로 텍스트의 주장에 해당하는 결론은 '결론 지시어'에 의해 드러나기 때문이다. 그리고 앞서 보았듯이, 일반적인 '결론 지시어'는 '따라서, 그러므로, 결론적으로' 등이 있다. 따라서 [예제 1]에서 찾을 수 있는 결론은 다음과 같은 2개라고 볼 수 있다. 즉,

④   (따라서) 이런 모든 이유에 비추어 보았을 때, 이제 더 이상 생물 시간에 동물을 가지고 실험을 해서는 안 된다.

⑥   (그러므로) 신약이나 화장품을 개발하기 위한 동물 실험은 금지되어야 한다.

　　텍스트의 결론을 이와 같이 분석하였다면, 그 2개의 결론 중 어떤 것이 '최종 결론'에 해당하는지를 분석해야 한다. 최종 결론은 일반적으로 다루고 있는 현안 문제에 대해 '더 분명하고 직접적이며 강한' 주장을 담고 있을 가능성이 높다. 만일 그렇다면, 동물실험에 관한 문제를 다루고 있는 [예제 1]의 경우에는 '결론 ④'보다는 '결론 ⑥'이 동물실험에 관한 문제와 '더 직접적이고 분명하며 강한' 주장을 보여준다는 것을 알 수 있다. 따라서 [예제 1]의 최종 결론은 '진술문 ⑥'이 되어야 한다. 따라서 '진술문 ④'는 중간 결론인 동시에 최종 결론의 (직접적인) 전제로 사용되고 있음을 알 수 있다.

전제(들)	
최종 결론	⑥

[2단계: 전제 찾기]

　　1단계에서 최종 결론을 찾았다면, 다음으로 그 최종 결론을 직접적으로 지지하는 일차적인 전제들을 찾아 논증을 구성해야 한다. [예제 1]에서 우선 찾을 수 있는 직접적인 전제는 '진술문 ⑤'라는 것을 파악하는 것은 어렵지 않다. 그런데 '진술문 ⑤'만으로는 최종 결론을 뒷받침할 수 없는 듯이 보인다. 똑똑한 당신은 이미 알아챘겠지만, '최종 결론 ⑥'은 '진술문 ⑤'와 '진술문 ④'로부터 이끌어진다. 따라서 최종 결론을 지지하는 일차적인 전제로부터 구성되는 논증 구조는 다음과 같다.

- p_1. ④ (따라서) 이런 모든 이유에 비추어 보았을 때, 이제 더 이상 생물 시간에 동물을 가지고 실험을 해서는 안 된다.
- p_2. ⑤ (그런데) 동물 실험이 가장 빈번하게 일어나고 있는 곳은 신약과 화장품을 개발하는 의약 회사와 화장품 회사다.
- c. ⑥ (그러므로) 신약이나 화장품을 개발하기 위한 동물 실험은 금지되어야 한다.

전제(들)	④ + ⑤
	↓
최종 결론	⑥

[3단계: 중간 논증 구성]

2단계를 통해 최종 결론에 대한 일차적인 논증을 구성하였고 텍스트에서 최종 결론이 아닌 중간 결론이 있을 경우, 중간 결론을 지지하는 전제(들)을 찾아 (중간) 논증을 구성해야 한다. 앞서 1단계에서 보았듯이, 동물 실험의 문제를 다루고 있는 [예제 1]은 '진술문 ④'를 중간 결론으로 파악할 수 있다. 그리고 '진술문 ①, ②, ③'은 중간 결론에 해당하는 '진술문 ④'를 뒷받침하는 전제로 사용되고 있음을 알 수 있다. 이제, 중간 논증을 구성하는 데 있어 남은 일은 '진술문 ①, ②, ③'의 관계를 분석하는 것이다. [예제 1]의 경우, 예상할 수 있는 전제들의 관계는 '병렬형'과 '합동형'뿐이다. 달리 말하면, [예제 1]에서 '진술문 ①, ②, ③'이 각각 (중간) '결론 ④'를 지지하는가, 또는 세 진술문들이 단독으로는 '결론 ④'를 지지할 수 없고 서로 합동하여 지지하는가? [예제 1]에서 사용된 '진술문 ①, ②, ③'은 각각 단독으로 '결론 ④'를 지지할 수 있다고 보는 것이 더 나은 분석으로 파악된다. 따라서 아래와 같은 '후보1'과 '후보2'중 후자가 더 나은 분석이라고 할 수 있다.

p₁. ① 생물 시간에 동물을 가지고 실험을 하게 되면 학생들이 동물을 일종의 소모품으로 여겨 하찮게 생각하게 된다.

p₂. ② (또한) 최근 연구에 따르면 이런 동물을 공급하는 업체들은 동물의 고통에 별로 신경을 쓰지 않는다.

p₃. ③ (게다가) 지금은 해부를 통해 배울 수 있는 것을 컴퓨터 시뮬레이션을 통해서도 배울 수 있다.

c. ④ (따라서) 이런 모든 이유에 비추어 보았을 때, 이제 더 이상 생물 시간에 동물을 가지고 실험을 해서는 안 된다.

후보1: 합동형		후보2: 병렬형	
전제(들)	① + ② + ③ ↓	전제(들)	① ② ③ ↘ ↓ ↙
중간 결론	④	중간 결론	④

[4단계: 전체 논증 구성]

이제 남은 일은 '1~3단계'를 통해 분석한 내용에 의거하여 전체 논증을 구성하고, 그 논증을 검토하는 것이다. 예제 텍스트의 경우, '2단계'와 '3단계'에서 구성한 논증을 논리적 흐름을 고려하여 전체 논증으로 구성할 수 있다.

p₁. ① 생물 시간에 동물을 가지고 실험을 하게 되면 학생들이 동물을 일종의 소모품으로 여겨 하찮게 생각하게 된다.

p₂. ② (또한) 최근 연구에 따르면 이런 동물을 공급하는 업체들은 동물의 고통에 별로 신경을 쓰지 않는다.

p₃. ③ (게다가) 지금은 해부를 통해 배울 수 있는 것을 컴퓨터 시뮬레이션을 통해서도 배울 수 있다.

c₁. **④ (따라서) 이런 모든 이유에 비추어 보았을 때, 이제 더 이상 생물 시간에 동물을 가지고 실험을 해서는 안 된다.**

p₄. ⑤ (그런데) 동물 실험이 가장 빈번하게 일어나고 있는 곳은 신약과 화장품을 개발하는 의약 회사와 화장품 회사다.

c. **⑥ (그러므로) 신약이나 화장품을 개발하기 위한 동물 실험은 금지되어야 한다.**

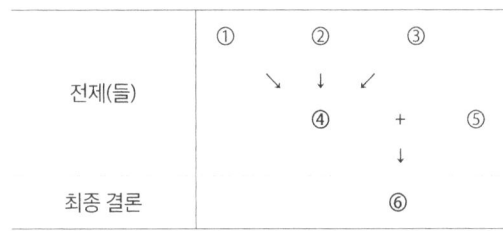

<예제 2>

어떤 변호사가 자신의 의뢰인이 유죄라고 의심하고 있을 때, 그 의뢰인을 적극적으로 변호하는 것은 윤리적인가? ① 변호사로서 윤리적이라는 것은 쌍방 심리 체제의 규칙에 따라 행동하는 것을 포함한다. ② 그 체제에 따르면, 모든 피고인은 공정한 재판을 받을 권리를 지닌다. 여기에서 ③ 모든 사람이 유죄라고 생각하는 사람조차도 이러한 권리를 지닌다는 것이 도출된다. 그런데 ④ 어느 누구도 적극적인 변호 없이는 공정한 재판을 받을 수 없다. 따라서 ⑤ 모든 사람이 피고를 유죄라고 생각할지라도 우리의 체제 아래에서는 그 피고는 여전히 적극적인 변호를 받아야만 한다. ⑥ 만일 어떤 윤리적인 변호사도 그러한 사건을 맡아서 변호하지 않는다면, 그 피고는 적극적인 변호를 받을 수 없을 것이다. 그러므로 ⑦ 변호사가 자신이 유죄라고 의심하는 의뢰인을 적극적으로 변호하는 것은 윤리적으로 아무런 문제가 없다는 것을 알 수 있다.

[1단계: 주장 찾기]

주어진 텍스트에서 다루고 있는 핵심 문제는 첫 번째 진술문에서 찾을 수 있다.

핵심 문제:	어떤 변호사가 자신의 의뢰인이 유죄라고 의심하고 있을 때, 그 의뢰인을 적극적으로 변호하는 것은 윤리적인가?

[예제 2]에서 찾을 수 있는 결론은 단순히 '결론 지시어'에 기초해서 분석하더라도 3개가 있다는 것을 알 수 있다. 즉, 그 결론은 '진술문 ③과 ⑤와 ⑦'이다. 그리고 3개의 결론 중 핵심 문제에 더 직접적인 관계를 갖고 있는 '진술문 ⑦'이 최종 결론이라는 것 또한 어렵지 않게 파악할 수 있다. 따라서 '진술문 ⑤'는 최종 결론을 지지하는 직접적인 전제인 동시에 전체 논증 안의 작은 논증의 '소결론(또는 중간 결론)'이라는 것 또한 이해할 수 있다.

소결론 1	③	(여기에서) 모든 사람이 유죄라고 생각하는 사람조차도 이러한 권리를 지닌다는 것이 도출된다.
소결론 2	⑤	(따라서) 모든 사람이 피고를 유죄라고 생각할지라도 우리의 체제 아래에서는 그 피고는 여전히 적극적인 변호를 받아야만 한다.
최종 결론	⑦	(그러므로) 변호사가 자신이 유죄라고 의심하는 의뢰인을 적극적으로 변호하는 것은 윤리적으로 아무런 문제가 없다는 것을 알 수 있다.

전제(들)	
최종 결론	⑦

[2단계: 전제 찾기]

'1단계'에서 최종 결론을 찾았으므로, 이제 '최종 결론 ⑦'을 직접적으로 지지하는 전제들은 무엇인지 분석해야 한다. 소결론인 '진술문 ⑤'와 '진술문 ⑥'이 결론을 직접적으로 지지하고 있다는 것은 어렵지 않게 이해할 수 있다. 그것을 논증으로 구성하면 다음과 같다. 즉,

p₁. ① (따라서) 모든 사람이 피고를 유죄라고 생각할지라도 우리의 체제 아래에서는 그 피고는 여전히 적극적인 변호를 받아야만 한다.

p₂. ② 만일 어떤 윤리적인 변호사도 그러한 사건을 맡아서 변호하지 않는다면, 그 피고는 적극적인 변호를 받을 수 없을 것이다.

C. ③ (그러므로) 변호사가 자신이 유죄라고 의심하는 의뢰인을 적극적으로 변호하는 것은 윤리적으로 아무런 문제가 없다는 것을 알 수 있다.

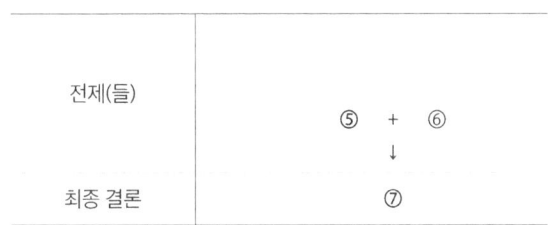

[3단계: 중간 논증 구성]

앞선 '1단계'의 분석에서 확인했듯이, 〈예제 2〉는 2개의 소결론(또는 중간 결론)을 가지고 있으므로 중간 논증 또한 '소결론 1(③)' '소결론 2(⑤)'에 해당하는 2개의 작은 논증으로 구성되어야 한다. 즉,

[소결론 1]

p₁. ① 변호사로서 윤리적이라는 것은 쌍방 심리 체제의 규칙에 따라 행동하는 것을 포함한다.

p₂. ② 그 체제에 따르면, 모든 피고인은 공정한 재판을 받을 권리를 지닌다.

c. ③ (여기에서) 모든 사람이 유죄라고 생각하는 사람조차도 이러한 권리를 지닌다는 것이 도출된다.

전제(들)	① + ② ↓
최종 결론	③

[소결론 2]

p₁. ③ (여기에서) 모든 사람이 유죄라고 생각하는 사람조차도 이러한 권리를 지닌다는 것이 도출된다.

p₂. ④ (그런데) 어느 누구도 적극적인 변호 없이는 공정한 재판을 받을 수 없다.

c. ⑤ (따라서) 모든 사람이 피고를 유죄라고 생각할지라도 우리의 체제 아래에서는 그 피고는 여전히 적극적인 변호를 받아야만 한다.

전제(들)	③ + ④ ↓
최종 결론	⑤

[4단계: 전체 논증 구성]

이제 남은 일은 '1~3단계'를 통해 분석한 내용에 의거하여 전체 논증을 구성하고, 그 논증을 검토하는 것이다. 예제 텍스트의 경우, '2단계'와 '3단계'

에 구성한 논증을 논리적 흐름을 고려하여 전체 논증으로 구성할 수 있다.

[논증]

p_1. 변호사로서 윤리적이라는 것은 쌍방 심리 체제의 규칙에 따라 행동하는 것을 포함한다.

p_2. ② 그 체제에 따르면, 모든 피고인은 공정한 재판을 받을 권리를 지닌다.

c_1. (여기에서) 모든 사람이 유죄라고 생각하는 사람조차도 이러한 권리를 지닌다는 것이 도출된다.

p_3. ④ (그런데) 어느 누구도 적극적인 변호 없이는 공정한 재판을 받을 수 없다.

c_2. (따라서) 모든 사람이 피고를 유죄라고 생각할지라도 우리의 체제 아래에서는 그 피고는 여전히 적극적인 변호를 받아야만 한다.

p_4. 만일 어떤 윤리적인 변호사도 그러한 사건을 맡아서 변호하지 않는다면, 그 피고는 적극적인 변호를 받을 수 없을 것이다.

C. (그러므로) 변호사가 자신이 유죄라고 의심하는 의뢰인을 적극적으로 변호하는 것은 윤리적으로 아무런 문제가 없다는 것을 알 수 있다.

[논증 구조도]

전제(들) (소논증)	① + ② ↓ ③ + ④ ↓ ⑤ + ⑥ ↓
최종 결론	⑦

연습문제

다음 제시문을 논증으로 재구성하고 논증 구조도를 그려보자.

(1) ① 사형제도는 폐지되어야 한다. ② 사형제도의 유지는 무고한 사람을 죽일 수 있는 가능성을 방치하는 것이다. ③ 실제로, 우리 사회에서 무고한 사람이 누명을 쓰고 사형 당한 사례가 있다. ④ 우리는 무고한 사람을 죽일 수 있는 가능성을 방치해서는 안 된다. 더구나 ⑤ 범죄 예방 효력이 없는 제도를 유지할 이유는 없다.

(2) ① 정상적이라는 것은 어디까지나 비정상적인 것의 관점에서 제한적으로 정의될 수 있다. ② 비정상적이라는 개념은 단지 주관적인 것이므로 ③ 정상적이라는 개념도 주관적이다. ④ 단순히 주관적인 개념은 사회적인 결정의 기초로 사용될 수 없으므로 ⑤ 우리는 "정상적인 것이 무엇인가"에 대한 개념을 기초로 사회적인 결정을 하지 않아야 한다.

(3) ① 지구 온난화가 실제로 진행되고 있다면, 북극과 남극의 얼음이 아주 빠른 속도로 녹고 있어야 할 것이다. ② 만일 얼음이 녹고 있다면, 해수면이 점점 높아져야 할 것이다. ③ 많은 환경 과학자들은 그것에 대해 오랜 기간 동안 조사를 해왔다. ④ 그 조사 결과는 해수면이 점점 높아지고 있다는 것을 보여주고 있다. ⑤ 지구 온난화가 진행되고 있음이 분명하다.

(4) ① 만일 사회의 기본적인 가치가 붕괴된다면, 그 사회는 살기 좋은 사회가

되지 못할 것이다. ② 개인에게 공정하고 정의로운 분배는 사회의 기본적인 가치 중 하나다. ③ 우리 사회는 점점 빈익빈 부익부의 현상이 심화된다. ④ 그 이유는 세금 징수의 불합리함도 한 몫을 한다. 따라서 ⑤ 세금 제도의 개선 없이는 우리 사회는 살기 좋은 사회가 될 수 없다.

(5) ① 매년 자동차 매연 검사를 받아야 한다는 새로운 교통 법규는 저소득층에게 불리하다. ② 왜냐하면 저소득층은 대부분 낡은 중고차를 가지고 있으며 ③ 중고차는 매연테스트를 통과할 확률이 떨어지기 때문이다. ④ 현재 시중에 있는 중고차들은 매연 방지에 대한 인식이 부족할 때 생산된 것들이 대부분이며, ⑤ 또 자동차는 오래될수록 매연 배기량이 증가한다.

(6) ① 라면을 끓일 때 면을 먼저 넣는 것보다 스프를 먼저 넣어야 더 맛있을 거야. ② 라면의 맛은 면발에 달려 있는데, ③ 높은 온도의 불에 빨리 익혀야 면이 불지 않고 쫄깃쫄깃해져. ④ 그냥 맹물은 100도에 끓지만 스프를 넣게 되면 끓는점이 올라가게 되거든. 그러니까, ⑤ 스프를 넣은 물에 면을 익히면 더 높은 온도에서 면을 익히게 되는 셈이지.

(7) ① 우리나라의 출산율이 점점 더 저하되고 있다. ② 이렇게 출산율이 저하되면, 우리 사회는 고령 사회로 전환될 것이다. 따라서 ③ 우리 사회는 고령 사회로 전환될 것이다. ④ 우리 사회가 고령 사회로 전환될 경우, 심각한 경제문제가 발생하게 된다. 왜냐하면 ⑤ 인구의 고령화로 생산인구가 줄어들고, ⑥ 생산가능인구의 부양비가 급증하기 때문이다. 결과적으로 ⑦ 우리 사회는 심각한 경제 문제에 봉착하게 된다.

(8) ① 우리 모두는 코로나19사태가 종식되길 바란다면, 개인위생에 특히 신경을 써야 한다. ② 그것을 위한 가장 손쉬운 방법은 우리 모두가 공공장소에서 마스크를 쓰는 것이다. 따라서 ③ 우리가 공공장소에서 마스크를 쓰는 것이 예절이며 의무라고 할 수 있다. 게다가 ④ 틈틈이 손을 잘 씻고 기침 예절을 잘 지키는 것도 코로나19 시대를 살고 있는 사람들의 예절이며 의무라고 할 수 있다. ⑤ 사회 예절과 의무는 지켜져야 한다. ⑥ 우리는 코로나19사태를 슬기롭게 극복할 수 있을 것이다.

(9) ① 무거운 물체는 가벼운 물체보다 빨리 낙하한다. ② 지구는 여타의 물체보다 엄청 무겁다. ③ 만일 지구가 움직인다면, 지구는 우리를 남겨두고 우주 밖으로 떨어져 버릴 것이다. 그러나 ④ 지구는 우주 밖으로 떨어져 버리지 않는다. 따라서 ⑤ 지구는 움직이지 않는다. (프톨레마이오스『알마게스트』)

(10) ① 정신과 영혼은 육체적 본성을 가진다. 왜냐하면 ② 정신과 영혼은 우리의 신체가 움직이도록 명령한다. 그리고 ③ 그러한 신체적 움직임은 외부의 힘이 작동하지 않아도 일어난다. ④ 하지만 아무런 원인 없이 신체적 움직임이 일어날 수는 없다. ⑤ 우리는 정신과 영혼이 육체적 본성을 가질 수 없다는 편견을 거부해야 하지 않겠는가?

(11) ① 그 의사가 취할 수 있는 선택지는 둘뿐으로, 그 환자에게 몇 개월 밖에 살지 못할 것이라고 정확한 정보를 제공하거나 제공하지 않는 것이다. ② 만일 그 의사가 그 환자에게 그 정확한 정보를 제공한다면, 그 환자는 충

격을 받아 건강이 더 악화될 수 있다. ③ 만일 그 의사가 그 환자에게 그 정확한 정보를 제공하지 않는다면, 그 환자는 남은 소중한 삶에 대해 적절하게 계획하지 못하게 된다. 결국 ④ 그 환자는 충격을 받아 건강이 더 악화될 수 있거나, 남은 소중한 삶에 대해 적절하게 계획하지 못하게 될 것이다.

(12) ① 지구는 평평하거나 둥글거나 둘 중 하나이다. ② 지구가 평평하다면 지구를 아무리 걸어가도 끝이 없기에 원래 자리로 돌아올 수 없을 것이다. ③ 지구를 걸어 나가면 언젠가는 원래 자리로 돌아오게 된다. 따라서 ④ 지구는 평평하지 않고 지구는 둥글다. 그런데 ⑤ 지구가 평평하지 않고 둥글지만 지구 내부로 잡아당기는 어떤 힘도 없다고 해보자. ⑥ 지구 위에 있는 모든 물체들은 다 지구 바깥으로 떨어질 것이다. 그렇지만 ⑦ 나를 비롯해 지구에 위치한 많은 것들은 지구로부터 떨어지지 않고 발붙이고 있다. 따라서 ⑧ 지구 내부로 잡아당기는 어떤 힘이 있다.

(13) ① 인간의 유전적 다양성은 바이러스나 박테리아부터 회충이나 다른 기생충에 이르기까지 우리를 괴롭히는 아주 다양한 병원균에 대항해 우리를 보호하기 위해 진화해 온 결과다. ② 이는 우리 가운데 어떤 사람은 다른 사람보다 특정 질병에 더 취약하다는 의미다. ③ 하지만 유전적 다양성은 이런 취약한 집단을 보호하는 역할도 한다. ④ 만일 특정 질병에 더 취약한 사람들이 소수라면, 그 질병에 저항력이 있는 사람들이 그들을 둘러싸고 있는 셈이다. ⑤ 이렇게 되면, 그 질병을 일으키는 병원균은 살기가 더 힘들게 된다. ⑥ 왜냐하면 그 병에 취약한 숙주들이 저항력이 있는

사람들 사이사이에 넓게 퍼져 있는 셈이기 때문이다. ⑦ 그래서 병에 취약한 사람들도 병에 걸리지 않을 수 있게 된다.

(14) ① 나는 돼지 사육이 중동지방의 기본적인 문화와 자연 생태계의 조화로운 통합성을 깨뜨릴 위협이 되었기 때문에 성서와 코란은 돼지를 정죄했다고 생각한다. 농업과 목축이 혼합된 전반적으로 복합체적인 경제형태 내에서 돼지고기를 먹지 말라는 신의 금지명령은 완벽한 생태학적 전략이 되었다. ② 반정착 취락농경인들에게는 돼지가 재산의 가치가 있기보다는 오히려 위협적인 존재가 되었으며, 그 뿐만 아니라 유목 이스라엘인들은 그들의 박한 거주 지역 내에서 돼지를 기를 엄두도 낼 수 없었다. ③ 그럴 수밖에 없었던 것은, 근본적으로 지구상에 목축을 위주로 하고 있는 지역들은 대개가 강우를 이용한 농업을 하기에는 너무 박하고 관개도 쉽지 않은, 숲이 없는 평원과 구릉들로 이루어진 땅이고, 이런 땅에서 가장 잘 적응할 수 있는 가축은 반추동물, 즉 소, 양, 염소 등이다. 그러나 돼지는 원래 숲지대와 그늘진 강둑에서 사는 동물이다. 따라서 ④ 돼지는 잡식동물이기는 하지만 주식물은 섬유소 형성도가 낮은 나무열매, 과일, 식물뿌리, 특히 곡식을 주로 먹기 때문에 인간과 직접 경쟁하는 경쟁자일 수밖에 없다. 돼지는 풀만 먹고 살 수는 없다. 따라서 유목, 유랑민들치고 돼지를 많이 기르는 사람들은 이 지구상에 어디에도 없다. ⑤ 돼지가 지니고 있는 더 큰 약점은 실용될 수 있는 젖이 없고 원거리를 몰고 다니기가 무척 어렵다는 점이다.

(15) 인간에게는 이성이 부여되었다. 인간은 '자기 자신을 아는 생명'이다. 인

간은 자기 자신을, 동포를, 자신의 과거를, 자신의 미래의 가능성을 알고 있다. 분리되어 있는 실재로서의 자기 자신에 대한 인식, 자신의 생명이 덧없이 짧으며, 원하지 않았는데도 태어났고 원하지 않아도 죽게 되며, 자신이 사랑하던 사람들보다도 먼저 또는 그들이 자신보다 먼저 죽게 되리라는 사실의 인식, 자신의 고독과 자신의 분리에 대한 인식, 자연 및 사회의 힘 앞에서 자신의 무력함에 대한 인식, 이러한 모든 인식은 인간의 분리되어 흩어져 있는 실존을 견딜 수 없는 감옥으로 만든다. 인간은 이 감옥으로부터 풀려나서 밖으로 나가 어떤 형태로든 다른 사람들과, 또한 외부 세계와 결합하지 않는 한 미쳐버릴 것이다. (에리히 프롬 『사랑의 기술』)

(16) 철학자들이 여러 나라에서 왕이 되어 통치하든지, 아니면 오늘날 왕이라고 불리고 권력자라고 일컬어지는 사람들이 진실로 철학자가 되지 않는 한, 다시 말해서 정치적 권력과 철학적 정신이 하나가 되지 않는 한, 그리하여 많은 사람들의 소질이 지금처럼 이 두 방향 중의 어느 하나로 흩어져 나가는 것을 강제로 금하지 않는 한, 여러 국가의 불행은 그칠 날이 없을 것이고 그것은 온 인류들의 경우에도 마찬가지라고 생각한다. (플라톤 『국가론』)

(17) 법의 사각지대는 허용되어야 하는가? 도덕과 법은 우리의 삶과 일상을 규율한다. 달리 말하면, 도덕과 법은 우리의 삶과 일상을 유지하기 위한 규율 체계다. 법의 기본적인 형식은 '명령과 제재(처벌)'로 구성된다. 만일 우리가 명령에 위배되는 행위를 한다면, 그 행위에 상응하는 합당한 제재

가 가해진다. 도덕은 우리가 일상에서 지켜야 할 예절과 타인을 돕는 것과 같은 선행 등을 포함하지만, 법은 일반적으로 타인과의 관계에서 해서는 안 되는 일을 규정함으로써 우리 삶의 최소한의 영역에 대해 관여한다. '법은 최소한의 도덕이다'는 명제는 그러한 의미다. 그런데 법의 사각지대를 허용할 경우, 우리는 최소한의 명령에 위배되는 행위에 대해서도 처벌을 할 수 없는 불합리를 감수해야 한다. 따라서 법의 사각지대는 허용될 수 없다.

(18) 사람은 누구나 질 좋은 삶을 누리고자 한다. 일반적으로 인간다운 삶을 누릴 수 있는 최소한의 물질적 조건이 갖추어진 상태에서 행복감과 만족감을 느낄 수 있을 때 삶의 질이 높다고 본다. 만약 우리가 기본적인 의식주를 해결할 수 없다면 삶의 질은 높다고 할 수 없다. 기본적인 의식주 해결은 인간다운 삶을 위한 기본 전제가 된다. 이런 맥락에서 국가 경제를 성장시키는 것이 매우 중요하다. 국가의 경제적 여건이 향상되면 국민 개개인은 의식주와 같은 기본적인 삶의 조건을 충족하기가 쉬워지고, 질 높은 교육을 받을 수 있으며, 의료 혜택과 문화생활 등을 누릴 수 있는 여유를 가질 가능성이 커진다. 그래서 일부 학자들은 국가의 경제 성장이 국민들 개인의 삶의 질 향상에 기여하는 기본 조건이라고 주장한다. 국가 경제가 국민 개개인의 직업 안정성과 소득 수준에 영향을 미치는 것이다.

(19) 모든 집단의 성원들에게 공통적으로 구속력을 지닌 도덕 규칙은 존재하지 않는다. 각자가 자신이 속한 집단의 규칙을 따라야 하는 이유다. 게다가 어떤 집단의 성원들이 옳다거나 그르다고 믿고 있는 것은 그들에게

실제로 옳거나 그르다. 따라서 동등하게 옳지만 서로 상충하는 도덕 판단이 존재할 수 있다. 모든 집단의 도덕적 신념은 동등하게 존중되어야 한다. 또한 우리에게는 다른 집단의 신념 체계에 대해 비판하거나 간섭할 권리가 없다. 따라서 도덕적 갈등은 해소될 수 없다.

(20) 인간은 합리적이고 계산적이며 또한 이기적이다. 사회가 구성되기 이전인 자연상태에서 인간들은 한정된 자원으로 인해 서로 '개인 대 개인'으로서 마치 전쟁과도 같은 극한 상황에 처하게 된다. 사회를 지배하는 절대적인 권력, 즉 왕(군주)은 이러한 상태로부터 벗어난 생존을 보장해 준다. 절대 권력의 필요성은 이와 같은 자연상태의 야만성과 폭력성으로부터 벗어나기 위함이다. 사람들은 사회를 구성하기 이전의 원시 상태의 결코 참을 수 없는 무지막지한 폭력과 공포에서 벗어나기를 갈망한다. 사람들은 기꺼이 절대 권위에 복종할 것이다.

4강 논증 구조도 (2)
전제와 결론이 생략된 논증 구성하기

1. 생략된 전제와 생략된 결론

논증의 '생략된 전제와 생략된 결론'에 대해 논의하기에 앞서 논증을 구성하는 데 있어 불필요한 요소에 대해 먼저 다루어볼 필요가 있다. 텍스트에서 사용된 모든 진술문이 논증을 구성하는 데 사용되는 것은 아니기 때문이다. 논증을 구성하는 데 사용되지 않는 진술문의 종류는 대략 다음과 같은 성격을 가진 진술문들이라고 할 수 있다.

① 문제의 배경을 단순히 설명하는 진술문
② 중요한 전제 또는 결론을 부연하여 설명하는 진술문
③ 중요한 전제 또는 결론의 이해를 돕기 위한 예시 사례

만일 텍스트를 분석하고 논증을 구성하는 과정에서 이와 같이 직접적으로 논증에 사용되지 않는 진술문은 논증 구성에서 제외시켜야 한다. 그와 같은 진술문은 다루고 있는 텍스트에 대한 이해를 높이는 데에는 적절히 사용될 수 있지만, 논증을 구성하는 데 있어 직접적인 전제로 사용되지 않기 때문이다. 또한 논증은 텍스트의 주장에 해당하는 '결론'과 그 결론을 직접적으로 지지하는 '전제'(들)로 구성되어야 하기 때문이다.

또한 모든 논증 또는 텍스트가 '명시적 전제'와 '명시적 결론'으로만 이루어진 것은 아니다. 어떤 텍스트는 **'생략된 전제'와 '생략된 결론'**을 포함하고 있을 수 있다. 예컨대, 다루고 있는 문제와 관련된 대부분의 사람들이 너무 '당연'하게 받아들이고 있는 '사실'이나 '개념'은 필자의 선택에 따라 생략되는 경우들이 있다. 전제와 결론을 생략하는 까닭은 대략적으로 다음과 같은 두 가지 경우라고 볼 수 있다.

① 너무 당연한 것이어서 굳이 텍스트에서 밝힐 필요가 없는 경우
② 명시적으로 밝힐 경우 최종 결론(또는 핵심 주장)을 약화시킬 우려가 있는 경우

텍스트의 주장을 철저히 이해하고 논증을 구성하는 데 있어 더 큰 문제가 되는 것은 '①'과 '②' 중 어떤 것일까? 이미 눈치를 챘겠지만, '②'의 경우가 더 큰 문제를 가지고 있다. 물론, 필자가 너무 당연하게 받아들이고 있기 때문에 생략한 전제와 결론이 글을 읽는 독자들에게는 실제로 그렇지 않을 수도 있다. 하지만 이와 같은 경우에는 (글을 읽는 독자가 수고를 더 해야 하겠지만) 독자 스스로 필자가 논증을 구성하는 과정에서 '생략한 전제 또는 생략된 결론'을 찾아 추가함으로써 텍스트를 보다 철저하게 이해하고 더 완전한 논증을 구성할 수 있다. 이와 같은 경우에 텍스트를 분석하는 독자가 필자에게 제기할 수 있는 문제는 기껏해야 '친절하지 않은' 또는 '세심하지 않은' 정도의 '불평'이라고 할 수 있다.

반면에, '②'의 경우는 '①'에 비해 문제가 심각하다고 볼 수 있다. 만일 필자가 '②'와 같은 이유로 전제 또는 결론을 생략하였다면, 그것은 일종의 '부

정행위' 또는 '왜곡 행위'에 해당하기 때문이다. 어떤 문제에 대한 주장을 개진하고자 하는 사람은 그 주장과 직접적이고 강하게 관련된 모든 전제들을 꼼꼼히 검토하여 제시할 필요가 있다. 그럼에도 불구하고, 자신이 개진하고자 하는 주장을 약화시킬 수도 있다는 이유로 그 주장에 관련된 핵심 전제를 '의도적'으로 '생략' 또는 '누락'하는 것은 다루고 있는 문제의 '진실성'을 심각하게 훼손하는 행위라고 할 수 있다. 따라서 만일 생략된 전제(또는 생략된 결론)가 '경우 ②'에 해당한다면, 그 생략된 전제(또는 생략된 결론)를 찾아 논증을 완전하게 재구성해야 한다. 이와 같은 일을 수행하는 것은 매우 중요한 의미를 가질 수 있다. 생략된 전제(또는 생략된 결론)가 논증에 추가될 경우 그 논증의 결론이 약화되거나 반박될 수 있음을 충분히 보일 수 있기 때문이다.

2. 연습: 논증 재구성하기

다음의 짧은 예제 텍스트를 분석함으로써 '전제'또는 '결론'이 생략된 논증을 재구성하는 과정과 절차적 내용을 이해할 수 있을 것이다.

<예제 1>

> ① 거짓말을 하는 것은 도덕적으로 그릇된 것이다. ② 제니는 거짓말을 했다. 그러므로 ③ 제니가 비난받는 것은 당연한 일이다.

[예제 1]은 일반적으로 수용할 수 있는 '도덕 명제'인 '진술문 ①'과 '사실적 정보'인 '진술문 ②'로부터 '결론(③)'을 도출하고 있는 간단한 논증이다. 똑똑한 당신에게 있어 이와 같이 단순한 구조를 가진 논증을 이해하는 것은 결코 어려운 일이 아닐 것이다. 하지만 [예제 1]의 논증을 보다 정확하게 이해하기 위해서는 조금 더 세밀한 분석을 수행해야 한다. 말하자면, 생략된 전제와 생략된 결론이 있는지 여부를 따져보아야 한다. 이제 앞서 검토한 논증 재구성의 '상향식(bottom-up) 절차법'에 따라 [예제 1]을 분석해보자.

[1단계: 결론(주장) 찾기]

[예제 1]의 결론은 분명하고 명료하다. 즉,

(명시적) 결론: ③ 제니가 비난받는 것은 당연하다. (제니는 비난받아야 한다.)

전제(들)	
결론	③

[2단계: 전제 찾기]

[예제1]에서 명시적으로 제시된 진술문들만으로 논증을 재구성하면 다음과 같이 논증을 재구성하고, 그것에 기초하여 논증 구조도를 그릴 수 있다.

p₁.	① 거짓말을 하는 것은 도덕적으로 그릇된 행위다.	(가치 판단)
p₂.	② 제니는 거짓말을 했다.	(사실 판단)
c.	③ 제니가 비난받는 것은 당연한 일이다.	(가치 판단)

전제(들)	① + ② ↓
결론	③

하지만 '전제 ①, ②'로부터 '결론 ③'을 곧바로 추론할 수 있는가? 이와 같이 텍스트에 명시적으로 제시되어 있는 '전제 ①, ②'만으로는 곧바로 '결론 ③'을 도출할 수 없다는 것을 어렵지 않게 파악할 수 있다. 아래의 논증 재구성을 통해 '전제 ①, ②'로부터 직접적으로 도출되는 것은 '결론 ③'이 아닌 다른 것이어야 한다는 것을 확인할 수 있다. 즉,

p₁.	① 거짓말을 하는 것은 도덕적으로 그릇된 행위다.	(가치 판단)
p₂.	② 제니는 거짓말을 했다.	(사실 판단)
c.	(?)	(가치 판단)

⇓

p₁.	① 거짓말을 하는 것은 도덕적으로 그릇된 행위다.	(가치 판단)
p₂.	② 제니는 거짓말을 했다.	(사실 판단)
c.	**④ 제니는 도덕적으로 그릇된 행위를 했다.**	(가치 판단)

지금까지의 분석에 기초하여 '생략된 결론'을 논증에 추가하면 다음과 같은 잠정적인 논증 구조도를 얻을 수 있다. 즉,

전제	① + ②
	↓
중간 결론	④
	?
결론	③

[3단계: 중간 논증 구성]

우리는 [1단계]에서 [예제 1]의 결론은 '③ 제니는 비난받아야 한다'라는 것을 확인하였다. 따라서 이제 남은 일은 [2단계]에서 얻은 잠정적인 '논증 구조도'의 '중간 결론 ④'와 '최종 결론 ③'의 논리적 연결 관계를 규명하는 것이다. 이미 짐작했겠지만, 전체 논증의 전제로 사용되는 '중간 결론 ④'로부터 '최종 결론 ③'을 직접적으로 도출할 수 없다. 따라서 [예제 1]의 완전한 논증을 구성하기 위해서는 '생략된 전제'를 추가해야 한다는 것을 알 수 있다. 즉,

p₁. ④ 제니는 도덕적으로 그릇된 행위를 했다.   (가치 판단)
p₂.   (?)   (가치 판단)
c. ③ 제니는 비난받아야 한다.   (가치 판단)

⇓

p₁. ④ 제니는 도덕적으로 그릇된 행위를 했다.   (가치 판단)
p₂. ⑤ 도덕적으로 그릇된 행위는 비난받아야 한다. (가치 판단)
c. ③ 제니는 비난받아야 한다.   (가치 판단)

전제(들)	④ + ⑤ ↓
결론	③

[4단계: 전체 논증 구성]

이제 남은 일은 지금까지의 분석 내용을 종합하여 전체 논증을 구성하고, 그 논증의 논리적 흐름을 검토하는 것이다. 따라서 우리는 [예제 1]의 '생략된 전제'와 '생략된 결론'을 추가함으로써 아래와 같은 '논증'과 '논증 구조도'를 구할 수 있다.

[논증]

$p_1.$	① 거짓말을 하는 것은 도덕적으로 그릇된 행위다.	(가치 판단)
$p_2.$	② 제니는 거짓말을 했다.	(사실 판단)
$c_1.$	**④ 제니는 도덕적으로 그릇된 행위를 했다.**	(가치 판단)
$p_3.$	**⑤ 도덕적으로 그릇된 행위는 비난받아야 한다.**	(가치 판단)
C.	③ 제니는 비난받아야 한다.	(가치 판단)

[논증 구조도]

전제(들)	① + ② ↓ ④ + ⑤ ↓
결론	③

지금까지 분석한 [예제 1]은 우리 모두가 일상에서 사용할 법한 아주 간단한 논증이라고 할 수 있다. [예제 1]의 생략된 전제와 생략된 (중간) 결론은 '우리가 일반적으로 너무나 당연시 여길 수 있는 것'이기 때문에 논증의 정당성을 전혀 훼손하지는 않지만, 그것들을 전체 논증에 추가함으로써 논증의 주장이 더 완전하게 정당화될 수 있다는 것을 확인하였다.

이제 조금 더 복잡하고 중요한 문제를 다루고 있는 텍스트를 '상향식 4단계 절차법'에 따라 분석하고 논증을 재구성하여 논리적 흐름을 보여주는 논증 구조도를 그려보자. 우리는 이 과정을 통해 논증을 재구성하는 것에 관해 더 깊이 이해할 수 있을 것이다.

<예제 2>[7]

> ① 전능하고 정의롭고 공정한 인격적 신이 존재한다는 관념이 인간에게 위로와 도움과 길잡이가 되어줄 수 있을 것이라는 점은 분명히 아무도 부인하지 않을 것이다. ② 그러나 반대로 이 관념 자체에는 결정적인 약점이 따라다니는데, 그것은 태초부터 고통스럽게 느껴져 왔던 것이다. ③ 만일 이 존재가 전능하다면, 인간의 모든 행동, 인간의 모든 사고, 인간의 모든 감정 및 열망을 포함한 모든 일들은 또한 그의 작품이다. ④ 어떻게 그와 같은 전능한 존재를 앞에 두고서 인간에게 그들의 행위와 사고에 대해 책임을 묻는 것을 생각할 수 있단 말인가?

우리가 일상에서 마주하게 되는 대부분의 텍스트가 그렇듯이, [예제 2]는 논증을 분석하고 재구성하는 데 있어 불필요한 진술문을 포함하고 있다. 이와 같은 경우에는 '상향식 4단계 절차법'만으로는 논증을 충분히 분석하

---

7. 홍지호, 이좌용 『비판적 사고: 성숙한 이성으로의 길』 성균관대학교출판부, 2013. pp. 102~104 참조 및 재구성

지 못할 수 있다. 따라서 텍스트의 분량과 성격에 따라 아래와 같이 [사전 단계]를 통해 추가적인 작업을 해야 할 수 있다.

[사전 단계: 불필요한 진술문 제거하기]

〈예제 2〉의 경우, '진술문 ②'는 논증을 구성하는 데 있어 직접적으로 사용되지 않는다는 것을 알 수 있다. '진술문 ②'는 '**그러나 ~**'에서 확인할 수 있듯이 '진술문 ①'에 대해 문제를 제기하는 역할을 하고 있을 뿐이다. 따라서 '진술문 ②'는 '문제제기'의 역할을 하고 있다. 그렇다면 '제시문 ①'은 어떤 역할을 하고 있는가? '제시문 ①'은 '신(holy divine)'또는 필자가 염두에 두고 있는 '인격적 신(personal deity[God])'의 정의를 내리고 있음을 알 수 있다. 즉,

신(또는 인격적 신) $=_{def.}$ 전능하고 정의롭고 공정하다. (또는 '신은 전능, 정의, 공정의 속성을 가진다.')[8]

이와 같은 사전 분석 작업을 통해 우리는 필자가 이 텍스트를 통해 신에 대한 통념적인 정의에 대해 문제를 제기하고 있음을 알 수 있다. 그렇다면 필자는 신의 속성 중 어떤 것을 문제 삼고 있는가? 우리는 그것을 '진술문 ③'에서 확인할 수 있다.

---

[8]. 그리스도적인 신은 일반적으로 다음과 같은 속성을 가진 것으로 정의된다. 즉, 신은 '전지(omni-science)', '전능(omni-potence)', '지고지선(omni-benevolence)'하다.

[1단계: 결론(주장) 찾기]

(1) 핵심 문제 분석

필자가 텍스트에서 직접적으로 문제를 삼고 있는 것이 곧 그 텍스트의 '핵심 문제'다. 그리고 그것에 대한 직접적인 답변이 곧 텍스트의 주장인 논증의 '결론'이다. 필자는 '진술문 ③'에서 '**만일 이 존재가 전능하다면, ~**'이라는 조건을 제시하고 있다. 따라서 필자는 이 텍스트를 통해 신의 속성 중 '전능(omni potent)'에 대해 문제를 제기하고 있음을 알 수 있다.

(2) 명시적 논증 분석

이 텍스트의 명시적 논증은 '진술문 ③과 ④'를 통해 구성할 수 있다. 각 진술문을 세세하고 꼼꼼하게 분석해보자.

진술문 ③	만일 이 존재가 전능하다면,	문제제기
	ⓐ 인간의 모든 행동, 인간의 모든 사고, 인간의 모든 감정 및 열망을 포함한 모든 일들은 또한 그의 작품이다.	전제(or 결론)
진술문 ④	어떻게 그와 같은 전능한 존재를 앞에 두고서	전제
	ⓑ 인간에게 그들의 행위와 사고에 대해 책임을 묻는 것을 생각할 수 있단 말인가?	결론

만일 이와 같은 분석이 올바르다면, 이 텍스트의 명시적 결론은 다음과 같음을 알 수 있다.

(명시적) 결론: ⓑ 인간에게 그들의 행위와 사고에 대해 책임을 물을 수 없다.

전제(들)	
결론	ⓑ

[2단계: 전제 찾기]

이제 1단계 분석을 통해 결론을 찾았으므로 그 결론을 뒷받침하고 있는 전제가 무엇인지 분석해야 한다. 앞선 단계의 설명에서 이미 보았듯이, 명시적 결론의 직접적인 전제는 '진술문 ③'의 'ⓐ'임을 알 수 있다. 따라서 [예제 2]의 명시적 논증은 다음과 같이 구성된다.

전제(들)	ⓐ ↓
결론	ⓑ

하지만 이와 같은 논증 구성은 완전하지 않은 듯이 보인다. 말하자면, '명제 ⓐ'로부터 '명제 ⓑ'를 곧바로 도출할 수 있는가? 이미 짐작했겠지만, '명제 ⓐ'만으로는 '명제 ⓑ'를 곧바로 도출할 수 없다. 그렇다면 '명제 ⓑ'를 적절하게 도출하기 위해서 '생략된 전제'가 추가되어야 한다는 것을 알 수 있다. 즉,

p₁.　　ⓐ 신이 전능하다면, 인간의 모든 것은 신의 작품이다.
p₂.　　　　　　　　　(?)
c.　　ⓑ 인간에게 그들의 행위와 사고에 대해 책임을 물을 수 없다.

⇓

p₁.　　ⓐ 신이 전능하다면, 인간의 모든 것은 신의 작품이다.
p₂.　　ⓒ 작품을 만든 자(제작자)만이 그 산물에 대한 책임이 있다.　　(생략된 전제)
c.　　ⓑ 인간에게 그들의 행위와 사고에 대해 책임을 물을 수 없다.

전제(들)	ⓐ　+　ⓒ ↓
결론	ⓑ

[3단계: 중간 논증 구성]

지금까지의 분석에 문제는 없는가? 더 정확히 말하자면, 이와 같은 분석에 부족한 부분은 없는가? 이와 같은 문제에 답하기 위해 [1단계: 주장 찾기]로 되돌아가 제기된 '문제제기'와 '결론'의 상관관계를 확인해보자. 그것을 간략히 정리하면 다음과 같다.

문제제기	(인격적) 신은 전능한가? (또는 신의 전능에 대해 문제를 제기할 수 있는가?)
결론	ⓑ 인간에게 그들의 행위와 사고에 대해 책임을 물을 수 없다.

지금까지의 분석에서 확인할 수 있듯이, 제기된 '문제'와 그것에 대한 '결론'은 서로 상응하지 않는다는 것을 알 수 있다. 그렇다면, 지금까지의 분석

을 통해 찾은 '결론'은 이 텍스트에서 주장하고 있는 '최종 결론'이 아니라는 것을 알 수 있다. 말하자면,

⟨문제제기⟩
'(인격적) 신은 전능한가?' 또는 '(인격적) 신의 전능에 대해 문제를 제기할 수 있는가?'

에 대한 직접적이고 명시적인 답변은

⟨결론⟩
ⓓ '신은 전능하지 않다.(또는 신의 '전능'에 대해 문제를 제기할 수 있다.)'

또는

ⓓ' '신은 전능하다.(또는 신의 전능에 대해 문제를 제기할 수 없다.)'

가 되어야 하기 때문이다. 그런데 필자는 신의 통념적 개념에 대해 문제를 제기하고 있으므로 ⟨예제 2⟩의 최종 결론은 'ⓓ'가 되어야 한다는 것을 어렵지 않게 이해할 수 있다.

만일 이와 같은 분석이 올바르다면, 우리는 앞서 분석한 논증 구성에 추가되는 논증이 있다는 것을 확인할 수 있다. 또한 최종 결론은 '명제 ⓑ'가 아닌 '명제 ⓓ'이기 때문에 [2단계]에서 구성한 논증에 '새로운 전제(생략된 전제)'를 추가함으로써 '최종 결론 ⓓ'를 도출하는 논증을 구성해야 한다는

것을 이해할 수 있다. 그리고 [예제 1]의 최종 결론을 도출하기 위해서는 아래와 같이 '생략된 전제 ⓔ'가 추가되어야 한다는 것을 파악할 수 있다. 즉,

전제(들)	ⓑ + ⓔ
	↓
결론	ⓓ

p₁.   ⓑ 인간에게 그들의 행위와 사고에 대해 책임을 물을 수 없다.

p₂.   (?)

c.   ⓓ 신은 전능하지 않다.(또는 신의 전능에 대해 문제를 제기할 수 있다.)

⇓

p₁.   신이 전능하다면, 인간에게 그들의 행위와 사고에 대해 책임을 물을 수 없다.

p₂.   ⓔ 인간은 (일반적으로) 도덕적 책임을 지는 존재다.

c.   ⓓ 신은 전능하지 않다.(또는 신의 전능에 대해 문제를 제기할 수 있다.)

[4단계: 전체 논증 구성]

 이제 남은 일은 지금까지의 분석 내용을 종합하여 전체 논증을 구성하고, 그 논증의 논리적 흐름을 검토하는 것이다. 따라서 우리는 [예제 2]의 '생략된 전제'와 '생략된 결론'을 추가함으로써 아래와 같은 [예제 2]에 대한 '논증'과 '논증 구조도'를 구할 수 있다.

[논증]

- p₁.   ⓐ 신이 전능하다면, 인간의 모든 것은 신의 작품이다.
- p₂.   ⓒ 작품을 만든 자(제작자)만이 그 산물에 대한 책임이 있다.
- c₁.   ⓑ 신이 전능하다면, 인간에게 그들의 행위와 사고에 대해 책임을 물을 수 없다.
- p₃.   ⓔ 인간은 (일반적으로) 도덕적 책임을 지는 존재다.
- C.   ⓓ 신은 전능하지 않다.(또는 신의 전능에 대해 문제를 제기할 수 있다.)

[논증 구조도]

전제(들)	ⓐ + ⓒ ↓ ⓑ + ⓔ ↓
결론	ⓓ

    우리는 지금까지의 과정을 통해 〈예제 1〉과 〈예제 2〉를 분석함으로써 주어진 텍스트에 '생략된 전제와 생략된 결론'이 있을 경우, 그것을 찾아 논증을 재구성하는 것을 연습하였다. 앞으로 우리가 학문 영역에서 마주하게 될 텍스트들과 문제 상황은 지금까지 연습한 텍스트에 비해 더 많은 내용을 담고 있고 더 복잡한 구조를 가지고 있을 가능성이 높다. 하지만 분석을 수행하기에 앞서 미리 겁부터 먹을 필요는 없다. 모든 일은 훈련과 연습을 통해 지금보다는 더 나은 방식으로 일을 해낼 수 있기 마련이기 때문이다. 또한 모든 일이 '첫 술에 배가 부를 수도 없는' 노릇이다. 짧고 간단한 텍스트를 논증으로 재구성하는 연습을 꾸준히 한다면, 우리는 어느 순간 매우 복잡한 구조를 가진 텍스트도 능숙하게 논증으로 재구성하고 있는 '나'의 모습을 발견하게 될 것이다.

연습문제

다음 제시문을 논증으로 재구성하고 논증 구조도를 그려보자. (만일 생략된 전제 또는 생략된 결론이 있다면 논증에 추가하고, 불필요한 진술문이 있다면 논증에서 제거하여 완성된 형식의 논증을 구성해보자.)

(1) ① 사람은 스스로 귀하게 되고 싶은 정치적 욕망과 잘 살고 싶은 경제적 욕망을 가졌다. ② 이러한 욕망은 무조건 나쁜 것인가? ③ 그렇지 않은 듯이 보인다. ④ 물론 다른 사람의 희생을 바탕으로 쟁취하는 욕망은 나쁘다고 할 수 있다. 그렇지만 ⑤ 타인과 공유할 수 있는 욕망은 오히려 사회 전체를 발전시키는 동력으로 작용할 수 있다.

(2) ① 육식은 생존을 위해 필요한 것도 아니고, ② 건강에 좋은 것도 아니다. 또한 ③ 영양에 비해 비용도 많이 든다. ④ 이러한 사실들은 육식이 필수적인 것이 아니라는 것을 말해준다. ⑤ 육식은 도살을 위해 동물을 사육하게 만든다. ⑥ 만일 육식이 도살을 위해 동물을 사육하도록 만들며 또한 육식이 필수적인 것이 아니라면, 식용으로 삼기 위해 동물을 죽이는 것은 도덕적으로 그릇된 일이다. 그러므로 ⑦ 우리는 육식을 해서는 안 된다.

(3) ① 이성을 가지고 있어야만 도덕에 대해 생각할 수 있고 도덕적 의무를 가질 수 있다. ② 도덕에 대해 생각할 수 있고 도덕적 의무를 가질 수 있는 존재만이 도덕적 권리를 가질 수 있다. 따라서 ③ 동물은 도덕적 권리를 가질 수 없다. ④ 도덕적 권리를 가지지 않는 존재를 이용하는 것은 도덕

적으로 문제가 되지 않는다. 결국 ⑤ 동물을 이용하는 것은 도덕적으로 문제가 되지 않는다고 할 수 있다.

(4) ① 비록 매우 큰 힘을 갖고 있고 교묘한 술책을 가진 악마가 있어서 그가 모든 노력을 기울여 나를 끊임없이 속인다고 해도 내가 존재한다는 것은 조금도 의심할 수 없다. ② 왜냐하면 내가 존재하지 않으면 나는 속을 수도 없기 때문이다. ③ 그가 나를 아무리 제 마음대로 속인다고 해도 내가 무엇인가 생각하고 있는 한 그가 나를 존재하지 않도록 만들 수는 없다. ④ 그러므로 이 문제를 깊이 생각해 보고 모든 점들을 주의 깊게 검토해 본 결과, 나는 마침내 다음의 명제를 결론으로 주장하지 않을 수 없었다. ⑤ '내가 존재한다', '내가 있다'는 것은 내가 그것을 말하거나 마음속으로 생각하는 한 필연적인 진리이다.

(5) ① 다윈의 진화론은 적자생존 또는 자연선택으로 설명된다. ② 자연선택이 없다면, 진화는 멈출 것이다. 그런데 ③ 자연선택은 이제 인간에게는 적용되지 않는다. ④ 자연선택이 이루어지려면 강한 개체보다 훨씬 많은 수의 약한 개체들이 번식하기 전에 죽어야 하는데, ⑤ 현대의 의학은 약한 자들도 강한 자들에 못지않게 살아남고 또 번식할 수 있도록 만들어 놓았기 때문이다. 따라서 ⑥ 인간은 더 이상 진화하지 않는다.

(6) ① 인간이 합리적이라는 주장이 정당화되려면, 의도에 반하는 행동을 하는 인간이 없어야 하고 모든 사람이 인간은 합리적 존재라고 생각해야만 한다. ② 이 주장이 모든 사람이 합리적인 행동을 한다는 사실로부터 도

출된다면, 의도에 반하는 행동을 하는 사람이 없어야 한다. ③ 이 주장이 모든 사람이 인간은 합리적 존재라고 생각한다는 사실에 근거한다면, 일부 사람이라도 인간이 합리적이지 않다고 생각해서는 안 된다. 그러나 ④ 의도에 반하는 행동을 하는 사람도 있으며, 일부의 사람은 인간이 합리적인 존재라고 생각하지 않는다. 따라서 ⑤ 인간이 합리적이라는 주장은 정당하지 않다.

(7) 윤리를 사회적 합의로 보아야 한다면, 윤리의 핵심 기능인 옳고 그름에 대한 분석은 관습에 대한 분석에 불과하다고 보아야 한다. 과연 옳고 그름에 대한 답변을 제시하는 것이 더 이상 윤리의 고유 영역이 될 수 없는가? 옳고 그름에 대한 답변을 제시하는 것이 더 이상 윤리의 고유 영역이 될 수 없다면, 윤리적 평가는 당위의 의미를 가질 수 없어야 한다. 하지만 윤리적 평가가 당위의 의미를 갖는다는 것을 부정할 수는 없다. 따라서 윤리는 사회적 합의로 볼 수 없다.

(8) 인류가 평화롭게 살고자 한다면, 생식이 효과적인 방법이라고 할 수 있습니다. 왜냐하면 인류가 평화롭게 살려면, 내면의 폭력성을 통제할 수 있어야 할 텐데, 그렇게 하려면 공격본능을 일깨우는 음식을 먹어서는 안 되거든요. 그래서 생식이 효과적인 방법이라는 겁니다. 육식을 줄이려면 생식이 제일 효과적이거든요.

(9) 에어버스는 2002년 7월 영국의 환보로(Farnborough)에서 열린 에어쇼에 광고를 다시 게재했다. 이번에는 "A340-4개 엔진 4배 긴 거리"라는 새로

운 슬로건으로 활주로의 가장자리에 거대한 광고판을 설치했다. 다시 한 번 일간 신문과 에어쇼 잡지에 전면 광고가 실렸다. 그러나 이번에는 보잉의 마케팅부 대변인이 에어버스에 대해 이상한 반대 공격을 개시했다. "이런 방식으로 생각해보라. 만일 당신이 두 개의 엔진을 가지고 있다면, 두 개의 엔진 고장 위험이 있다. 하지만 네 개의 엔진을 가지고 있다면 네 개의 위험이 존재한다. 엔진 고장의 위험은 네 개의 엔진을 갖고 있다고 해서 줄어들지 않는다. 오히려 증가한다.

(10) 솔로몬 왕에게 두 여인이 한 사내아이를 데리고 왔다. 두 여인 모두 그 사내아이가 자신의 아들이라고 완강하게 주장하고 있었다. 아무도 그 사내아이의 진짜 어머니를 밝혀내지 못하고 있었다. 이때 솔로몬 왕은 아이를 반으로 잘라 서로 반씩 갖도록 하면 된다고 판결하였다. 이에 한 여인이 그 아이는 자신의 아이가 아니라고 하면서 자신의 죄를 뉘우치며 잘못을 빌었다. 그러자 솔로몬 왕은 그 여인이 아이의 진정한 어머니라고 판결을 내리고 다른 여인을 벌하였다.

(11) 말기의 환자가 의식적으로 죽음을 선택하는 자의적인 안락사는 법적으로 허용되어야 한다. 책임을 질 수 있는 성인은 살거나 죽기를 선택할 수 있다고 보아야 하기 때문이다. 자의적인 안락사는 많은 환자들을 견딜 수 없는 고통으로부터 구해줄 것이다. 자의적인 안락사는 사회 비용을 줄일 것이다. 자의적인 안락사는 또한 사랑하는 사람이 참혹한 죽음을 맞는 것을 보아야 하는 고통을 가족으로부터 덜어줄 것이다.

(12) 참된 믿음만으로는 앎(지식)이 될 수 없다. 왜냐하면 우리는 우연히 참된 믿음을 가질 수도 있기 때문이다. 예컨대, 당신이 어제 TV를 통해 우리나라와 일본의 축구 경기를 보았고, 그 경기에서 우리나라가 이겼다고 하자. 당신은 우리나라가 축구 경기에서 일본을 이겼다는 믿음을 가지게 될 것이다. 그런데 당신이 어제 TV를 통해 본 경기는 실제로 어제 있었던 경기가 아닌 1년 전에 있었던 경기의 재방송이었다. 그런데 어제 진행되었던 경기에서도 우리나라가 일본을 이겼다. 만일 그렇다면, 당신이 가진 '우리나라가 어제 진행되었던 축구 경기에서 일본에게 이겼다'는 참된 믿음이지만, 당신이 그 믿음을 갖게 된 근거는 적합한 근거가 아니다. 따라서 그 믿음은 정당한 근거가 없는 한에서 지식일 수는 없을 것이다. 결국, 지식은 정당화된 참된 믿음이라고 정의되어야 한다.

(13) 뉴튼은 '질량과 힘'은 세계에 실제로 존재하는 것이라고 주장하였다. 그러나 그의 대표적인 공식 $f=am$은 힘(f)이 실제 세계에 존재하지 않는 것이라는 반론에 빌미를 제공하였다. 이 문제는 '실재하는 것'과 '개념으로만 있는 것'에 관한 논쟁에 불을 지폈다. 하지만 뉴튼의 공식은 '질량과 힘'은 실재한다는 것을 잘 보여준다. 어떤 질량체가 주어지면 특정 힘이 존재하게 된다. 그리고 특정 힘이 존재한다면 가속도가 발생할 수밖에 없다. 따라서 어떤 질량체가 주어지면 가속도가 발생한다고 말할 수 있었기 때문이다. 그러므로 뉴튼의 ($f=am$) 이론과 같이 세계에 대해 기술(description)될 수 있는 것은 실재하는 것이다. ('f'는 힘, 'a'는 가속도, 'm'은 질량)

(14) 우주를 하나로 부르는 것이 옳았겠습니까? 아니면 다수나 무한수인 것으로 말하는 것이 옳았겠습니까? 이 우주가 정녕 본에 따라서 만들어졌다면, 하나로 부르는 것이 옳습니다. 지성에 의해서라야 알 수 있는 모든 살아 있는 것을 포함하는 것은 둘 가운데 하나가 결코 될 수 없을 것이기 때문입니다. 만약 그렇게 되면, 그 둘과 관련해서 또 다른 살아 있는 것이 있어야만 할 것이고, 그 둘은 바로 이것의 부분이 될 것이며, 더 나아가 이 우주가 닮게 된 것은 그 둘이 아니라, 그 둘을 포함하는 것이라고 말하는 게 더 옳겠기 때문입니다. 그래서 이 우주가 유일성의 측면에서 '완전한 살아 있는 것'을 닮도록 하기 위하여, 우주를 만든 이는 바로 이런 이유로 우주를 둘로도 무수하게도 만들지 않았기에, 유일한 종류의 이 하나의 이 우주가 생겨났으며, 또한 앞으로도 그렇게 있을 것입니다.

(15) 정부가 여당에 맡겨 지난 2월 임시국회에서 처리하려다 무산된 비정규직법 개정을 다시 밀어붙이고 있다. 4월 중 개정안을 국회에 내고 6월 말까지 법 개정을 마무리할 계획이라고 한다. 노동계가 크게 반발하고 있고, 사회적 논란도 크다. 그럼에도 정부 여당은 경제 위기를 내세우면서 빠르게 통과시키려 하고 있다. 그러나 정부 여당의 비정규직법 개정안은 철회되어야 한다. 정부 여당의 이번 개정안은 기업주의 입장만 대변하고 있는 개악(改惡)이라 할 수 있기 때문이다. 이번 개정안은 비정규직 노동자가 정규직으로 될 수 있는 통로를 차단하고 있을 뿐만 아니라, 기업이 정규직을 비정규직으로 전환하게 만드는 것을 허용하고 있다. 이러한 개정안이 시행된다고 해보자. 그렇게 되면, 비정규직은 지금보다 훨씬 늘어나게 될 것이다. 물론 기존의 비정규직법은 보완의 필요성을 가진다. 그

렇지만 정부 여당의 이번 개정안에는 큰 문제가 있다. 지금도 과도한 비정규직을 더 늘어나도록 만든다면, 우리 경제의 위기는 더 깊어질 수밖에 없다. 경제 체질이 더 악화되기 때문이다. 경제위기가 더 이상 심각해져서는 안 된다는 것을 받아들이지 않는 사람은 아무도 없을 것이다.

(16) 인간이라면 누구나 자신의 삶을 변호한다. 인간은 자신의 의식으로 받아들일 수 없는, 자기가 결코 정당화시킬 수 없는 삶을 살 수는 없다. 설령 자신이 부끄럽게 여기거나 수용하기 어려운 삶을 살았거나 살고 있는 경우라도 다르지 않다. 그런 삶을 살았거나 살고 있다면 그것은 개인이 견디기엔 불가능한 고통이다. 이 고통을 피하기 위해 사람들은 그러한 삶과 타협한다. 그것과 충돌하는 의식이나 가치관을 버리고 그것과 일치하는 의식이나 가치관을 가짐으로써 그것을 다시 옹호한다. 그러나 자기 삶을 변호하는 일이 쉬운 것만은 아니다. 법적 처벌과 사회적 비난에도 불구하고 자신의 삶을 세상에 공표해 처벌이나 비난을 받을 용기를 가진 사람은 극소수에 불과하다. 부끄럽거나 감추고 싶은 삶의 흔적을 자신의 의식 속에서 수용하고 정당화시켰던 사람들은 그것을 공표할 경우 법적 처벌을 받을 수밖에 없거나 사회 통념이나 관행에 어긋나 비난받을 수밖에 없다고 판단하게 되면, 자신의 삶을 공개적으로 변호하기 어렵다. 과거와 현재 자신의 삶에 대해 전혀 죄책감이 없고 스스로 당당할 수 있는 사람이라도, 자신의 삶을 공표할 경우 법적 처벌을 피할 수 없거나 사회 통념이나 관행이 허용하지 않을 것이라 판단하게 되면 자신의 삶을 공개적으로 변호하기 어렵다.

(17) 가벼운 죄에 중벌을 주면 경미한 범죄는 생기지 않게 되니 중한 범죄는 생겨날 수 없을 것이다. 이것이 안정되게 통치를 하는 방법이다. 형벌을 줄 때 중죄를 중하게, 가벼운 죄를 가볍게 다스리면 가벼운 죄가 그치지 않으니 중죄를 그치게 할 수 없다. 이것은 혼란을 일으키는 통치인 것이다. 따라서 가벼운 죄에 무거운 형벌을 내리면 범죄가 없어지고 일이 성사될 것이며 국력이 강해진다. 중죄에 중벌을 그리고 가벼운 죄에 가벼운 벌을 주면 형벌을 주어야 할 사건이 계속 터지게 되어 국력이 약화될 것이다. (한비자 『설문』)

(18) 어떤 권리가 지켜졌다는 것은 그 권리에 대한 의무가 이행되었다는 것을 의미하며, 어떤 권리에 대한 의무가 이행되었다는 것은 그 권리가 지켜졌다는 것을 의미한다. 이렇듯 모든 권리는 의무를 그리고 모든 의무는 권리를 함축한다. 따라서 어떤 사람이 자신에 대한 의무가 있다면, 그 사람은 자신에 대한 권리가 있다고 보아야 한다. 또한 어떤 사람이 자신에 대한 의무가 있다면, 그 사람은 자신에 대한 의무로부터 자신을 놓아줄 수 있다고 보아야 한다. 그러므로 어느 누구도 자신에 대한 의무는 없다고 보아야 한다.

(19) 자율적이어야 할 도덕적 의무가 있으며, 자신의 결정에 중대한 영향을 끼치는 것 정도는 알아야 자율적일 수 있다. 자신의 결정에 중대한 영향을 끼치는 것 정도는 알아야 할 도덕적 의무가 있다. 자신의 유전적 진상(眞相)에 대하여 아는 것이 자신의 결정에 중대한 영향을 끼친다. 자신의 유전적 진상에 대하여 알아야 할 도덕적 의무가 있다. 그러므로 자신의

유전적 진상에 대하여 알지 않을 도덕적 권리가 없다.

(20) 고전적인 자유주의자들은 18세기 계몽주의의 영향을 받아 개인의 자유를 최대한 보장하는 것이 가장 중요한 가치 중 하나라고 주장한다. 그들의 주장에 따르면 국가나 정부가 국민의 기본권을 제한하는 것이 정당화되기 위해서는 그렇지 않다면 국가의 존립이 위태로운 경우뿐이다. 다시 말해서 국가 존립에 위협이 되지 않는 한, 국민의 기본권을 제한해서는 안 되는 것이다. 그런데 최근 우리 정부는 인터넷의 글이 지나치게 오염되어 다른 사람의 명예를 손상하고 심지어 인격을 모독하는 사례가 있다고 지적하면서 이를 제한하기 위해서 인터넷 실명제를 도입하려고 하고 있다. 누구나 인정하듯이 인터넷에 글을 올리는 것은 표현의 자유에 해당하고, 인터넷의 글이 문제는 있을지언정 국가의 존립에 위협이 될 정도는 아니다. 그럼에도 이러한 정부의 움직임에 대해서 반대도 없지 않지만, 상당한 정도의 국민적 지지가 있다. 인터넷에 익명으로 글을 올리는 것이 국가 존립까지는 아니라고 하더라도 극심한 사회 혼란과 불안을 초래하는 경우들이 있기 때문이다. 그런 점에서 오늘날에도 고전적 자유주의자의 주장이 여전히 유효하다고 주장할 수는 없을 것 같다.

2부

논증을 세련되게 만들기

5강 연역추리 (1)
타당한 추론 규칙과 타당성(validity) 검사

1. 연연논증과 귀납논증

앞선 3강과 4강에서 살펴본 '논증 재구성'과 '논증 구조도'는 주어진 텍스트의 논리적 구조와 지지관계를 파악하는 데 초점을 맞추었다. 말하자면, 논증 재구성은 텍스트의 주장과 이유를 찾아 논증의 표준 형식으로 재구성하는 것을 말한다. 만일 논증을 구성하는 과정에서 명시적 전제들만으로는 결론을 충분히 지지하기 어렵다고 판단될 경우, 생략된 전제를 찾아 논증에 추가해주어야 한다.

주어진 텍스트 또는 논증을 세련되게 분석하기 위해서는 기본적으로 글쓴이의 생각을 왜곡하지 않으면서 중요한 요소에 의거하여 논리적으로 정리하는 것이 필요하다. 다음으로, 추리에서 가장 기본이 되는 '연역추리'와 '귀납추리'의 사고기법을 사용하여 일차적으로 분석한 논증 형식에 적용하는 것이다. 5강과 6강에서는 '연역추리 또는 연역논증'에 관해서 논의하고, 이어지는 7~9강에서 '귀납추리 또는 귀납논증'을 살펴볼 것이다. 하지만 연역추리와 귀납추리를 면밀히 살펴보기에 앞서 연역논증과 귀납논증의 일반적인 특성과 내용을 간략히 정리하는 것이 도움이 될 것이다.

논증은 전제적 이유를 통해 결론적 주장을 '어느 정도의 강도로 지지하는가'에 따라 '연역논증'과 '귀납논증'으로 구분할 수 있다. 연역논증 또는 연역추리는 '전제적 이유가 (모두) 참일 경우, 그 결론적 주장은 반드시 또는 필연적으로 참'이라는 것을 보이려는 의도로 구성된 논증을 말한다. 반면에, 귀납논증 또는 귀납추리는 '전제적 이유가 (모두) 참일 경우, 그 결론적 주장은 참일 가능성이 매우 높다'는 것을 보이려는 의도로 구성된 논증이다. 이것을 간략히 정리하면,

연역논증 $=_{def.}$ 전제적 이유가 (모두) 참일 경우, 그 결론적 주장은 필연적으로 참이다.
귀납논증 $=_{def.}$ 전제적 이유가 (모두) 참일 경우, 그 결론적 주장은 참일 개연성이 매우 높다.

지금까지 논리학 또는 비판적 사고를 전혀 접하지 못하였거나 배우지 않았다고 생각하는 사람들조차도 다음과 같은 두 유형의 논증은 제법 익숙할 것이다. 예컨대,

논증 1	논증 2
p_1. 모든 사람은 죽는다. p_2. 소크라테스는 사람이다. c. 소크라테스는 죽는다.	p_1. 까마귀$_1$은 검다. p_2. 까마귀$_2$는 검다. p_3. 까마귀$_3$는 검다. … p_n. 까마귀$_n$은 검다. c. 모든 까마귀는 검다.

〈논증 1〉은 전제 'p_1'과 'p_2'가 참일 경우, 결론 'c'는 필연적으로 참이다. 전제가 모두 참일 경우, 예외적 상황이나 사례를 추론할 수 없기 때문이다. 따라서 〈논증 1〉은 연역논증이다. (그리고 이와 같은 형식을 가진 연역논증을 정언삼단논법[syllogism]이라고 한다.)

〈논증 2〉는 전제 'p_1~p_n'이 모두 참일 경우 결론 'c'는 참일 개연성이 매우 높지만, 결론 'c'가 필연적으로 참이라고 단정 지을 수 없다. 이미 알고 있듯이, 〈논증 2〉는 관찰자의 '관찰과 경험'에 의존하고 있으며, 그 경험들을 일반화함으로써 결론을 추론하고 있다. 만일 어느 시점에 지금까지(p_n)의 관찰 경험과 다른 사례가 경험된다면, 결론(c)은 약화되거나 부정될 수 있다. 예컨대, 'n_{+1}'번째에 관찰된 까마귀는 알비노 증후군(선천성 색소결핍증)이 있는 '하얀' 까마귀라면, 〈논증 2〉는 기껏해야 '거의 대부분의 까마귀는 검다' 정도만을 주장할 수 있을 뿐이다.

연역논증과 귀납논증의 차이를 확인하기 위해 아래의 두 논증을 살펴보자.

논증 3	논증 4
p_1. 과학은 인간의 활동이다. p_2. 인간은 오류를 범할 수 있다. c. 과학에는 오류가 있다.	p_1. 어제 태양은 동쪽에서 떴다. p_2. 오늘 태양은 동쪽에서 떴다. c. 태양은 동쪽에서 뜬다.

〈논증 3〉과 〈논증 4〉 중에서 연역논증인 것과 귀납논증인 것은 무엇인가? 결론부터 말하자면, 전자는 연역논증이고 후자는 귀납논증이다. 전자가 연역논증이라는 것을 이해하는 것에는 큰 어려움이 없을 것이다. 간략히 설명을 덧붙이자면 다음과 같다. 〈논증 3〉은 앞서 살펴본 〈논증 1〉과 마찬가지로 '전제가 모두 참이면, 그 결론은 거짓일 수 없다'는 점에서 전제로부터 결론이 필연적으로 도출되기 때문이다.

반면에, 아마도 몇몇은 후자가 귀납논증이라는 것에 의문을 제기할 수도 있다. 우리들 모두는 '태양은 동쪽에서 뜬다'는 진술문이 일종의 자연법칙으로서 불변의 사실이라고 생각하고 있으며, 따라서 '필연적인 참'이라고 간주하기 때문이다. 하지만 이와 같은 생각에 기초하여 〈논증 4〉를 연역논증으로 파악하는 데에는 문제가 있다. 물론, '태양이 동쪽에서 떠서 서쪽으로 진다'는 것은 변하지 않는 사실이다. 하지만 여기서 문제가 되는 것은 〈논증 4〉에서 결론(c)을 도출하는 '**추론 방식**'을 따져보는 것이다. 〈논증 4〉에서 결론을 이끌어내는 데 사용하고 있는 전제(들)은 '관찰 경험'이다. 극단적인 상상 또는 가정을 해본다면, 어떤 이유로 어떤 시기에 태양이 우주에서 사라질 수도 있다. (그와 같은 상상이 실제로 일어난다면 인류는 종말을 맞이하겠지만) 만일 그와 같은 일이 일어날 경우, 태양은 동쪽에서 떠오르지 않을 것이다. 동쪽으로 떠오를 태양 자체가 없기 때문이다. 이것을 이해하기 위해 유사한 구조를 가지고 있는 다음의 논증을 비교해보자.

논증 4	논증 5
p_1. 어제 태양은 동쪽에서 떴다. p_2. 오늘 태양은 동쪽에서 떴다. c. 태양은 동쪽에서 뜬다.	p_1. 어제 먹은 엄마의 김치찌개는 맛있었다. p_2. 오늘 먹은 엄마의 김치찌개는 맛있었다. c. 엄마의 김치찌개는 맛있다.

〈논증 5〉가 귀납논증이라는 것을 이해하는 것은 어렵지 않다. '지금까지 먹은 엄마의 김치찌개가 맛있었다'는 개인적인 주관적 경험에 의거하여 '엄마의 김치찌개는 맛있다'는 일반화된 결론을 도출하고 있기 때문이다. 하지만 우리가 이미 경험했듯이, 미래의 어떤 특정 시점에는 지금까지 맛있었던 엄마의 김치찌개가 예전만큼 맛있지 않을 수도 있다. 엄마의 손맛이 바뀌었거나 나의 입맛이 변했을 수 있기 때문이다. 이미 파악했겠지만, 〈논증 4〉는 결론을 추론하는 방식에서 있어 경험적인 자료에 기초한 일반화라는 측면에서 〈논증 5〉와 동일하다.

이와 같이 연역논증과 귀납논증은 전제가 결론을 지지하는 방식에서 차이가 있기 때문에 논증의 정당성을 검사하고 판정하는 방식 또한 다르다. 그것을 다음과 같이 간략이 정리할 수 있다.

	전제(들)	결론	논증의 검사	판정
연역논증	참	필연으로 참	타당성 & 건전성	완전한 논증
귀납논증	참	개연적으로 참	강도 & 설득력	개연성이 높은 논증

그리고 지금까지 살펴본 연역논증과 귀납논증의 추론 방식과 특성에 관한 내용을 간략히 정리하면 다음과 같다.

연역논증	귀납논증
① 전제가 모두 참이면, 그 결론 또한 필연적으로 참인 논증이다. ② 어떤 특정한 연역논증의 수용 여부는 타당성 검사와 건전성 검사에 의존한다. ③ 타당성(validity) 검사: 논증의 형식적인 측면만을 평가한다. ④ 건전성(soundness) 검사: 논증의 전제와 결론의 내용적 측면을 평가한다. ⑤ 형식적으로 타당하고 내용적으로 건전한 논증을 정당한 논증 또는 완전한 논증이라고 할 수 있다. ⑥ 논증의 타당성 여부는 논리적 형식에 달려 있다. 어떤 논증의 타당성 여부는 그 논증을 구성하고 있는 주장이 참이든 거짓이든 관계가 없다.	① 전제가 모두 참일지라도 결론이 거짓일 가능성이 있는 논증이다. ② 전제로부터 결론이 개연적으로 또는 확률적으로 도출된다. ③ 귀납논증의 결론은 개연적인 참만을 보증하기 때문에 반례가 제시되면 결론이 약화되거나 부정될 수 있다. ④ 우리는 일상적으로 연역적 추리보다는 귀납적 추리를 더 자주 사용한다. ⑤ 귀납논증의 수용 여부는 그것의 강도(strength)와 설득력(cogency)에 의해 결정된다. ⑥ 강한 귀납논증들 중 전제가 모두 참이거나 수용할 수 있는 경우, 그 논증은 설득력 있는 논증이라고 할 수 있다.

연습문제 ①

다음 글이 연역논증인지 귀납논증인 구분해보자.

(1) 모든 고래는 푸르다. 따라서 내가 내일 바다에서 볼 고래 역시 푸른색일 것이다.

(2) 매년 겨울 평균 기온이 상승하는 추세를 보인 것은 이미 20년 전부터이다. 아마 계속 이런 식으로 나간다면, 내년 겨울도 아주 춥지는 않을 것이다.

(3) 내 앞에 있는 철공은 내 뒤에 있는 배구공보다 무겁다. 내 뒤에 있는 배구공은 내 옆에 있는 야구공보다 무겁다. 따라서 내 앞에 있는 철공은 내 옆에 있는 야구공보다 무겁다.

(4) 동성애적인 성향은 유전에 의한 것이거나 아니면 문화적인 것이다. 그런데 문화적인 것은 아니라는 것이 확실히 밝혀졌다. 그러므로 동성애적 성향은 유전적인 것이다.

(5) 한 도시에서 인구가 증가할 때마다 주택 수요 또한 증가한다. 대전의 인구는 증가하고 있다. 따라서 대전의 주택 수요도 증가할 것이다.

(6) 일주일에 세 번 이상 토마토를 섭취하는 성인들은 그렇지 않은 사람보다 암에 걸릴 확률이 낮다. 영수 부모님은 암에 걸리지 않을 것이다. 그 분들

은 매일 토마토를 드신다고 한다.

(7) 출구 조사 결과 김 후보자를 지지한 사람들이 67%였다. 따라서 이번 선거에는 김 후보자가 당선되리라고 생각한다.

(8) 수업시간이 얼마 남지 않은 등굣길 상황에서 길을 잃은 할머니를 도와주고 갈 것인지, 아니면 그대로 수업에 갈 것인지 결정해야 했다. 할머니를 돕는다면 수업에 지각을 하게 될 것이고 돕지 않는다면 양심에 가책을 느낄 수 있는 상황이었다.

(9) 만일 네가 달에 간다면 더 날씬하게 보일 것이다. 만일 네가 달에 가면 체중이 줄어들 것이고, 만일 네가 체중이 줄어들면 더 날씬하게 보일 것이기 때문이다.

(10) 한 사회는 모든 학문의 발전을 위한 토대를 마련할 수 있는 연구에 지원해야 한다. 그러므로 한 사회는 비판적 사고에 관한 연구를 지원해야 한다. 비판적 사고에 관한 연구는 학문의 발전을 위한 토대를 마련할 수 있기 때문이다.

(11) 만일 지구가 돈다면, 지구 위의 물건들과 생물들은 공중으로 날아갈 것이며 지구 자체도 견디지 못해 깨져버릴 것이다. 그러나 지구 위의 물건들과 생물들은 공중으로 날아가지도 않고 지구도 깨져버리지 않는다. 따라서 지구는 돌지 않는다.

(12) 내일 해가 뜰 것이다. 어제도 그저께도, 또 그 이전에도 계속 해가 떴기 때문이다.

(13) 그녀가 그 사실을 말해선 안 된다. 그럴 경우 그들의 관계는 파탄날 것이기 때문이다. 그녀가 그에게 사실을 말한다면 그는 분노할 것이다. 그런데 그가 분노할 경우 어떻게 될까? 그들의 관계는 파탄날 것이 분명하다.

(14) 모든 음란물들은 금지되어야 한다. 벌거벗은 사람의 사진을 게재하는 것은 음란물이다. 내셔널 지오그래픽은 금지되어야 한다. 거기에는 벌거벗은 사람의 사진이 게재되어 있기 때문이다.

(15) 지난 1년간 과속운전으로 적발된 운전자를 연령별로 집계한 결과 10대가 50%를 차지했으며, 20대가 25%, 30대가 10%, 40대가 5% 그리고 50대 이상이 10%를 차지했다. 이렇듯 10대 운전자가 다른 연령대의 운전자에 비하여 과속으로 운전을 하고 있다.

(16) 내 책 모두가 두 칸으로 되어 있는 내 유일한 책장인 노란색 책장에 꽂혀 있다. 그 노란색 책장의 위 칸에 35권의 책이 꽂혀 있으며 아래 칸에 100권의 책이 꽂혀 있다. 그 노란색 책장에는 내 책 이외의 어떤 책도 꽂혀 있지 않으므로, 내가 가지고 있는 책은 도합 135권이다.

(17) A씨가 지난 한 달 사이에 발생한 세 건의 절도사건의 범인임에 틀림없다. 한 달 전 발생한 절도사건의 현장과 일주일 전 발생한 절도사건 현장에

서 A씨의 족적이 발견되었으며, 어제 발생한 절도사건 현장에서 역시 A씨의 족적이 발견되었기 때문이다.

(18) 학생들이 온라인 수업에 대해 불만이 많을 것이다. 그들은 온라인 수업의 질이 오프라인 수업보다 떨어진다고 보는 것 같다. 온라인 수업의 질이 오프라인 수업보다 떨어진다고 생각될 경우, 온라인 수업에 대한 불만이 생기리라는 것은 자명한 사실이다.

(19) 규모 3 이상의 지진이 발생할 때 진원지로부터 반경 50km 이내에 있는 비둘기들은 위험을 감지하고 24시간 내로 다른 곳으로 떠났다는 중국에서의 연구결과가 있다. 대지진이 발생하기 전에 쥐가 평소와 달리 쥐덫에 쉽게 걸리고 흥분해서 집 안을 배회하며, 잉어 떼가 수면 위로 뛰어오르는 모습이 어김없이 목격되었다. 현재 이 지역의 비둘기들이 다른 곳으로 떠나고 있으며, 쥐덫에 걸린 쥐들의 수가 늘고 있을 뿐 아니라 쥐들이 집 안을 배회하고 있다. 더욱이 잉어 떼가 수면 위로 뛰어오르고 있다. 이 지역에 조만간 적어도 규모 3 이상의 지진이 발생할 것이다.

(20) 다음과 같은 경우를 상상해보자. 희귀 혈액형의 어떤 바이올리니스트가 신장질환으로 죽을 수밖에 없는 상황에 놓여있다. 그에게 매료되어 있던 어떤 의사가 그와 동일한 혈액형을 가진 어떤 환자의 신체를 강제로 그의 신체와 고무호수로 연결시켜 놓았다. 따라서 그 환자의 신장이 바이올리니스트의 혈액도 걸러내고 있는 상황이다. 이와 같은 경우 고무호스를 제거하면 바이올리니스트가 죽을 수밖에 없음에도 불구하고, 그 환자

에게 고무호스를 제거할 수 있는 권리가 있음은 명백하다. 이 경우와 강간에 의하여 임신이 된 경우가 구조가 동일하므로, 강간에 의하여 임신한 경우 임신부에게 태아를 지울 수 있는 권리가 있다고 보아야 한다.

2. 연역논증의 타당성(validity) 검사

연역논증의 수용 여부를 결정하기 위해서는 '타당성(validity)'과 '건전성(soundness)'을 검사해야 한다. 간략히 말해서, 타당성은 오직 논증의 '**형식적**'인 측면만을 검사하는 것이다. 건전성은 논증의 형식적인 타당성 검사를 통과한 경우, 그 논증을 구성하고 있는 전제들과 결론의 '**내용적**'인 측면을 따져보는 것이다.

타당성(validity)	연역논증의 **형식적**인 측면만을 검사
건전성(soundness)	연역논증의 **내용적**인 측면만을 검사

타당성 검사 →(통과 후) 건전성 검사

논증은 '타당'하거나 '건전'할 수 있다. 연역논증의 모든 전제들이 참이라고 할 때, 결론의 참이 필연적으로 도출될 경우 그 논증은 타당하다. 연역논증에서의 타당성 검토는 오직 그 '**형식적**'인 측면만을 고려한다. 한편, 연역논증이 타당하고 그 논증의 '**전제들이 모두 참**'일 경우 그 논증은 '**건전**'하다. 건전성 검토는 각각의 전제들이 '사실(fact)'인지 또는 '참(true)'인지를 따져보는 것이기 때문에 논증의 '**내용적**'인 측면들을 고려한다.

[연역논증의 건전성 검사]
① 논증이 타당하며 모든 전제들이 참인 경우: 논증이 건전하다. (sound)

② 논증이 타당하지 않은(invalid) 경우: 논증이 건전하지 않다(unsound).

③ 논증이 타당하지만 전제들과 결론 중 적어도 하나 이상이 참이 아닐 경우: 논증이 건전하지 않다.

2.1 명제(proposition)와 논리적 연결사(logical connective, 논리 기호)

명제는 '주장을 담고 있는 한 진술문의 진리값이 참과 거짓 중 하나'인 경우를 말한다. 달리 말하면, 명제는 진리값이 '참인 명제'이거나 '거짓인 명제'다. (따라서 한 명제의 진리값은 참인 동시에 거짓일 수 없다.)

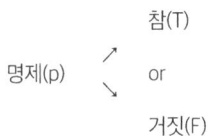

예컨대, 다음의 진술문은 어떤 진리값을 가진 명제인지 살펴보자.

① 독도는 대한민국 영토다.
② 2020년 현재, 대한민국의 수도는 서울이다.
③ 너에 대한 나의 사랑은 무한대다.
④ 대마도는 대한민국 영토다.

우선, 명제인 진술문과 명제가 아닌 진술문은 무엇인지 구분해보자. 진술문 '①, ②, ④'는 명제다. 진술문 '③'은 명제가 아니다. 전자는 진술문의 진리값을 판단할 수 있는 반면에, 후자는 진리값을 결정할 수 없기 때문이다. 그리고 진술문 '①, ②'는 진리값이 '참(T)'인 명제이고, 진술문 '④'는 진리값이 '거짓(F)'인 명제다.

연역논증의 형식이 무엇인지 파악하고, 그것의 형식적 타당성을 검사하기 위해서는 '일상 언어의 문장들을 먼저 기호화'하는 것이 편리하다. 연역논증의 타당성은 오직 연역논증의 '형식'적인 관계만을 검사하는 것이기 때문이다. 간략히 설명을 덧붙이자면, 일상 언어를 사용하여 연역논증을 분석할 경우, 일상 언어가 가지고 있는 '내용적'인 의미로 인해 연역논증 자체의 '형식'에 초점을 맞출 수 없는 경우가 있기 때문이다. 따라서 분석의 대상이 되는 논증이 연역논증이라고 여겨질 경우, 제일 먼저 해야 하는 일은 '일상 언어의 문장들을 먼저 기호화'하는 것이다. 그리고 진리값을 가신 진술문인 명제는 일반적으로 '단순명제'와 '복합명제'로 구분할 수 있다. 즉,

단순명제(simple proposition): **의미(정보)가 오직 하나뿐인 문장**

- p ○○대학교 학생은 성실하다.
- q ○○대학교 학생은 예의가 바르다.
- r 로제는 점심으로 짜장면을 먹는다.
- s 로제는 점심으로 짬뽕을 먹는다.

복합명제(complex proposition): **두 개 이상의 단순명제가 결합된 문장**

p 그리고 q	○○대학교 학생은 성실하고 예의가 바르다.
r 또는 s	로제는 점심으로 짜장면을 먹거나 짬뽕을 먹는다.
...	...
etc.	etc.

앞에서 제시한 사례에서 확인할 수 있듯이, 복합명제는 두 개 이상의 단순명제를 결합하여 새로운 진술문(명제)을 구성하는 것이다. 그리고 한 단순명제와 다른 단순명제를 결합하기 위해 사용하는 것을 '논리 연결사(logical connective)'라고 한다. 아래에서 '논리 연결사'에 대해 자세히 살펴보기에 앞서 그것의 '의미'와 '적용 방법'을 정확히 이해하고 넘어갈 필요가 있다. 우리가 일상에서 익숙하게 사용하고 있는 '수리 기호'인 '사칙연산'의 의미와 적용 방법을 살펴봄으로써 '논리 연결사'의 의미와 적용 방법을 이해해보자. 사칙연산은 일상에서 다음과 같이 읽고, 다음과 같은 의미를 가진다. 즉,

수식	읽기	뜻(명령어)
1 + 2	1 더하기 2	1과 2를 더하라
4 − 3	4 빼기 3	4에서 3을 빼라
5 × 6	5 곱하기 6	5와 6을 곱하라
8 ÷ 2	8 나누기 2	8을 2로 나누라

논리 연결사(논리 기호)는 수학의 수리 기호와 유사한 역할을 한다. 가장 일반적이고 기초적인 논리 연결사의 의미와 적용 방법을 아래와 같이 정리할 수 있다. 즉,

<논리 연결사(논리 기호)의 의미>

논리 기호	명칭	읽기	뜻 (명령어)
p	단문(긍정)	p이다.	**p를 긍정하라**
~p	부정문	p가 아니다.	**p를 부정하라**
p ∧ q	연언문	p 그리고 q	**p와 q를 연언으로 연결하라**
p ∨ q	선언문	p 또는 q	**p와 q를 선언으로 연결하라**
p → q	조건문	만일 p라면, q이다.	**p와 q를 조건문으로 연결하라**
p ↔ q	쌍조건문	p일 경우 그리고 그 경우에만 q	**p와 q를 쌍조건문으로 연결하라**

논리 기호	뜻(의미)	다른 기호
p	p는 참이다. p이다.	
~p	p는 거짓이다. p가 아니다. p는 사실이 아니다.	¬p
p ∧ q	p 그리고 q, p 게다가 q	p · q
p ∨ q	p 또는 q, p 혹은 q, p 이거나 q	
p → q	만일 p라면 q다. (p인 경우, q다. if p then q) p는 q의 충분조건이다. q는 p의 필요조건이다.	p ⊃ q
p ↔ q	p인 경우, 그리고 오직 그 경우에만 q다. (if p and only if q) p는 q의 필요충분조건이다. (p는 q의 **충분필요조건**이다.)	p ≡ q p ⇌ q

<논리 연결사(논리 기호)의 적용 예>

논리 기호	예
p	○○대학교 학생은 성실하다.
~q	○○대학교 학생은 예의가 바르지 않다.
p ∧ q	○○대학교 학생은 성실하고 예의바르다.
p ∨ q	○○대학교 학생은 성실하거나 예의가 바르다.
p → q	○○대학교 학생은 성실하다면, 그들은 예의바르다.
p ↔ q (p → q) ∧ (p ← q)	○○대학교 학생은 성실하다면, 그들은 예의바르다. 그리고 ○○대학교 학생은 예의바르다면, 그들은 성실하다.

3. 논리 연결사의 진리값 증명: 진리표 검사

연역논증의 타당성은 논리 연결사의 관계와 진리값에 의거해 직접적으로 검증된다. 따라서 가장 기초적인 논리 연결사의 진리값을 검토하고 익히는 것은 연역논증의 '타당한 추론방식'을 이해하는 데 있어 매우 중요하다. 이제, 가장 기본적인 논리 연결사인 '부정(~), 연언(∧), 선언(∨) 그리고 조건문(→)'의 진리값을 검토해보자.

(1) 부정(negation): ~p 또는 ~q (~ 아니다)

p	q	~p	~q
T	T	F	F
T	F	F	T
F	T	T	F
F	F	T	T

⇒ 단문(긍정문)의 진리값을 부정한다.

(2) 연언(conjunction): p ∧ q (p 그리고 q)

명제 \ 적용 순서		①	③	②
p	q	p	∧	q
T	T	T	**T**	T
T	F	T	F	F
F	T	F	F	T
F	F	F	F	F

⇒ 두 조건문(p, q)의 진리값이 모두 '참'인 경우만 '참'이다.

(3) 선언(disjunction): p ∨ q (p 또는 q)

명제 \ 적용 순서		①	③	②
p	q	p	∨	q
T	T	T	**T**	T
T	F	T	**T**	F
F	T	F	**T**	T
F	F	F	F	F

⇒ 두 조건문(p, q)의 진리값이 모두 '거짓'인 경우만 '거짓'이다.

(4) 조건문(conditional): p → q (만일 p하면, q다.)

```
     p        →        q
    전건     조건문     후건
  (충분조건)          (필요조건)
```

① 조건문의 의미: '전건이 참이면 후건이 거짓일 수 없다.'
② 조건문의 의미를 진리값의 형식으로 변환하면:

'전건이 참'이고 '후건이 거짓'인 경우는 '거짓'이다.

적용 순서	④	① ③ ②	≡	① ③ ②
논리 기호	~	(p ∧ ~q)	≡	~p ∨ q

명제		적용 순서	①	③	②
p	q		~p	∨	q
T	T		F	T	T
T	F		F	F	F
F	T		T	T	T
F	F		T	T	F

⇒ 두 조건문(p, q) 중 전건이 참이고 후건이 거짓인 경우만 거짓이다.

따라서 조건문(conditional)의 진리표는 다음과 같다. 즉,

명제		적용 순서	①	③	②
p	q		p	→	q
T	T		T	T	T
T	F		T	F	F
F	T		F	T	T
F	F		F	T	F

4. 연역논증의 타당한 추론 규칙과 타당성 검사

논증 형식의 타당성은 연역가능성(deductibility)에 의해서도 판단할 수

있다. 말하자면, 전제들로부터 결론이 연역적으로 도출될 수 있는 논증은 연역적으로 타당한 논증이다. 사실, 우리가 연역추리를 하는 주된 이유는 연역적 도출에 있다. 우리는 우리가 받아들이는 주장들을 근거로 하여 받아들일 수밖에 없는 주장을 결론으로 도출시키기를 위해 타당한 연역적 추론 규칙들을 사용한다.

앞서, 일상 언어를 사용하여 연역논증을 분석할 경우 일상 언어가 가지고 있는 '내용적'인 의미로 인해 연역논증 자체의 '형식'에 초점을 맞출 수 없는 경우가 초래될 수 있다는 점을 지적하였다. 따라서 연역논증의 타당성을 검사하기 위해서 다음과 같은 절차를 따르는 것이 도움이 될 수 있다.

[타당성 검사의 절차(순서)]
① 주어진 텍스트가 연역논증으로 판단될 경우, 단순명제를 찾아 기호화한다.
② 찾아진 단순명제를 텍스트의 내용과 구성에 따라 논리 연결사를 사용하여 재구성한다.
③ 논리 연결사를 이용하여 재구성한 복합명제가 타당한 추론규칙을 따르고 있는지 평가한다.
④ 연역논증의 타당성 여부를 판정한다.

	① 기호화	텍스트에서 '단순명제'를 찾아 '기호화'한다.
↓	② 재구성	텍스트를 기호로 재구성한다.
	③ 타당성 검사	타당한 추론 규칙에 부합하는지를 검사한다.
	④ 판정	타당성 여부를 판정한다.

우리가 접할 수 있는 다수의 논리학 교제에서는 타당한 추론 규칙으로 적게는 11개에서 많게는 23개의 규칙을 제시하고 있다.[9] 하지만 그와 같은 모든 타당한 규칙이 일반적으로 사용되는 것은 아니다. 다음의 6가지 연역 규칙은 가장 일반적이고 보편적으로 적용할 수 있는 타당한 추론규칙들이라고 할 수 있다.

[타당한 추론 규칙들]
① 전건긍정식(modus ponens)
② 후건부정식(modus tollens)
③ 가언적 삼단논법(hypothetical syllogism)
④ 선언적 삼단논법(disjunctive syllogism)
⑤ 양도논법(dilemma)
⑥ 귀류논증(argument by reductio)

1) 전건긍정식: 조건문의 전건을 긍정함으로써 후건을 긍정하는 형식

〈추론규칙〉
$p_1.$ $p \rightarrow q$
$p_2.$ p
─────────
 c. q

〈진리표〉 전제의 진리값이 모두 참인 경우, 결론의 진리값 또한 참이다.

---

9. 김광수 『논리와 비판적 사고』 철학과현실사, 2007; 이병덕 『논리적 추론과 증명』 이제이북스, 2013; 어빙 코피(Irving M. Copi) 『논리학 입문』 박만주 외 옮김, 경문사, 2000 참조

2부 논증을 세련되게 만들기　117

명제		적용 순서	p₁.	p₂.	c.
p	q		p→q	p	q
T	T		T	T	T
T	F		F	T	F
F	T		T	F	T
F	F		T	F	F

1-1) 전건부정의 오류: 조건문의 전건을 부정함으로써 후건을 부정하는 형식

〈추론규칙〉

p₁.　p → q
p₂.　~p
─────────────
c.　　~q

〈진리표〉 전제의 진리값이 모두 참인 경우, 결론의 진리값이 거짓인 경우가 있다.

명제		적용 순서	p₁.	p₂.	c.
p	q		p→q	~p	~q
T	T		T	F	F
T	F		F	F	T
F	T		T	T	*F*
F	F		T	T	T

전건긍정식(modus ponens)은 연역논증에서 타당한 추론형식인 반면에, 조건문에서 전건을 부정함으로써 후건을 부정하는 '전건부정'은 연역논증에서 부당한 추론으로서 오류다.

<예시 1>

전건긍정식(modus ponens)	전건부정의 오류
p_1 $p \rightarrow q$ p_2 p c q	p_1 $p \rightarrow q$ p_2 $\sim p$ c $\sim q$
달 착륙 관련 자료들이 진짜라면, 아폴로 11호가 달에 갔었다는 것은 참이다. 달 착륙 관련 자료들은 진짜다. 그러므로 아폴로 11호가 달에 갔었다는 것은 참이다.	당신이 다이어트를 하지 않는다면, 당신은 살이 찔 것이다. 당신은 다이어트를 한다. 그러므로 당신은 살이 찌지 않을 것이다.
1. 단순명제: p: 달 착륙 관련 자료들은 진짜다. q: 아폴로 11호가 달에 갔었다는 것은 참이다. 2. 가언명제: 　달 착륙 관련 자료들이 참이라면, 아폴로 11호가 달에 갔었다는 것은 참이다. 3. 타당성 검사: 　p_1 $p \rightarrow q$ 　p_2 p 　c q 4. 판정: 전건긍정식: 타당한 연역 논증	1. 단순명제: p: 당신은 다이어트를 하지 않는다. q: 당신은 살이 찐다. 2. 가언명제: 　당신이 다이어트를 하지 않는다면, 당신은 살이 찔 것이다. 3. 타당성 검사: 　p_1 $p \rightarrow q$ 　p_2 $\sim p$ 　c $\sim q$ 4. 판정: 전건부정으로 부당한 연역 논증

2) 후건부정식

⟨추론규칙⟩

p₁.　　p → q
p₂.　　　　~q
─────────────
c.　　~p

⟨진리표⟩ 전제의 진리값이 모두 참인 경우, 결론의 진리값 또한 참이다.

명제 \ 적용 순서		p₁.	p₂.	c.
p	q	p → q	~q	~p
T	T	T	F	F
T	F	F	T	F
F	T	T	F	T
F	F	**T**	**T**	**T**

2-1) 후건긍정의 오류: 조건문의 후건을 긍정함으로써 전건을 긍정하는 형식

⟨추론규칙⟩

p₁.　　p → q
p₂.　　　　q
─────────────
c.　　p

⟨진리표⟩ 전제의 진리값이 모두 참인 경우, 결론의 진리값이 거짓인 경우가 있다.

명제	적용 순서	$p_1.$	$p_2.$	c.
p	q	p→q	q	p
T	T	T	T	T
T	F	F	F	T
F	T	T	T	F
F	F	T	F	F

후건부정식(modus tollens)은 연역논증에서 타당한 추론형식인 반면에, 조건문에서 후건을 긍정함으로써 전건을 긍정하는 '후건긍정'은 연역논증에서 부당한 추론으로서 오류다.

<예시 2>

후건부정식(modus tollens)	후건긍정의 오류
p_1 p → q p_2 ~q c ~p	p_1 p → q p_2 q c p
지수와 로제가 성실하지 않았다면, 그녀들은 이번 시험에서 좋은 성적을 받지 못했을 것이다. 그러나 지수와 로제는 이번 시험에서 좋은 성적을 받았다. 그러므로 지수와 로제는 성실한 학생이다.	지수와 로제가 성실하다면, 그녀들은 이번 시험에서 좋은 성적을 받을 것이다. 그리고 그녀들은 이번 시험에서 좋은 성적을 받았다. 그러므로 지수와 로제는 성실한 학생이다.

1. 단순명제 p: 지수와 로제는 성실하지 않다. q: 지수와 로제는 시험에서 좋은 성적을 거두지 못한다. 2. 가언명제: 　지수와 로제가 성실하지 않았다면, 그녀들은 시험에서 좋은 성적을 거두지 못했을 것이다. 3. 타당성 검사: 　p_1　$p \to q$ 　p_2　～q 　c　～p 4. 판정: 후건부정식: 타당한 연역 논증	1. 단순명제: p: 지수와 로제는 성실하다. q: 지수와 로제는 시험에서 좋은 성적을 받는다. 2. 가언명제: 　지수와 로제가 성실하다면, 그녀들은 시험에서 좋은 성적을 받을 것이다. 3. 타당성 검사: 　p_1　$p \to q$ 　p_2　q 　c　p 4. 판정: 후건긍정식으로 부당한 연역 논증

3) 가언적 삼단논법

〈추론규칙〉

$p_1.$　$p \to q$
$p_2.$　$q \to r$
―――――――
c.　$p \to r$

〈진리표〉 전제의 진리값이 모두 참인 경우, 결론의 진리값 또한 참이다.

명제 \ 적용 순서			$p_1.$	$p_2.$	C.
p	q	r	$p \to q$	$q \to r$	$p \to r$
T	T	T	T	T	T
T	T	F	T	F	F
T	F	T	F	T	T
T	F	F	F	T	F
F	T	T	T	T	T
F	T	F	T	F	T
F	F	T	T	T	T
F	F	F	T	T	T

<예시 3>

가언적 삼단논법
$p_1.$ p → q
$p_2.$ q → r
c.   p → r
만일 어떤 사람이 실제로 그가 행한 것과 달리 행동할 수 없었다면, 그는 자신의 행동에 책임을 지지 않아도 된다. 만일 그가 자신의 행동에 책임을 지지 않아도 된다면, 그는 자신이 하고 싶은 것을 마음먹은 대로 행해도 된다. 그러므로 만일 어떤 사람이 실제로 그가 행한 것과 달리 행동할 수 없었다면, 그는 자신이 하고 싶은 것을 마음먹은 대로 행해도 된다.

1. 단순명제
 p. 어떤 사람도 실제로 그가 행한 것과 달리 행동할 수 없다.
 q. 그는 자신의 행동에 책임을 지지 않아도 된다.
 r. 그는 자신이 하고 싶은 것을 마음먹은 대로 행해도 된다.

2. 가언명제
   ① 만일 어떤 사람이 실제로 그가 행한 것과 달리 행동할 수 없었다면, 그는 자신의 행동에 책임을 지지 않아도 된다.
   ② 만일 그가 자신의 행동에 책임을 지지 않아도 된다면, 그는 자신이 하고 싶은 것을 마음먹은 대로 행해도 된다.
   ③ 만일 어떤 사람이 실제로 그가 행한 것과 달리 행동할 수 없었다면, 그는 자신이 하고 싶은 것을 마음먹은 대로 행해도 된다.

3. 타당성 검사

$p_1.$	$p \rightarrow q$
$p_2.$	$q \rightarrow r$
c.	$p \rightarrow r$

4. 판정: 가언적 삼단논법으로 연역적으로 타당하다.

지금까지 가장 일반적인 타당한 추론규칙 여섯 가지 중 '전건긍정식, 후건부정식, 가언적 삼단논법'을 살펴보았다. 이어지는 6장에서는 여기서 미처 다루지 못한 연역논증의 타당한 추론규칙인 '선언적 삼단논법, 양도논법, 귀류논증'을 살펴볼 것이다. 거기에 더하여 타당성 검사를 통과한 연역논증의 '건전성'에 관해서 논의하면서 **자비의 원리**(principle of charity)'에 관해 설명할 것이다.

연습문제 ②

다음 진술문을 추론규칙에 따라 분석하고 연역적 타당성을 검토하시오.

(1) 당신과 당신의 배우자가 서로 협력하며 아끼고 있다면 당신 부부는 화목하다. 그런데 당신 부부는 화목할 리가 없다. 당신과 당신 배우자는 서로 협력하며 아끼고 있지 않기 때문이다.

(2) 리사는 비판적 사고 수업에 참석하거나 축제에 참가하게 될 것이다. 그런데 리사는 비판적 사고 수업에 참석하지 않기로 했다. 따라서 리사는 축제에 참가할 것이다.

(3) 우리가 인간을 도덕적 책임을 지는 존재로 생각한다면 우리는 인간을 도덕적 칭찬이나 비난의 정당한 대상으로 간주하는 것이다. 그러나 인간이 자유로운 행위자가 아니라면, 인간은 도덕적 칭찬이나 비난의 정당한 대상으로 간주할 수 없다. 그러므로 인간이 자유로운 존재가 아니라면 우리는 인간을 도덕적 책임을 지는 존재로 생각할 수 없다.

(4) 특정 사회 세력이 자신의 이익을 위해 사회 구성원들에게 부과하는 거짓된 욕구를 충족하려는 개인들의 행동은 우리가 보호하고 유지해야 할 대상이 아니다. 사회 전체의 병폐를 인식하고 그 병폐를 개선할 우리의 능력 발달을 방해하는 핵심 요소는 특정 사회 세력이 자신의 이익을 위해 사회 구성원들에게 부과하는 거짓된 욕구를 충족하려는 개인들의 행동이

다. 우리 자신을 고통과 불행에 빠뜨리는 병적 쾌감을 충족시키려는 노력은 사회 전체의 병폐를 인식하고 그 병폐를 개선할 우리의 능력 발달을 방해하는 핵심 요소이다. 우리 자신을 고통과 불행에 빠뜨리는 병적 쾌감을 충족시키려는 노력은 결국 우리가 보호하고 유지해야 할 대상이 아니다.

⑸ 만일 당신이 자기만을 생각하지 않고 남을 배려하는 행동을 한다면, 당신은 이기적이지 않습니다. 만일 당신이 포용력을 가지고 있는 자비로운 사람이라면, 자기만을 생각하지 않고 남을 배려하는 행동을 할 것입니다. 만일 당신이 오랜 수행을 통해 진리를 깨달은 자라면, 당신은 포용력을 가진 자비로운 사람입니다. 어떻게 오랜 수행을 통해 진리를 깨달은 자가 이기적일 수 있겠습니까?

⑹ 자연수는 무한해. 만일 그렇지 않다면 가장 큰 자연수가 있을 텐데, 그럼 가장 큰 그 수에 1을 더하면 어떻게 되겠어? 그럼 가장 큰 수보다 더 큰 수가 될 거 아냐? 그건 말도 안 돼. 그러니 자연수는 무한한 게 맞아.

⑺ 오리너구리가 처음 발견되었을 때 생물학자들은 그 기이한 동물을 어떻게 분류해야 할지 고민에 빠졌다. 만일 오리너구리가 새끼에게 젖을 먹인다면 포유류로 분류해야 한다. 그런데 오리너구리는 정말로 새끼에게 젖을 먹이는 것이었다. 그래서 생물학자들은 오리너구리를 포유류로 분류하기로 하였다.

⑻ 만일 아버지가 진정한 자유주의자라면 인간의 행복을 가장 중요시할 거

야. 아버지가 인간의 행복을 중요시한다면 행복을 얻기 위한 이성 간의 만남이 필요하다는 걸 깨달으실 거야. 만일 그걸 깨닫게 되신다면 우리의 결혼을 반대하시진 않겠지. 그러니 아버지가 진정한 자유주의자라면 우리의 결혼을 반대하시진 않을 거야.

(9) 육아휴직은 근로자가 일정 연령 이하의 자녀를 양육하기 위하여 휴가를 신청하여 사용하는 휴직을 말한다. 근로자가 고용된 상태를 유지하면서 일정 기간 동안 휴직을 할 수 있기 때문에 근로자는 육아부담 해소와 함께 생활 안정을 도모할 수 있고, 기업은 숙련인력을 확보할 수 있는 장점이 있다. 육아휴직은 '남녀고용평등과 일·가정 양립 지원에 관한 법률(남녀고용평등법) 제19조'에 근거하고 있다. 육아휴직 제도가 1987년에 처음 도입된 이래로 최근 육아휴직을 사용하는 근로자들이 크게 늘고 있다고 한다. 이와 같은 현상으로부터 추론할 수 있는 것은 비정규직에서 정규직으로 전환된 직원이 많아졌다는 것이다. 많은 전문가들은 비정규직에서 정규직으로 전환되는 직원이 많아지게 될 경우 육아휴직이 크게 늘게 될 것이라 예상한 바 있다. 비정규직 신분이었을 때는 약 5개월의 출산휴가만 사용할 수 있지만 정규직이 되면 2년간의 육아휴직이 가능해지기 때문이다. 게다가 휴직 기간 2년 중 1년은 유급이다. 이런 점들을 미루어 볼 때, 비정규직에서 정규직으로 전환된 직원이 많아졌음에 틀림없다.

(10) 우리의 모든 삶이 운명에 의해 이미 정해져 있다면, 어떠한 뛰어난 사람의 업적도 스스로의 노력에 의한 것이 아니라 운명에 의한 것이다. 어떤 뛰어난 사람의 업적이 스스로의 노력에 의한 것이 아니라 운명에 의한

것이라면, 뛰어난 업적을 가진 사람에 대해 존경심을 갖는 것은 잘못이다. 우리의 모든 삶이 운명에 의해 이미 정해져 있다면, 뛰어난 업적을 가진 사람에 대한 우리의 존경심은 잘못된 것이다.

(11) 지난여름 우리의 하천들은 예전에 볼 수 없었던 녹조 현상으로 몸살을 앓았다. 일부 네티즌들은 이러한 현상을 "녹차 라떼"라는 신조어를 만들어 비아냥거리기도 하였다. 그리고 많은 하천과 환경 전문가들은 그러한 녹조 현상의 한 원인이 불필요한 댐이나 보를 너무 많이 만들어 인해 유속이 느려졌기 때문이라고 밝혔다. 이러한 현상은 대운하 사업으로 라인강을 개조했던 독일과 과도하게 댐을 건설했던 미국, 일본, 영국과 같은 선진국에서는 이미 경험했던 일이다. 그런데 그러한 나라들은 이제 인위적으로 만들었거나 설치했던 댐과 보를 철거하고 있다. 환경을 복원하기 위함이다. 게다가 환경 보존과 복원을 위해 인공물을 제거하는 나라는 모두 선진국이다. 우리가 자연을 보존하고 파괴된 환경을 복원하기 위해 어떠한 선택을 해야 하는지는 자명하다.

(12) 좋은 의사는 그가 좋아하는 훌륭한 의학교육을 받았기 때문에 그의 환자를 대부분 치료할 수 있다. 훌륭한 의학교육을 받은 사람은 그의 환자를 대부분 치료하는 좋은 의사이기 때문이다. 로제는 훌륭한 의학교육을 받은 사람이다. 그러므로 로제는 그의 환자를 치료할 수 있을 것이다.

(13) 만일 법 자체가 다수의 시민들의 의견을 반영하여 만들어진다면, 일반적으로 민주주의적인 법은 가능한 한 최대다수의 복지를 증진시키는 데 도

움이 된다. 그런데 시민들은 쉽게 실수를 범할 수 있지만, 자신들의 이익과 상반되는 관심거리에는 무관심하기 때문에 소신껏 의견을 표현한다. 이와 반대로 귀족정치는 그 본성대로 소수를 선정하고 그들의 수중에 부와 권력이 집중되게 하는 경향이 있다. 그러므로 입법 취지에서 민주주의 목적이 귀족정치의 목적보다 인류에 더 유익하다는 것은 보편명제로서 주장될 수 있다.

(14) 최근에 일어나고 있는 일련의 강력범죄를 보면 우리나라의 형법체계에 대해 의문을 제기할 수밖에 없다. 중대한 범죄에 강력한 처벌을 내리고 그에 비해 가벼운 범죄에 약한 처벌을 주는 것은 언뜻 보기에 합리적인 것처럼 보인다. 하지만 중대한 범죄에 중대한 처벌을 내리고 그에 비해 가벼운 범죄에 약한 처벌을 주는 것으로는 중대한 범죄를 줄일 수 없다. 현재의 형법체계를 유지하는 한, 우리나라의 강력범죄는 결코 줄지 않을 것이다.

(15) 어떤 사람이 자신에 대한 의무가 있다면, 그 사람은 자신에 대한 의무로부터 자신을 놓아줄 수 있다. 어느 누구도 자신에 대한 의무로부터 자신을 놓아줄 수 없다. 따라서 어느 누구도 자신에 대한 의무가 없다.

(16) 만일 질량체가 주어지면, 특정 힘이 존재한다. 만일 특정 힘이 존재한다면, 가속도가 발생한다. 따라서 만일 어떤 질량체가 주어지면, 가속도가 발생한다.

(17) 우리나라는 표현의 자유가 보장된다. 만일 익명으로 인터넷 게시판 등에 올리는 글이 사회의 혼란을 초래하거나 허위 사실을 유포하지 않는다면, 그러한 행위는 표현의 자유에 의해 허용되어야 한다. 그런데 최근의 일어난 일련의 사건들은 인터넷에 익명으로 게시된 글들이 특정인의 인격을 크게 훼손하거나 허위 사실로 밝혀진 것들을 사실인 것인 양 유포하는 사례들이 늘고 있다. 따라서 인터넷 실명제를 통해 표현의 자유를 일부 제한하는 것은 정당한 정책이라고 할 수 있다.

(18) 무거운 물체는 가벼운 물체보다 빨리 낙하한다. 지구는 여타의 물체보다 엄청 무겁다. 만일 지구가 움직인다면, 지구는 우리를 남겨두고 우주 밖으로 떨어져 버릴 것이다. 그러나 지구는 우주 밖으로 떨어져 버리지 않는다. 따라서 지구는 움직이지 않는다.

(19) [Quiz] 앨리스가 망각의 숲에 발을 들여 놓는 순간, 기억을 몽땅 상실한 것은 아니고 단지 어떤 것만을 잊었다. 자신의 이름을 잊는 적도 한두 번이 아니었지만, 앨리스가 특히 단골로 잘 잊는 것은 요일이었다. 이 망각의 숲에는 사자와 유니콘도 뻔질나게 들락거렸는데 이들은 좀 이상야릇한 동물이었다. 사자는 월요일, 화요일, 수요일에는 거짓말을, 그 나머지 요일에는 참말만을 했으며 이와 반대로 유니콘은 목요일, 금요일, 토요일에만 거짓말을 하고 그 나머지 요일에는 참말만을 했다.
　어느 날 앨리스는 사자와 유니콘이 나무 그늘 아래서 함께 쉬고 있는 것을 발견하였는데, 그들은 다음과 같은 이야기를 주고받았다.

사　자: "어제는 내가 거짓말을 하는 날이었어."
유니콘: "어제는 나도 거짓말을 하는 날이었지."

앨리스는 (매우 총명한 소녀였기 때문에) 사자와 유니콘 간의 대화를 듣고는 그 날이 무슨 요일인지 추론해 낼 수 있었다. 그 날은 무슨 요일이었는가?

(20) [Quiz] 어떤 감옥에 죄수가 세 사람 있었다. 그 중 하나는 눈이 정상이고 하나는 애꾸눈이고 또 하나는 장님이었다. 세 사람 모두 지능은 보통 이상이었다. (모두 비판적 사고의 능력을 갖추고 있었다.) 간수가 세 개의 흰 모자와 두 개의 붉은 모자 중에서 세 개를 골라서 각각 세 죄수의 머리 위에 씌웠다. 물론 간수는 모자의 개수와 색깔에 대해 죄수들에게 얘기했다. 죄수들은 자기가 쓴 모자의 색을 볼 수 없었다. 이 세 사람을 놓고 간수는 자기가 쓰고 있는 모자의 색을 맞히는 사람을 석방하겠다고 약속하였다. 간수는 먼저 정상의 눈을 가진 죄수에게 물었다. 그 죄수는 모르겠다고 대답하였다. 그러자 간수는 애꾸눈 죄수에게 물었다. 이 죄수 역시 모르겠다는 대답이었다. 간수는 장님 죄수에게는 물어 볼 필요도 없다고 생각했지만 그에게도 같은 기회를 주기로 하였다. 그러자 장님 죄수는 환하게 웃으며 말하였다.

"나는 눈으로 볼 필요도 없습죠. 친구들이 한 말을 들어 보건대, 내가 쓴 모자는 분명히 (　　)색 모자인걸요."

맹인 죄수는 어떻게 자신이 쓰고 있는 모자의 색깔을 알아맞히었을까?

6강 연역추리 (2)
연연논증의 타당성과 건전성(soundness) 검사

앞선 5강에서 연역논증의 수용 여부를 결정하기 위해서는 '타당성(validity)'과 '건전성(soundness)'을 검사해야 한다는 것을 알 수 있었다. 기억을 떠올리기 위해 다시 말하자면, 타당성은 오직 논증의 '**형식적**'인 측면만을 검사하는 것이다. 건전성은 논증의 형식적인 타당성 검사를 통과한 경우, 그 논증을 구성하고 있는 전제들과 결론의 '**내용적**'인 측면을 따져보는 것이다. 또한 연역논증의 연역가능성을 보이기 위해 사용할 수 있는 타당한 추론 규칙은 많지만, 우리는 가장 일반적인 타당한 추론규칙 여섯 가지를 검토하기로 하였다. 그리고 앞선 5강에서 살펴본 연역추론의 타당한 추론규칙은 다음과 같다. 즉,

1) 전건긍정식(modus ponens)
2) 후건부정식(modus tollens)
3) 가언적 삼단논법(hypothetical syllogism)

따라서 6강은 앞선 5강에서 다루지 못한 연역논증의 타당한 추론규칙인 '선언적 삼단논법, 양도논법, 귀류논증'을 살펴보는 것으로 시작한다.

4) 선언적 삼단논법(선언지 제거법)

⟨추론규칙⟩

$p_1.$ $p \lor q$
$p_2.$ $\sim p$
───────────
$c.$ q

⟨진리표⟩ 전제의 진리값이 모두 참인 경우, 결론의 진리값 또한 참이다.

명제	적용 순서	$p_1.$	$p_2.$	$c.$
p	q	$p \lor q$	$\sim p$	q
T	T	T	F	T
T	F	T	F	F
F	T	T	T	T
F	F	F	T	F

<예시 1>

선언적 삼단논법
$p_1.$ $p \lor q$ $p_2.$ $\sim p$ ─────────── $c.$ q
그는 오늘 지수와 소개팅을 하거나 로제와 소개팅을 한다. 그런데 그는 오늘 지수와 소개팅을 하지 않는다. 따라서 그는 오늘 로제와 소개팅을 한다.

1. 단순명제 　p. 그는 오늘 지수와 소개팅을 한다. 　q. 그는 오늘 로제와 소개팅을 한다.
2. 선언명제 　그는 오늘 지수와 소개팅을 하거나 로제와 소개팅을 한다.
3. 타당성 검사 　$p_1.$　　　$p \lor q$ 　$p_2.$　　　$\sim p$ 　c.　　　　　q
4. 판정: 선언적 삼단논법으로 연역적으로 타당하다.

위의 사례에서 볼 수 있듯이, 선언적 삼단논법은 두 개의 명제(p, q)가 '선언(or) 논리 연결사(∨)'에 의해 결합된 선언문(선언 연결사로 결합된 복합명제) 중 한 선언지(선언문의 한 선택지 또는 명제)를 부정함으로써 다른 선언지를 긍정하는 형식을 가지고 있다. 선언적 삼단논법을 이해하는 것은 비교적 쉽다. 추론 규칙이 단순하고 직관적이기 때문이다.

그런데 선언문에서 한 선언지를 긍정함으로써 다른 선언지를 부정하는 경우 오류가 발생한다. 이와 같은 경우를 '선언지 긍정의 오류'라고 한다. 오류에 관한 자세한 내용은 뒤의 3부에서 더 면밀히 살펴보겠지만, 선언적 삼단논법을 검토하는 과정에서 선언문과 선언지에 관련된 내용들을 미리 살펴보는 것이 도움이 될 것이다. 이제, 왜 선언문에서 한 선언지를 긍정함으로써 다른 선언지를 부정하는 것이 오류인지를 이해하기 위해 다음의 두 진술문을 비교해보자.

<예시 2>

논증 1: 선언적 삼단논법	논증 2: 선언지 긍정
그는 오늘 지수와 소개팅을 하거나 로제와 소개팅을 한다. 그런데 그는 오늘 지수와 소개팅을 하지 않는다. 따라서 그는 오늘 로제와 소개팅을 한다.	그는 오늘 지수와 소개팅을 하거나 로제와 소개팅을 한다. 그런데 그는 오늘 지수와 소개팅을 한다. 따라서 그는 오늘 로제와 소개팅을 하지 않는다.

1. 단순명제
  p. 그는 오늘 지수와 소개팅을 한다.
  q. 그는 오늘 로제와 소개팅을 한다.
	1. 단순명제
	  p. 그는 오늘 지수와 소개팅을 한다.
	  q. 그는 오늘 로제와 소개팅을 한다.

2. 타당성 검사
  $p_1.$ $p \lor q$
  $p_2.$ $\sim p$
  c. q
	2. 타당성 검사
	  $p_1.$ $p \lor q$
	  $p_2.$ p
	  c. $\sim q$

3. 판정: 연역적으로 타당하다.	3. 판정: 연역적으로 타당하지 않다.

위의 예시에서 〈논증 1〉이 연역적으로 타당한 논증이라는 것은 이미 검토하였다. 그렇다면, 〈논증 2〉는 어떠한가? 똑똑한 당신은 이미 알아챘겠지만, 〈논증 2〉는 연역적으로 타당하지 않은 '부당한(invalid)' 논증이다. 그것을 파악하는 것은 어렵지 않다. 그는 오전에 지수와 소개팅을 하고, 오후에는 로제와 소개팅을 할 수도 있기 때문이다. 말하자면, '명제 p'와 '명제 q'는 서로 모순적이지 않다.

다음으로, 선언문과 관련된 다음의 두 논증을 더 살펴보자.

<예시 3>

논증 2	논증 3
p₁. 그는 오늘 지수와 소개팅을 하거나 로제와 소개팅을 한다.	p₁. 지수는 (현재) 서울에 있거나 제주도에 있다.
p₂. 그는 오늘 지수와 소개팅을 한다.	p₂. 지수는 서울에 있다.
c. 그는 오늘 로제와 소개팅을 하지 않는다.	c. 지수는 제주도에 없다.

〈논증 2〉가 연역적으로 부당한 논증이라는 것은 이미 검토하였다. 그렇다면 〈논증 3〉은 어떠한가? 〈논증 2〉와 〈논증 3〉은 연역논증의 '형식적'인 측면에서는 같은 구성을 가지고 있다. 즉, 두 논증 모두 다음과 같이 선언문에서 한 선언지(p)를 긍정함으로써 다른 선언지(q)를 부정하는 '선언지 긍정'의 형식을 가지고 있다.

$$\begin{array}{ll} p_1. & p \lor q \\ p_2. & p \\ \hline c. & \sim q \end{array}$$

그런데 〈논증 2〉와 달리 〈논증 3〉은 연역적으로 타당한 논증으로 보인다. 왜 이와 같은 일이 일어날까? 그것은 바로 논리 연결사 'or (∨, '또는', 선언)'이 가진 특유한 속성 때문에 발생한다. 논리 연결사 '또는'은 '① 포괄적-또는(inclusive-or)'과 '② 배타적-또는(exclusive-or)'이라는 두 개의 속성을 가진다.

① 포괄적-또는(inclusive-or): 각 선언지(p, q)가 서로를 배제하지 않는다.

② 배타적-또는(exclusive-or): 각 선언지(p, q)가 서로를 배제한다.

〈논증 2〉는 연역적으로 부당한 반면에 〈논증 3〉은 연역으로 타당한 이유가 여기에 있다. 말하자면, 〈논증 2〉의 '또는'은 포괄적으로 사용된 반면에, 〈논증 3〉의 '또는'은 배타적으로 사용되었기 때문이다.

5) 양도논법(딜레마, dilemma)

'양도논법'은 우리가 일상에서 종종 마주하게 되는 딜레마(dilemma)와 관련된 논증이다. 우리는 이러지도 저러지도 못하는 상황, 두 선택지 중에서 어떤 선택을 해야 하는지 결정하지 못하는 경우, 또는 앞으로 나아가지도 뒤로 물러서지도 못하는 상태(진퇴양난)에 빠질 경우 '딜레마'라는 용어를 사용한다. 딜레마는 문자 그대로 옮겨 쓰면 '두 개(di)의 제안(명제, lemma)'이다. 이와 같이 양도논법의 첫 번째 조건이 두 개의 선택지로부터 출발하기 때문에, 이 논증은 선언문과 깊은 관련이 있다. 양도논법은 크게 '단순양도논법'과 '복합양도논법'으로 구분할 수 있다.

5-1) 단순양도논법(단순 딜레마)

〈추론규칙〉

$p_1.$	$p \lor q$	
$p_2.$	$p \rightarrow r$	
$p_3.$	$q \rightarrow r$	
$c.$	r	

〈진리표〉 전제의 진리값이 모두 참인 경우, 결론의 진리값 또한 참이다.

명제			적용 순서 $p_1.$	$p_2.$	$p_3.$	c.
p	q	r	p ∨ q	p → r	q → r	r
T	T	T	T	T	T	T
T	T	F	T	F	F	F
T	F	T	T	T	T	T
T	F	F	T	F	T	F
F	T	T	T	T	T	T
F	T	F	T	T	F	F
F	F	T	F	T	T	T
F	F	F	F	T	T	F

<예시 4>

단순양도논법
$p_1.$ p ∨ q $p_2.$ p → r $p_3.$ q → r   c.   r
만일 그가 오늘 로제와 소개팅을 한다면, 그는 그녀와 데이트를 할 수 있어 만족할 것이다. 만일 그가 오늘 로제와 소개팅을 하지 못하고 도서관에서 공부를 한다면, 곧 있을 중간시험을 준비할 수 있어 만족할 것이다. 그는 오늘 소개팅을 하거나 도서관에서 공부할 것이다. 그러므로 그는 만족할 것이다.

1. 단순명제
   p. 그는 오늘 로제와 소개팅을 한다.
   q. 그는 오늘 도서관에서 공부를 한다.
   r. 그는 만족한다.

2. 선언문과 가언명제
   ① 그는 오늘 로제와 소개팅을 하거나 도서관에서 공부한다.
   ② 만일 그가 로제와 소개팅을 한다면, 그는 오늘 만족한다.
   ③ 만일 그가 도서관에서 공부한다면, 그는 오늘 만족한다.

3. 타당성 검사

   $p_1.$　　$p \lor q$
   $p_2.$　　$p \rightarrow r$
   $p_3.$　　$q \rightarrow r$
   ─────────────
   $c.$　　　r

4. 판정: 단순양도논법으로 연역적으로 타당하다.

만일 이와 같은 형식의 단순양도논법이 타당하다면(그리고 건전하다면) 문제 상황의 '그'는 어떤 선택을 하든지 무관하게 만족할 것이다. 과연, 그럴까? 이와 같은 형식의 논증에 문제는 없는가? 양도논법은 '하나의 선언문과 두 개의 조건문'으로 구성된 타당한 연역논증이다. 우리가 일상에서 접할 수 있는 딜레마가 해결하기 어려운 까닭은 이와 같이 딜레마가 형식적으로 타당한 추론규칙을 따르는 타당한 연역논증이기 때문이다. 하지만 딜레마를 피해갈 수 있는 방법이 아예 없는 것은 아니다.[10] 여기서는 여러 가지 방안 중 딜레마를 무력화시키는 방식만을 간략히 소개하고자 한다. 우리가 마주한 딜레마를 무력화시키는 한 방식은 '대응 딜레마(대응 양도논법)'을 제시해 보는 것이다. 예컨대, 앞서 살펴본 단순양도논법의 사례에

---

10. 딜레마 논증에 대응하는 방식은 '뿔 잡기', '뿔 사이로 피하기', '대응 딜레마 만들기'등이 있다. 이것에 관한 자세한 내용은 다음을 참고하는 것이 도움이 될 것이다. 홍지호, 이좌용, 『비판적 사고: 성숙한 이성으로의 길』 성균관대학교출판부, 2011. pp.299~326 참조.

대한 대응 딜레마는 다음과 같이 구성될 수 있다. 즉,

- p₁. 그가 오늘 로제와 소개팅을 한다면, 그는 중간시험을 준비할 수 없어 슬플 것이다.
- p₂. 그가 오늘 중간시험 준비를 한다면, 로제와 소개팅을 할 수 없어 슬플 것이다.
- p₃. 그는 오늘 로제와 소개팅을 하거나 중간시험 준비를 한다.
- c. 그는 오늘 슬플 것이다.

5-2) 복합양도논법(복합 딜레마)

<추론규칙>

p₁.	p	∨	q
p₂.	p	→	r
p₃.	q	→	s
c.	r	∨	s

복합양도논법은 4개의 단순명제로 이루어져 있다. 따라서 진리표에 의해 타당성 검사를 하기 위해서는 아래의 표와 같이 16가지 경우의 진리값을 따져보아야 한다. 이미 짐작했겠지만, 아래의 진리표의 진리값을 모두 검사하는 것은 어렵지는 않지만 귀찮은 일이다. 또한 따져보아야 하는 진리값이 많기 때문에 실수를 할 가능성도 높다. 그러한 까닭으로 논증에서 사용된 명제의 수가 많을 경우, 진리표를 사용한 타당성 검사는 선호되지도 않을뿐더러 바람직하지도 않다. 하지만 타당한 추론규칙을 이용할 경우, 이와 같은 번거로움은 덜어지게 된다. 이것이 타당한 추론규칙에 의거하여 연역가능성을 따져보는 이유다. (아래의 진리표의 타당성 검사는 해

답에 제시되어 있다. 하지만 비판적 사고를 공부하고 있는 당신은 해답을 보기에 앞서 진리표를 직접 작성해 보기를 권한다.)

명제				적용 순서	p_1.	p_2.	p_3.	C.
p	q	r	s		p ∨ q	p → r	q → s	r ∨ s

<예시 5>

복합양도논법
p₁.　p　∨　q p₂.　p　→　r p₃.　q　→　s c.　　r　∨　s
만일 오늘 국회에 상정된 부동산 관련 법안이 실질적인 효과를 산출한다면, 그 법안은 시민들의 재산권을 심대하게 제약하게 될 것이다. 만일 그 법안이 실질적인 효과를 산출하지 못한다면, 그렇지 않아도 가파르게 상승한 부동산 가격은 더 상승할 것이다. 그 법안은 실질적인 효과를 산출하거나 산출하지 않는다. 그러므로 부동산 관련 법안은 시민들의 재산권을 심대하게 제약하거나 부동산 가격을 더 상승시킬 것이다.
1. 단순명제 　p. 부동산 관련 법안은 실질적인 효과를 산출한다. 　q. 부동산 관련 법안은 실질적인 효과를 산출하지 못한다. 　r. 시민의 재산권을 심대하게 제약한다. 　s. 부동산 가격이 더 상승한다.
2. 선언문과 가언명제 　① 부동산 관련 법안은 실질적인 효과를 산출하거나 산출하지 못한다. 　② 부동산 관련 법안이 실질적인 효과를 산출한다면, 그 법안은 시민들의 재산권을 심대하게 제약한다. 　③ 부동산 관련 법안이 실질적인 효과를 산출하지 못한다면, 그렇지 않아도 가파르게 상승한 부동산 가격은 더 상승한다.
3. 타당성 검사 　　p₁.　p　∨　q 　　p₂.　p　→　r 　　p₃.　q　→　s 　　c.　　r　∨　s
4. 판정: 복합양도논법으로 연역적으로 타당하다.

복합양도논법도 앞서 살펴본 단순양도논법과 본질적으로 동일한 구조를 가지고 있다. 두 논증 모두 '하나의 선언문과 두 개의 조건문'으로 이루어진 전제들을 가지고 있기 때문이다. 그 두 논증의 차이는 단순양도논법의 결론이 '단문'인 반면에, 복합양도논법은 그 결론이 '선언문'이라는 것뿐이다. 따라서 복합양도논법 또한 다양한 방식으로 대처할 수 있는 방안을 마련해볼 수 있다. 앞서 분석한 단순양도논법의 대응 딜레마 논증을 참고하여 위에서 제시한 복합양도논법의 대응 딜레마 논증을 구성해보자.

6) 귀류추리(reductio)

귀류추리(또는 귀류논증)의 타당성을 검사하기에 앞서, 그 논증의 특성에 대해 간략히 살펴보자. 귀류논증은 일반적으로 어떤 주장이나 현상을 직접적으로 반박하거나 부정하기 어려운 경우, '그 주장이나 현상을 참으로 가정'했을 때 초래되거나 발생하는 '불합리한 또는 받아들일 수 없는 결과를 보임'으로써 잠정적으로 참으로 가정했던 주장이나 현상을 반박하거나 부정하는 논증을 말한다. 그것을 다음과 같이 간략히 정리할 수 있다.

귀류추리(argument by reductio, 귀류논증)

p_1. 반박하고자 하는 주장 또는 결론이 참이라고 가정하자.
p_2. p_1이 참일 경우 해결하기 어렵거나 불합리한 결론이 도출된다.
c. 따라서 참으로 가정하였던 주장 또는 결론이 거짓이다.

귀류추리의 추론규칙과 진리표를 이용한 타당성 검사는 아래와 같다.

〈추론규칙〉　　　　　　　〈후건부정식〉

$$p_1.\ \ p \rightarrow (q \wedge \sim q) \quad \equiv \quad \begin{array}{l} p_1.\ \ p \rightarrow q \\ p_2.\ \ \ \ \ \ \ \ \ \ \ \sim q \end{array}$$

$$\text{c.}\ \ \sim p \qquad\qquad\qquad \text{c.}\ \ \sim p$$

〈진리표〉 전제의 진리값이 모두 참인 경우, 결론의 진리값 또한 참이다.

명제	적용 순서		p_1의 후건	$p_1.$	c.
	p	q	$q \wedge \sim q$	$p \rightarrow (q \wedge \sim q)$	$\sim p$
	T	T	F	F	F
	T	F	F	F	F
	F	T	F	T	T
	F	F	F	T	T

    하지만 귀류추리의 형식적인 모습은 앞선 5강에서 다룬 '후건부정식(modus tollens)'과 동일하다. 따라서 귀류추리를 활용한 연역논증의 타당성을 검사하기 위해서 위에서 제시한 추론규칙 대신에 후건부정식을 적용해도 문제될 것은 없다.

    귀류추리는 학문 분야와 일상에서 일어나는 중요한 문제를 오직 '논리'만을 사용하여 '생각'으로 실험하는 '사고실험'에서 중요하게 사용되는 추론규칙이다. 특히, 어떤 현상이나 주장을 경험적 자료에 의거해 직접적으로 반박할 수 없는 경우에 효과적으로 적용할 수 있는 추론규칙이라고 할 수 있다. 이제, 귀류추리를 사용한 몇몇 텍스트를 분석해보자.

<예시 6>

귀류추리(논증)

$p_1.$　　$p \rightarrow q$
$p_2.$　　　　　$\sim q$
―――――――――――
C.　　$\sim p$

　당신이 주장하는 것처럼, 인간 생명의 시작이 수태가 되는 순간이라고 가정해보자. 논의를 개진하기 위해 수태의 순간의 그 인간 개체를 A라고 해보자. 그런데 우리는 수정 후 배아가 일란성 쌍둥이로 분할될 수 있다는 것을 잘 알고 있다. 만일 배아가 그렇게 분할된다면, 두 쌍둥이는 누구인가? A와 B인가? 아니면 B와 C인가? 만일 A와 B라면, 두 쌍둥이 중 어느 쪽이 원래의 A인가? 답하기 어려운 물음이다. 또한 만일 B와 C라면 A는 어떻게 된 것인가? A는 사라진 것인가? 우리는 A의 죽음에 대해 슬퍼해야 하는가? 이 또한 답하기 어려운 물음이다. 따라서 인간 생명의 시작은 수태되는 순간이라고 할 수 없다.

1. 단순명제
　p. 인간 생명의 시작은 수태의 순간이다. **(반박하고자 하는 명제, 참인 명제로 가정)**
　q. 인간 동일성 문제를 해결할 수 없다. (배아의 일란성 쌍둥이 분열의 경우)

2. 조건문(가언명제)
　만일 인간 생명의 시작은 수태의 순간이라면, 배아가 일란성 쌍둥이로 분할될 경우 동일성 문제가 발생한다.

3. 타당성 검사

$p_1.$　　$p \rightarrow q$
$p_2.$　　　　　$\sim q$
―――――――――――
C.　　$\sim p$

4. 판정: 귀류추리(논증)로서 연역적으로 타당하다.

<예시 7>

우리의 마음이 물질에 불과하다고 해보자. 만일 그 가정이 참이라면, 우리의 마음은 측정과 (정확한) 예측이 가능해야 한다. 물리적인 것은 과학적 계측에 의해 측정가능하고 원인에 따른 결과를 예견할 수 있기 때문이다. 그런데 우리는 우리의 마음을 정확히 측정하고 예견할 수 있는가? 어떻게 우리의 마음이 물질에 불과하다고 말할 수 있을까?

1. 반박하고자 하는 명제:
    우리의 마음은 물질이다.

2. 단순명제:
    p: 우리의 마음은 물질이다.
    q: 우리의 마음은 측정과 예측이 가능해야 한다.

3. 조건문(가언명제)
    만일 우리의 마음이 물질이라면, 우리의 마음은 측정과 예측이 가능해야 한다.

4. 논증 재구성
    p_1. 만일 우리의 마음이 물질이라면, 우리의 마음은 측정과 예측이 가능해야 한다.
    p_2. 우리의 마음은 측정과 예측을 할 수 없다.
    c. 우리의 마음은 물질이 아니다.

$$\begin{array}{ll} p_1. & p \rightarrow q \\ p_2. & \sim q \\ \hline c. & \sim p \end{array}$$

7) 연연논증의 건전성 검사와 자비의 원리(principle of charity)

연역논증의 수용 여부를 결정하기 위해서는 '타당성'과 '건전성'을 모두 검사해야 한다는 점을 5강과 6강에서 연역논증의 중요한 내용을 살펴보는 동안 반복해서 강조했다. 또한 다음도 누차 강조하였다. 타당성은 오직 논증의 '형식적'인 측면만을 검사하는 것이고, 건전성은 논증의 형식적인 타당성 검사를 통과한 경우, 그 논증을 구성하고 있는 전제들과 결론의 '내용적'인 측면을 따져보는 것이다. 그리고 우리가 수용할 수 있는 연역논증은 오직 '타당하고 건전한 논증'뿐이라는 것도 확인하였다. 5강에서 정리한 그 내용을 다시 보자.

| 타당성(validity) | 연역논증의 **형식적**인 측면만을 검사 |
| 건전성(soundness) | 연역논증의 **내용적**인 측면만을 검사 |

통과 후
타당성 검사 ➡ 건전성 검사

[연역논증의 건전성 검사]
① 논증이 타당하며 모든 전제들이 참인 경우: 논증이 건전하다(sound).
② 논증이 타당하지 않은(invalid) 경우: 논증이 건전하지 않다(unsound).
③ 논증이 타당하지만 전제들과 결론 중 적어도 하나 이상이 참이 아닐 경우: 논증이 건전하지 않다.

우리는 지금까지 타당한 추론규칙과 진리표 검사에 기초하여 연역논증의 타당성 검사를 (비록 충분하지는 않지만 가능한 한 친절한 방식으로) 살펴보았으므로, 이제부터 연역논증의 건전성 검사를 다루어야 한다. 그런데 미리 말하자면, 연역논증의 건전성 검사는 타당성 검사와 달리 비교적 간결하고 분명한 방식으로 설명하는 것이 쉽지 않다. 왜 그럴까? 그것은 건전성 검사가 연역논증의 '**내용을 면밀히 따져보는 것**'으로부터 비롯된다. '형식'과 달리 '내용'은 논증을 분석하는 사람의 '**평가**(assessment, evaluation)'가 개입하기 때문이다. 이미 알고 있듯이, 우리가 발 딛고 있는 세계에서 일어나는 수많은 일들은 하나의 관점만으로 평가되기 쉽지 않다. 또한 세상만사(世上萬事)의 거의 모든 일들이 그렇듯이 어떤 사건이나 현상 그리고 주장이나 입장에 대해 유일한 하나의 견해만이 성립하는 것도 아니다. 그럼에도 불구하고, 연역논증의 건전성 검사를 이해하기 위해 연역논증의 '타당성과 건전성'이 비교적 분명하게 드러나는 몇 가지 예를 살펴보자.

<예시 8>

논증 4

p_1. 만일 신이 존재한다면, 그 신은 전능할 것이다.
p_2. 만일 신이 전능하다면, 인류 모두는 안락한 삶을 누릴 것이다.
C. 만일 신이 존재한다면, 인류 모두는 안락한 삶을 누릴 것이다.

논증 5

p_1. 만일 경제가 성장하면, 노동자의 임금은 증가한다.
p_2. 만일 임금이 증가하면, 노동자는 여유가 생겨 사치와 낭비를 할 것이다.
p_3. 만일 노동자가 사치와 낭비를 하면, 노동자는 빈곤에서 벗어날 수 없다.
C. 만일 경제가 성장하면, 노동자는 빈곤에서 벗어날 수 없다.

논증 6

p_1. 만일 내가 로또에 당첨된다면, 나는 부자가 될 것이다.
p_2. 나는 로또에 당첨되지 않았다.
C. 나는 부자가 아니다.

논증7

p₁. 만일 내가 학업에 성실하였다면, 나는 장학금을 받을 것이다.
p₂. 나는 장학금을 받았다.
c. 나는 학업에 성실하였다.

연역논증의 검사 절차에 따라 우선 〈논증 4~7〉의 타당성을 검사한 다음, 각 논증의 건전성을 평가해보자.

논증 4: 가언삼단논법	논증 6: 전건부정의 오류
p₁. $p \rightarrow q$	p₁. $p \rightarrow q$
p₂. $q \rightarrow r$	p₂. $\sim p$
c. $p \rightarrow r$	c. $\sim q$
논증 5: 가언삼단논법	논증 7: 후건긍정의 오류
p₁. $p \rightarrow q$	p₁. $p \rightarrow q$
p₂. $q \rightarrow r$	p₂. q
p₃. $r \rightarrow s$	c. p
c. $p \rightarrow s$	

〈논증 4〉와 〈논증 5〉는 형식적으로 타당한 논증이다. 그렇다면, 건전성은 어떠한가? 달리 말해서, 두 논증의 주장을 의문 없이 받아들일 수 있는가? 아마도 두 논증 모두에 대해 문제를 제기할 수 있을 것이다. 〈논증 4〉의 경우, 두 번째 전제인 'p₂.'에 대해 의문을 제기할 수 있을 것으로 보인다. 만일 우리가 '안락한'이라는 용어를 우리가 사용하는 일상적인 의미 안에서만 사용할 경우, 전능한 신이 존재한다고 해서 이 세계에 있는 모든 인

류가 풍족하고 여유로운 생활을 한다고 보기는 어렵기 때문이다. 〈논증 5〉의 경우, 두 번째 전제인 'p₂'에 대해 의문을 제기할 수 있을 것으로 보인다. 모든 노동자가 '임금이 증가하면 사치와 낭비를 할'것이라고 보기 어렵기 때문이다. 만일 두 번째 전제 'p₂'를 내용적으로 수용할 수 없을 경우, 결론 또한 받아들일 수 없다는 것을 알 수 있다. 그러한 까닭에 두 논증 모두는 내용적으로 건전하지 않다고 볼 수 있다. 이와 같은 경우, 논증은 형식적으로 타당하지만 전제들 중 '참'이 아닌 전제가 포함되어 있기 때문에 건전하지 않은 '경우 ③'에 해당된다.

반면에, 〈논증 6〉과 〈논증 7〉은 형식적으로 부당한 논증으로서 '오류'다. (〈논증 6〉은 전건부정의 오류, 〈논증 7〉은 후건긍정의 오류다) 따라서 두 논증은 엄밀히 말해서 건전성 여부를 따져볼 이유가 없다. 두 논증 모두 연역논증의 타당한 추론규칙을 따르고 있지 않기 때문이다. 하지만 언뜻 보기에, 두 논증이 주장을 도출하기 위해 전개하고 있는 '생각의 방식'은 우리에게 매우 익숙할 뿐더러 크게 문제될 것도 없어 보인다. 바꾸어 말하면, 우리는 비록 그 논증이 타당한 추론형식을 따르는 건전한 논증은 아닐지라도, 그 논증이 주장하는 내용은 거부감 없이 받아들이려 할 수 있다는 것이다. 이와 유사한 구조를 가진 다음의 텍스트를 통해 이 문제를 좀 더 깊이 있게 생각해보자.

① 전 세계를 강타한 코로나19 감염병 사태는 우리의 삶과 일상을 송두리째 바꿔놓고 있다. ② 마스크 쓰기와 손 씻기는 일상의 예절이 된지 오래다. ③ 급격하게 나빠진 경제 상황에서 서민의 삶

이 고달파지는 것도 피할 수 없는 결과인 것처럼 보인다. ④ 특히, 자영업자와 근로 소득자를 포함하는 소위 서민이라고 불리는 계층에게 코로나19 감염병 사태로 인한 불경기와 불황은 더 큰 고통으로 다가왔다. ⑤ 정부는 전대미문의 국가적 위기 상황에서 시민들이 지금의 고난을 극복하는 데 조금이나마 도움을 주기 위해 전 국민을 대상으로 국민재난기본소득을 지급하였다. 물론, ⑥ 국민재난기본소득은 그것만을 목적으로 한 것은 아니었다. ⑦ 정부는 소비를 활성화함으로써 내수 경제를 끌어올리려는 목적 또한 있음을 분명히 밝혔다. ⑧ 많은 경제 전문가들은 국민재난기본소득이 올바른 정책이라면, 내수 경기가 살아나고 끝을 모르고 떨어지고 있는 경제성장률도 끌어올릴 것이라고 예상하였다. ⑨ 국민재난기본소득이 시행된 지 두 달이 지난 지금, 많은 경제 전문가들의 예상이 옳았다는 것이 증명되고 있다. ⑩ 경제성장률은 통계를 발표한 OECD 국가 중 최고의 수치를 보였으며, 내수 경제도 서서히 살아날 조짐을 보이고 있기 때문이다.

주어진 텍스트에서 '진술문 ①~⑦'은 문제의 배경을 설명하는 사실적 정보의 역할을 할 뿐이다. 이 텍스트의 핵심 주장은 '진술문 ⑧~⑩'에 드러나 있다. 또한 이 텍스트의 결론은 '국민재난소득 정책은 올바른 정책이다'라는 것도 알 수 있다. 따라서 이 텍스트의 논증은 다음과 같이 재구성된다.

논증 8: 후건긍정의 오류

p₁. 국민재난기본소득 정책이 올바른 정책이라면, **내수 시장은 활성화되고 경제성장률은 재고될 것이다.** (p → q)
p₂. **내수 시장이 활성화되고 경제성장률은 재고되었다.** (q)
c. 국민재난기본소득 정책은 올바른 정책이다. (p)

논증 재구성에서 확인할 수 있듯이, 〈논증 8〉은 '후건긍정의 오류'로서 형식적으로 부당한 논증이다. 따라서 연역논증의 '건전성'을 엄밀하게 적용한다면, 이 논증은 타당한 추론규칙을 따르고 있지 않기 때문에 형식적 타당성을 갖추고 있지 않다. 따라서 이 논증은 건전성 검사를 할 필요도 없다. 〈논증 8〉에 대한 건전성 검사는 여기서 끝이 난다.

하지만 (이 문제와 관련이 있는 모든 사람은 아니라고 하더라도) 어떤 사람들은 〈논증 8〉이 궁극적으로 주장하려는 것의 맥락 속에서 그 논증을 수용할 수 있다는 입장을 가질 수 있다. 달리 말하면, 〈논증 8〉은 엄밀히 말해서 '형식적으로 부당'하지만, 그 논증이 우리에게 말하고자 하는 '의미적 내용'은 문제가 없다는 자세를 가질 수 있다. 〈논증 8〉에 대해 이와 같은 자세를 가지고 있을 경우 적용해 볼 수 있는 원리가 바로 '**자비의 원리**(principle of charity)'다.

모든 사람들이 비판적 사고에 능숙한 것은 아니다. 또한 대부분의 사람들이 논리학을 배워 논증을 익숙하게 구성할 수 있는 것도 아니다. 오히려 많은 사람들은 일상에서 '형식적인 논리적 오류'를 범하는 추론을 하기 쉽다고 보는 것이 더 자연스럽다. 따라서 만일 비판적 사고와 논리에 익숙하지 않은 사람이 (일반적으로) 수용될 수 있는 내용적으로 건전한 주장을 논증하였지만 형식적으로 타당하지 않을 경우, 그 논증의 형식을 연역적으로 타당하게 수정해서 건전(완전)한 논증으로 재구성해 볼 수 있다. 이와 같은 원리에 따라 〈논증 8〉을 타당한 추론규칙을 따르는 '형식적으로 타당한 논증'으로 재구성하면 다음과 같다.

논증 8: 전건긍정식

- p_1. 만일 **내수 시장은 활성화되고 경제성장률이 재고된다면**, 국민재난기본소득 정책은 올바른 정책이다. (p → q)
- p_2. **내수 시장이 활성화되고 경제성장률은 재고되었다.** (p)
- c. 국민재난기본소득 정책은 올바른 정책이다. (q)

연습문제

다음 진술문을 추론규칙에 따라 분석하고 연역적 타당성을 검토하시오.

(1) 순회 재판소는 쓸모 있거나 쓸모없다. 만일 쓸모가 있다면 어떠한 정부도 그것을 인정해야 하며, 만일 그것이 쓸모없다면 어떠한 정부도 그것을 인정하지 않았을 것이다. 모든 정부가 순회 재판소를 설치하든가, 아니면 모두 폐지해야 한다.

(2) 문명화된 사회의 어떤 구성원에게 그의 의지에 반해서 권력이 정당하게 행사될 수 있는 유일한 이유는 다른 사람에 대한 해악을 방지하기 위해서다. 어떤 사람에게 무엇을 하도록 하거나 무엇을 참도록 강요하는 이유가 그렇게 하는 것이 그에게 더욱 좋을 것이라거나, 그것이 그를 행복하게 할 것이라거나, 다른 사람들의 의견으로는 그것이 현명하거나 심지어는 옳은 일이기 때문이라고 하는 것은 정당화될 수 없다.

(3) 환자를 안심시키기 위한 것에 불과한 처방은 어쩔 수 없이 모순에 빠진다. 환자와 의사 사이의 좋은 관계는 치료과정에서 본질적이다. 그러나 환자와 의사 중 어느 한쪽이 다른 쪽에게 중요한 정보를 숨길 경우, 그러한 관계에 어떤 사건이 발생할 수 있는가? 만일 의사가 진실을 말한다면, 의사는 환자를 안심시키기 위한 것에 불과한 처방의 근본적인 이유를 부정한다. 만일 의사가 진실을 말하지 않는다면, 의사와 환자의 신뢰에 기초한 관계를 파괴한다.

(4) 만일 학생들이 공부하기를 좋아한다면, 선생은 그들을 가르칠 필요가 없다. 그리고 만일 학생들이 공부하기를 싫어한다면, 선생은 그들을 가르칠 필요가 없다. 그런데 학생들은 공부를 좋아하거나 싫어한다. 그러므로 선생은 학생들을 가르칠 필요가 없다.

(5) 신이 '전지, 전능, 지고지선'하다고 해보자. 만일 신이 전능하다면, 인간의 모든 행동, 인간의 모든 사고, 인간의 모든 감정 및 열망을 포함한 모든 일들은 또한 그의 작품이다. 그런데 우리는 그것을 만든 존재가 그것에 대해 책임을 져야 한다는 것을 알고 있다. 따라서 인간에게 그들의 행위와 사고에 대해 책임을 물을 수 없다. 하지만 우리는 인간이 도덕적 책임이 있는 존재라는 생각한다. 따라서 우리는 신이 전능성에 대해 의문을 제기할 수 있다.

(6) 만일 네가 세상에 대해 올바른 말을 한다면, 세상 사람들이 너를 미워할 것이다. 만일 네가 세상에 대해 어떠한 말도 하지 않는다면, 신이 너를 미워할 것이다. 너는 올바른 말을 하든가, 입을 다물든가 해야 한다. 그러므로 너는 미움을 받을 것이다.

(7) 공리주의가 정당화될 수 있는 도덕원리라면 어떤 선험적 원리로부터 도출되거나 도덕적 직관에 어긋나지 않아야 한다. 공리주의가 선험적 원리로부터 도출된다면 공리주의는 경험적 주장이 아니어야 한다. 또한 도덕적 직관에 어긋나지 않는다면 정의감에 반하면서 최선의 결과를 낳는 행위가 없어야 한다. 하지만 정의감에 반하면서 최선의 결과를 낳는 행위들이 있다. 그러므로 공리주의는 도덕이론으로 정당화될 수 없다.

(8) 우리는 이 땅에 살고 있는 선량한 사람들을 위해 평화를 선택하든가, 그들을 죽음으로 내모는 전쟁을 준비하기 위해 군사력을 증강해야 하는 선택의 기로에 서 있습니다. 어떤 선택을 해야 하는지는 너무도 자명합니다. 선량한 사람들을 죽음으로 내몰 수는 없지 않겠습니까? 그럼에도 불구하고, 군사력을 증강하기 위해 국방 예산을 증액하려는 자들이 있습니다. 우리는 결단코 그와 같은 무모한 시도를 막아야 할 것입니다.

(9) 수정에서 성인에 이르기까지의 우리 존재의 연속성을 강조하는 경우 잠재성 논변은 문제가 된다. 우리가 실험실 묘상의 한 접시 위에 있는 하나의 수정란을 가지고 있다고 해보자. 우리가 이 수정란을 인간의 첫 번째 단계로 생각하고서 그것을 영이라고 불렀다고 하자. 그런데 그 수정란이 (14일이 되기 전에) 두 개의 동일한 수정란으로 쪼개졌다면, 하나는 여전히 영이인데 다른 하나는 순이인가? 이 둘을 구분할 방법은 아무 것도 없다. 심지어 영이로부터 순이가 분리된 것인지, 순이로부터 영이가 분리된 것인지조차도 알 수 없다. 그렇다면, 이제 영이는 더 이상 우리와 함께 있지 않고, 대신에 순이와 삼생이가 있는 것인가? 영이에게 어떤 일이 벌어진 것인가? 영이는 죽었는가? 그렇다면, 우리는 그녀를 위해 슬퍼해야 하는가?

(10) 당신은 나를 사랑하거나 미워한다. 만일 당신이 나를 사랑한다면, 그 일이 성공할 수 있도록 나를 도울 것이다. 반면에 만일 당신이 나를 미워한다면, 미운 놈 떡 하나 더 준다는 심정으로 그 일이 성공할 수 있도록 나를 도울 것이다. 그러므로 당신은 나를 도울 수밖에 없다.

(11) 그는 스스로 자신이 진보주의자라고 말하고 있습니다. 그가 대학생이었던 80년대에 소위 학생운동이라고 불리는 격렬한 반정부시위를 한 경력이 그것을 증명하고 있습니다. 그리고 그는 공직 생활을 하는 동안 그리고 정계에 입문하여 정치인으로서의 삶을 살아가는 동안 어떠한 부정도 저지르지 않았다고 주장하고 있습니다. 하지만 이 자료를 보세요. 그는 강남 요지의 50평대 아파트에 살고 있고 그의 자녀들은 미국에서 유학 중입니다. 이러한 명백한 자료들이 있는데, 어떻게 그가 진보적 가치를 가졌다고 말할 수 있습니까?

(12) 만일 유아트루스가 이 소송에서 지면, 그는 법정의 판결에 따라 나(프로타고라스)에게 수업료를 내야하며, 만일 그가 이 소송에서 이긴다면, 그는 나와의 계약에 따라 수업료를 내야 한다. 그런데 그는 이 소송에서 이기거나 질 것이다. 그러므로 그는 수업료를 내야 한다.

(13) 세계를 만든 완전한 창조자가 있다고 해보자. 만일 그렇다면, 그러한 존재가 만든 이 세계 또한 완전해야 한다. 하지만 우리는 이 세계가 완전하지 않다는 것을 알고 있다. 따라서 이 세계를 만든 완전한 창조자란 없다.

(14) 세계를 만든 창조지가 없다고 해보자. 만일 그렇다면, 이 세계에 존재하는 많은 것들은 우연히 만들어진 것이다. 하지만 그러한 설명은 설득력이 없다. 따라서 이 세계를 만든 창조가 없다는 생각은 그릇된 것이다.

(15) 뇌사와 심장사 중 어떤 것을 정확한 죽음의 기준으로 삼아야 하는가에

관한 문제는 여전히 해결되지 않은 어려운 문제다. 어떤 사람은 심장이 완전히 운동을 멈추었을 때가 죽음의 순간이라고 말하는 반면에, 어떤 사람은 뇌의 기능이 완전히 소실되었을 때가 죽음의 순간이라고 주장하기 때문이다. 의학적으로 보았을 때 그 두 주장은 각각 나름의 근거를 가지고 있다. 하지만 우리가 이 문제를 인간이 가진 특유한 속성, 즉 인격체로서의 인간의 관점에서 본다면, 우리의 뇌가 활동을 멈춰 인격체로서의 활동을 할 수 없을 때를 죽음으로 보는 것이 더 나은 생각이라고 볼 수 있다. 따라서 뇌사가 죽음의 기준으로 더 타당하다고 볼 수 있다.

(16) 그 때에 바리새파 사람들이 나가서, 어떻게 하면 말로 트집을 잡아서 예수를 올무에 걸리게 할까 의논하였다. 그런 다음에, 그들은 자기네 제자들을 헤롯 당원들과 함께 예수께 보내어, 이렇게 묻게 하였다. "선생님, 우리는, 선생님이 진실한 분이시고, 하나님의 길을 참되게 가르치시며, 아무에게도 매이지 않으시는 줄 압니다. 선생님은 사람의 겉모습을 따지지 않으십니다. 그러니 선생님의 생각은 어떤지 말씀하여 주십시오. 황제에게 세금을 바치는 것이 옳습니까, 옳지 않습니까?" 예수께서 그들의 간악한 생각을 아시고 말씀하셨다. "위선자들아, 어찌하여 나를 시험하느냐? 세금으로 내는 돈을 나에게 보여 달라." 그들은 데나리온 한 닢을 예수께 가져다 드렸다. 예수께서 그들에게 물으셨다. "이 초상은 누구의 것이며, 적힌 글자는 누구를 가리키느냐?" 그들이 대답하였다. "황제의 것입니다." 그 때에 예수께서 그들에게 말씀하셨다. "그렇다면 황제의 것은 황제에게 돌려주고, 하나님의 것은 하나님께 돌려드려라." 그들은 이 말씀을 듣고 탄복하였다. 그들은 예수를 남겨 두고 떠나갔다. [마22:15~22]

7강 귀납추리 (1)
단순 귀납, 통계적 일반화, 통계적 삼단논법, 유비추리

우리는 5강과 6강에서 참인 전제들로부터 참인 결론을 도출하는 연역추리(논증)를 살펴보았다. 연역추리는 타당한 추론규칙에 의거한 사고기법이라는 측면에서 우리가 일반적으로 '논리(logic)'라고 부르는 것의 핵심이라고 할 수 있다. 연역추리는 논증의 필연적인 참을 보장하기 때문에, 연역적으로 완전한 (형식적으로 타당하고 내용적으로 건전한) 논증은 '진리성'을 담보할 수 있다. 하지만 연역추리는 세계에 대한 새로운 앎(지식)을 넓혀주지 못하는 결정적인 한계가 있다. 반면에, 지금부터 살펴볼 귀납추리는 우리의 '앎(지식)을 확장'시키는 데 유용하다.

귀납추리(논증)는 전제적 이유가 참일 경우 결론적 주장은 참일 가능성이 매우 높다는 것을 보이려는 의도로 구성되는 논증이다. 달리 말하면 귀납논증은 연역논증과 달리 형식적인 측면에서 전제가 모두 참이라고 하더라도 그 결론은 거짓일 수 있다는 것이다.

연역논증 =$_{def.}$ 전제적 이유가 (모두) 참일 경우, 그 결론적 주장은 필연적으로 참이다.

귀납논증 =$_{def.}$ **전제적 이유가 (모두) 참일 경우, 그 결론적 주장은 참일 개연성이 매우 높다.**

귀납논증이 단지 그 결론이 참일 가능성이 매우 높다는 정도만을 보인다고 해서 논증의 힘이 약한 것은 결코 아니다. 다음과 같은 두 논증을 보자.

연역논증	귀납논증
p₁. 모든 사람은 죽는다.	p₁. 히틀러는 독재자였으며 잔인했다.
p₂. 소크라테스는 사람이다.	p₂. 스탈린은 독재자였으며 잔인했다.
c. 소크라테스는 죽는다.	p₃. 모택동은 독재자였으며 잔인했다.
	c. 모든 독재자는 잔인하다.

위의 사례에서 알 수 있듯이, 비록 귀납논증은 연역논증과 같이 결론이 필연적인 참임을 보이지는 못한다고 하더라도, 전제가 모두 참이라면 결론은 거짓이라기보다는 '사실'에 가까운 결론을 도출하는 좋은 논증이라는 것을 보여준다.

귀납논증은 기존의 논증에 새로운 전제적 이유를 부가함으로써 그 논증의 힘을 강화하거나 약화시킬 수 있다. 말하자면, 논증의 핵심 주장을 지지하는 전제적 이유들이 추가되면 논증의 힘은 '강화'되고 반대되는 전제적 이유들이 제시되면 논증의 힘은 '약화'된다. 귀납논증은 전제가 결론을 뒷받침하는 정도에 따라 더 '좋은 논증' 또는 '더 나쁜 논증', '더 강한 논증' 또는 '더 약한 논증'이라는 평가를 내릴 수 있다. 전제가 결론에 부여하는 개연성의 정도가 높을수록 귀납논증의 장점이 커진다.

앞서 이야기 했듯이, 귀납논증의 종류와 내용은 매우 다양하다. 여기서 귀납논증의 모든 형식과 내용을 보이고 설명하는 것은 자칫 '논리와 비판적 사고'를 처음 공부하는 사람들의 집중력과 흥미를 반감시킬 수 있다. 따라서 우리는 귀납논증을 논의할 때 가장 대표적으로 거론되는 다음의 것들만을 살펴보기로 한다.

[귀납논증의 대표적인 형식들]
① 단순 귀납(simple induction, 귀납적 일반화[inductive generalization])
② 통계적 일반화(statistical generalization)
③ 통계적 삼단논법(statistical syllogism)
④ 유비추리(analogy)
⑤ 최선의 설명에 의거한 추론(argument by best explanation)
⑥ 과학적 가설추론(scientific hypothetical method, 가설-연역법)
⑦ 인과논변(causal argument)

1. 단순 귀납(simple induction, 귀납적 일반화)

귀납추리(논증)는 본질적으로 '관찰 내용'과 '경험 사례'를 일반화하여 개연성이 높은 결론을 도출하는 추리라고 할 수 있다. 이와 같은 측면에서, '단순 귀납'(또는 귀납적 일반화)은 귀납추리의 가장 일반적일 뿐만 아니라 표준적인 형식이라고 할 수 있다. 단순 귀납은 주장을 지지하는 '전제'로 사용되는 '사례'들을 수집하여 일반화하는 형식을 말한다. 단순 귀납의 표준 형식을 간략히 정리하면 다음과 같다.

관찰 대상의 집합 A: {$a_1, a_2, a_3, \cdots a_{n-1}, a_n$}

p_1. a_1은 F의 성질을 가지고 있다.
p_2. a_2은 F의 성질을 가지고 있다.
p_3. a_3은 F의 성질을 가지고 있다.
...
p_4. a_{n-1}은 F의 성질을 가지고 있다.
p_5. a_n은 F의 성질을 가지고 있다.
___
c.   모든 (또는 대부분의) A는 F의 성질을 가지고 있다.

관찰 대상 '아해'의 집합: {아해$_1$, 아해$_2$, 아해$_3$, ⋯ 아해$_{n-1}$, 아해$_n$}

p_1.   제1의 아해가 무섭다고 그리오.
p_2.   제2의 아해도 무섭다고 그리오.
p_3.   제3의 아해도 무섭다고 그리오.
...
p_4.   제n$_{-1}$의 아해도 무섭다고 그리오.
p_5.   제n의 아해도 무섭다고 그리오.
___
c.   모든 (또는 대부분의) 아해가 무섭다 그리오.

단순 귀납(귀납적 일반화)의 표준 형식에서 알 수 있듯이, 귀납적 일반화의 형식과 내용을 이해하는 것은 어렵지 않다. 하지만 우리가 학문 영역과 일상에서 마주하게 되는 텍스트와 문제 상황들은 그렇게 단순하지 않다. 대부분의 귀납논증에서 사용되는 관찰 경험에 근거한 전제들은 둘 이상의 속성들의 '**상관관계**'를 검토해야 하는 경우들이 있기 때문이다. 다음의 사례들을 살펴보자. 이것을 통해 단순 귀납(귀납적 일반화)의 핵심 내용을 이해할 수 있을 것이다. 다음 귀납논증의 결론을 더 강화시키기 위해서 필요한 전제가 무엇인지 밝히고 귀납논증의 표준형식으로 구성해보자.

[예제 1] 아마도 타이거즈는 올해 한국시리즈에서 우승할 것이다. 많은 전문가들이 우승을 예상하고 있고, 시즌 종반의 승률이 7할을 넘고 있기 때문이다.

[예제 2] 오늘 개봉한 A영화는 실제로 일어난 사실을 각색한 것이다. 사실에 기초하는 영화는 많이 만들어 졌는데, 그러한 영화들은 대부분은 흥행에 성공했다. 이번 영화도 재미있을 것이다.

'예제 1'의 최종 결론은 '타이거즈가 올해 한국시리즈에서 우승할 것이다'이고, 그 결론을 지지하는 경험적인 관찰 사례는 '전문가의 예상'과 '시즌 종반의 승률'이라는 것을 알 수 있다. 따라서 다음과 같은 귀납추리의 표준 형식으로 재정리할 수 있다.

p_1. 10년도 우승팀인 A팀은 전문가들이 우승을 예상했고, 시즌 종반의 승률이 7할을 넘었다.
p_2. 11년도 우승팀인 B팀은 전문가들이 우승을 예상했고, 시즌 종반의 승률이 7할을 넘었다.
p_3. 12년도 우승팀인 C팀은 전문가들이 우승을 예상했고, 시즌 종반의 승률이 7할을 넘었다.
…
p_4. 19년도 우승팀인 Z팀은 전문가들이 우승을 예상했고, 시즌 종반의 승률이 7할을 넘었다.
p_5. 전문가들은 올해 타이거즈가 우승할 것이라고 예상하고 있고, 시즌 종반의 승률이 7할을 넘고 있다.

c. 타이거즈는 올해 우승을 할 것이다.

'예제 2'에서 고려해야 할 경험적 자료들은 세 가지 요인, 즉 '사실을 각색한 영화', '흥행의 성공 여부' 그리고 '영화의 재미있음의 여부' 모두의 상관관계를 검토하고 관찰 경험을 추가함으로써 결론을 강하게 지지할 수 있다. '예제 2'의 최종 결론은 'A영화가 재미있을 것이다'이므로, 귀납추리의 핵심적인 내용은 '흥행'과 '재미'의 상관관계를 규명하는 데 있다. 즉,

p_1.   '사실'에 기초한 영화$_1$은 '**흥행**'에 성공했고 '**재미**'있다.
p_2.   '사실'에 기초한 영화$_2$는 '**흥행**'에 성공했고 '**재미**'있다.
p_3.   '사실'에 기초한 영화$_3$은 '**흥행**'에 성공했고 '**재미**'있다.
 …
p_4.   '사실'에 기초한 영화$_n$은 '**흥행**'에 성공했고 '**재미**'있다.
p_5.   '사실'에 기초한 영화$_A$는 '**흥행**'에 성공하고 있다.

c.   영화$_A$는 '**재미**'있을 것이다.

당연한 이야기이지만, 위에서 살펴본 단순 귀납논증은 결론을 지지하는 사례가 추가되면 더 강한 논증이 되는 반면에, 반대 사례가 추가되면 결론은 약화된다. 즉, 만일 '사례 1'에서 '13년도~18년도'에는 '전문가들이 우승을 예상했고, 시즌 종반의 승률이 7할을 넘었던' 팀들이 우승을 하지 못했다면, '예제 1'의 결론은 매우 약한 주장으로 판명될 것이다. 따라서 지금까지의 논의를 통해 '단순 귀납(귀납적 일반화)'이 좋은 귀납논증이 되기 위해서 다음의 조건을 충족해야 한다는 것을 알 수 있다. 즉,

근거가 되는 **개별 사례**는	**충분히 많아야** 한다.
개별 사례들의 **상관관계**는	**충분히 밀접해야** 한다.

2. 통계적 일반화(statistical generalization)

통계적 일반화의 표준 형식은 단순 귀납(귀납적 일반화)과 다르지 않다. '단순 귀납(귀납적 일반화)'은 추론의 대상이 되는 집합의 '보편적 속성' 또는 '전체 대상'에 대해 논증하는 반면에, '통계적 일반화'는 그 집단의 '일부 속성이나 대상'이 갖는 보편적 속성에 대해 추론한다는 점에서 차이가 있다. 다음의 예를 통해 두 귀납논증의 차이를 이해해보자.

> [예제 3] 서울에 거주하는 대학생 5,000명을 대상으로 '청년기본소득제' 시행에 대한 설문조사를 실시하였다, 설문에 응답한 대학생 중 75%가 '청년기본소득제' 시행에 찬성하는 긍정적인 답변을 하였다. 따라서 서울에 거주하는 대학생 중 75%는 '청년기본소득제' 시행에 찬성하고 있다.

> [예제 4] 무작위로 추출된 10,000명의 자기 집 소유자들에 대한 전국적인 여론조사는 그들의 69%가 이번에 정부에서 제시한 조세 정책과 부동산 정책에 반대한다는 것으로 나타났다. 따라서 우리나라 (전체) 성인 인구의 69%는 정부의 조세 정책과 부동산 정책에 반대하고 있다는 것을 알 수 있다.

'예제 3'과 '예제 4'는 모두 논증의 결론을 추론하기 위한 원천인 경험적 근거로 '설문 자료'를 사용하고 있다는 공통점이 있다. 즉, 두 논증은

예제 3의 집합	서울에 거주하는 5,000명의 대학생
예제 4의 집합	전국의 10,000명의 자기 집 소유자

를 추론의 '**표본**(sample)'으로 사용하고 있다. 이것을 통해 '단순 귀납'과 '통계적 일반화'의 차이를 분명히 확인할 수 있을 것이다. 즉, 전자는 추론의 대상이 되는 집합 전체를 추론의 근거로 삼는 반면에, 후자는 추론의 대상이 되는 집합의 일부 '**표본**'을 근거로 삼고 있다. 따라서 '통계적 일반화'의 표준 형식이 다음과 같다는 것을 알 수 있다.

p. '집단 A'의 '표본 S'중 x%가 '속성 F'를 가진다.
c. '집단 A'의 x%가 '속성 F'를 가진다.

이제, '예제 3'과 '예제 4'의 논증이 설득력이 있는지 평가해보자. 두 논증 모두는 설문조사의 표본이 '5,000명'과 '10,000명'으로 충분히 큰 표본을 가지고 있다고 보아야 한다. (최근에 실시되고 있는 일반적인 설문조사가 1,000명 정도인 것을 고려하면, 두 논증의 표본이 충분히 크다는 것을 알 수 있다.) 만일 그렇다면, 두 논증 모두는 설득력이 있는가? 결론부터 말하자면, '예제 3'은 설득력이 있는 반면에, '예제 4'는 설득력이 없다. 그 까닭은 무엇인가? 그것에 답하기 위해 '예제 4'를 먼저 살펴보자. '예제 4'의 통계적 일반화의 표준 형식을 정리하면 다음과 같다. 즉,

p. 집단 '자기 집 소유자'의 표본 10,000명은 정부의 이번에 시행된 조세 정책과 부동산 정책에 대해 반대한다.
c. 우리나라 (전체) 성인은 정부의 이번에 시행된 조세 정책과 부동산 정책에 대해 반대한다.

'예제 4'를 이와 같이 논증으로 재구성하면, 왜 그 논증이 설득력이 없는지 어렵지 않게 파악할 수 있을 것이다. '예제 4'의 표본 '자기 집 소유자'는 추론의 대상이 되는 집단 '우리나라 (전체) 성인'을 대표(representation)할 수 없기 때문이다. 쉽게 말해서, '예제 4'는 오직 '자기 집 소유자'만을 설문조사의 대상으로 삼음으로써 '자기 집을 소유하지 않은 사람'을 추론의 대상에서 '의도적으로 배제'했기 때문에 우리나라 전체 성인을 대표할 수 없다는 것이다. 반면에, '예제 3'은 설문의 대상과 추론의 대상이 어느 정도 일치한다는 것을 알 수 있다. 지금까지의 논의를 간략히 정리하면 다음과 같다.

	추론의 근거로 사용된 집단	추론의 대상이 되는 집단	
예제 3	서울 거주 대학생 (5,000명)	서울 거주 대학생	일치
예제 4	자기 집 소유자 (10,000명)	우리나라 (전체) 성인	불일치

따라서 '통계적 일반화'는 '표본의 수'가 충분히 '크고', 근거로 사용되는 집단의 표본이 추론의 대상이 되는 집단과 '일치'하도록 '다양성'을 확보하는 경우에만 설득력을 가질 수 있다는 것을 알 수 있다.

3. 통계적(확률적) 삼단논법(statistical syllogism)

앞선 5강과 6강에 보았듯이, 삼단논법은 대표적인 연역논증의 형식이다. 통계적 삼단논법은 그 논증의 이름에서 알 수 있듯이 겉으로 보기에는 '연역논증'의 형식을 가지고 있다. 삼단논법과 '통계적 삼단논법'의 차이는 전자의 전제가 '참'인 명제인 반면에, 후자는 '통계적(확률적) 자료'라는 점이다. 통계적 삼단논법이 '일반적인 전제'로부터 '개별적인 결론'을 도출하는 형식을 가진다 하더라도, '일반적인 전제'가 '통계적 자료'를 사용하고 있기 때문에 귀납논증인 이상 전제 모두가 참이라고 하더라도 결론의 참이 필연적으로 도출되지 않는다는 점을 기억하자. 이것을 확인하기 위해 다음과 같은 논증을 검토해보자.

<논증 1>
p_1. **우리나라 대학에 재학 중인 학생** 중 90%는 토익 시험에 응시했다.
p_2. 리사는 우리나라 대학에 재학 중이다.
c. 리사는 토익 시험에 응시했을 것이다.

<논증 2>
p_1. **우리나라 대학에 재학 중인 외국인 학생** 중 90%는 토익 시험에 응시하지 않았다.
p_2. 리사는 우리나라 대학에 재학 중인 외국인 학생이다.
c. 리사는 토익 시험에 응시하지 않았을 것이다.

'논증 1'과 '논증 2'는 추론의 대상인 '리사'에 관해 서로 상반된 주장을 하고 있다. 물론, 그 이유는 '논증 1'과 '논증 2'의 전제가 다르기 때문이다. 실제로, 리사가 속할 수 있는 집합은 '우리나라 대학생의 집합, 연예인의 집합, 도시 거주자의 집합, 외국인 유학생의 집합' 등과 같이 다양할 뿐만 아니라 수없이 많다. 그런데 통계적 삼단논법은 우리가 일상에서 자주 그리고 손쉽게 사용하는 귀납논증이라고 할 수 있다. 따라서 통계적 삼단논법의 결론을 수용하기 위해서는 그 논증에서 추론하고자 하는 결론과 밀접한 연관성이 있는 집합이 전제에 포함되어 있는지를 반드시 확인해야 한다.

<통계적 삼단논법의 표준 형식>

p₁. 집단 A의 구성원 중 χ%는 속성 F를 가진다.
p₂. (추론의 대상이 되는) a는 집단 A에 속한다.
c. a는 F의 속성을 가진다.

<통계적 삼단논법의 특성>

① (전제로 사용되는) 통계 수치가 100%에 가까울수록 전제가 결론을 지지하는 강도가 높아진다. (만일 통계 수치가 100%라면, 그 논증은 연역논증이다.)
② 통계 관련 집합과 주장의 연관성이 강할수록 이유가 결론을 지지하는 강도가 높아진다.

우리가 일상에서 쉽게 저지를 수 있는 다음과 같은 통계적 삼단논법을 이용한 논증의 한 사례를 살펴보자.

[예제 5] 혈액형이 B형인 사람은 대부분 주위 사람들과 잘 어울리지 못하고 방황을 많이 한다. 친구들을 만날 때는 형식적인 자리를 싫어하기 때문에 친하지 않는 친구들과 있을 때는 분위기만 맞춰주는 정도로 노력한다. 또한 낯가림을 하여 다른 사람 앞에 나서는 것도 싫어한다. 지섭은 B형이다. 그러므로 지섭은 주위 사람들과 잘 어울리지 못하고 다른 사람 앞에 나서는 것도 싫어할 것이다.

'예제 5'의 논증을 아래와 같이 재구성할 수 있으며, 그것을 통해 '예제 5'가 통계적 삼단논법의 형식을 가지고 있다는 것을 알 수 있다.

<예제 5의 논증 재구성>

p_1. 혈액형이 B형인 사람은 대부분 X의 성질을 가지고 있다.
p_2. 지섭의 혈액형은 B형이다.
c. 지섭은 X 성질을 가지고 있을 것이다.

'예제 5'는 귀납적으로 '강한 또는 설득력 있는' 논증인가, 아니면 그렇지 않은가? 우리는 통계적 삼단논법을 공부하였기 때문에 이 논증은 강한 논증이 아니며, 따라서 설득력이 없다는 것을 어렵지 않게 알 수 있다. '예제 5'에서 전제로 사용되고 있는 것은 **'혈액형 B형의 속성'**이다. 따라서 '예제 5'의 결론이 설득력이 있기 위해서는 첫 번째 전제인 'p_1'의 확률적 통계치가 100%에 가까워야 한다. 하지만 (적어도 현재까지의 연구결과에 따르면) 혈액형이 B형인 사람들 거의 대부분이 '주위 사람들과 잘 어울리지 못하고 방황을 많이 한다'는 믿을 만한 근거는 없다. 오히려 누군가 그와 같은 근거가 신뢰할 만하다고 말하는 사람이 있다면, 그(그녀)는 자신이 겪은 몇 안 되는 적은 수의 경험적 사례를 통해 일반화하였을 가능성이 매우 높다. (게다가 적어도 이 글을 쓰고 있는 필자가 만난 혈액형이 B형인 사람들의 대부분은 활달할 뿐만 아니라 삶에 대한 지향이 뚜렷하였다.) 따라서 '예제 5'의 논증은 강한 귀납논증이라 볼 수 없기 때문에 설득력이 있다고도 볼 수 없다.

4. 유비추리(argument by analogy)

우리는 일상에서 아주 흔하게 어떤 것에 빗대어 '비유(比喩)'를 들어 말한다. 게다가 어떤 경우에는 적절한 비유가 명시적이고 직설적인 진술보다 더 유용하게 사용되기도 한다. 예컨대, 곤궁한 처지에 있는 한 사람의 상황을 '망망대해에 떠 있는 한 조각 나룻배와 같다' 또는 '내 신세가 끈 떨어진 연과 같다'에 빗대어 설명할 경우, 우리는 그 사람이 처한 곤궁한 처지를 더 실감나게 이해할 수도 있다. 이와 같이 적절하고 성공적인 비유는 우리의 이해를 돕는 유용한 도구라고 할 수 있다.

유비추리는 서로 다른 대상이나 현상의 '유사성'을 근거로 한 추리로서 본질적으로 부당한 추리다. 게다가 비교의 대상이 되는 두 대상의 유사성이 매우 높거나 거의 같은 속성을 가지고 있을 경우에만, 결론의 '참'이 강하게 정당화될 수 있는 '비증명적인 논증'이기도 하다. 그럼에도 불구하고, 우리가 일상에서 가장 익숙하게 사용하고 있는 (귀납)논증 중의 하나가 유비추리다. 쉽게 말해서, 우리가 '예를 들어, 예컨대, 가령' 등을 사용하여 말하는 것들 중 대부분은 유비추리(논증)에 해당한다고 보아도 무방하다. 유비추리의 표준 형식은 다음과 같다.

<유비추리의 표준 형식>

p_1. (개별적 대상) 'x'와 'y'는 '속성 P'를 가지고 있다는 점에서 유사하다.
p_2. 'x'는 '속성 Q'를 가지고 있다.
―――――――――――――――――――――――――――
c. 'y'는 '속성 Q'를 가지고 있다.

또는 보다 세세하게,

p_1. A는 a, b 등의 성질을 가지고 있다.
p_2. B는 a, b 등의 성질을 가지고 있다.
p_3. C는 a, b 등의 성질을 가지고 있다.
...
p_4. A, B, C$_{(...)}$는 z의 성질을 가지고 있다.
p_5. X는 a, b 등의 성질을 가지고 있다.
C. X는 z의 성질을 가지고 있다.

따라서 유비추리가 설득력이 있고 강한 논증이 되기 위해서는 다음과 같은 조건들을 충족해야 한다. 즉,

<강한 유비추리의 조건>

① 비교 대상들(A, B, C, X 등)의 공통적 성질들(a, b 등)이 추론의 목표가 되는 성질(z)과 연관성이 있어야 한다.
② 추론의 목표가 되는 성질(z)과 연관된 공통성질들(a, b 등)이 많아야 한다.
③ X와 비교되는 대상들(A, B, C 등)의 수가 많아야 한다.

유비추리의 표준 형식과 일반적인 내용을 확인하기 위해 다음의 텍스트를 분석해보자. 미리 말하자면, 우리가 학적 영역과 일상에서 마주하게 될 유비추리는 다음의 논증처럼 비교적 쉽게 분석되는 것만 있는 것은 아니다. 따라서 우선 보다 분명한 구조를 가지고 있는 유비논증을 분석한 다음 좀 더 복잡한 형식을 가지고 있는 유비논증을 분석해보자.

[예제 6] 사람과 컴퓨터는 유사한 점이 많다. 사람이 계산을 하듯이 컴퓨터도 계산을 한다. 또한 사람이 추론을 하듯이 컴퓨터도 추론을 한다. 심지어 최근의 컴퓨터들은 사람이 사용하는 언어와 유사하게 자연언어를 구사할 수 있다. 그런데 사람은 마음을 가지고 있다. 그러므로 컴퓨터도 마음을 가지고 있음에 틀림없다.

<'예제 6'의 논증 재구성>

p_1. 사람과 컴퓨터는 모두 계산을 한다.
p_2. 사람과 컴퓨터는 모두 추론을 한다.
p_3. 사람과 컴퓨터는 모두 자연언어를 사용한다.
c_1. (사람과 컴퓨터는 유사한 점이 많다.)
p_4. 사람은 마음을 가지고 있다.
------
c. 컴퓨터는 마음을 가지고 있다.

'예제 6'의 논증을 받아들일 수 있을까? 그 주장을 받아들일 수 있는가, 그렇지 않은가의 여부는 이 논증에서 제시하고 있는 '유비'가 결론을 도출하기에 적절하고 충분히 상관관계가 있는가 여부에 달려있다. 이 문제에 대해 스스로 답해보자.

다음으로 보다 복잡한 형식의 유비추리의 일반적인 형식과 내용을 이해하기 위해 안도현의 시 '너에게 묻는다'를 살펴보자. 그 시의 전문은 아래와 같다.

연탄재 함부로 발로 차지 마라.
너는 누구에게 한 번이라도 뜨거운 사람이었느냐?

앞서도 이야기 했듯이, 논증은 반드시 학술 논문이나 논술문 형식의 에세이에만 들어 있는 것은 아니다. 논증은 '시'나 '소설' 또는 '수필'이나 '희곡' 등에도 들어 있다. 유비추리의 경우에는 오히려 그와 같은 장르의 텍스트에서 더 적절히 활용될 수도 있다. 아무튼, 이제 안도현의 '너에게 묻는다'를 논리적으로 분석해보자.

<'너에게 묻는다'의 논증 재구성>

p_1. 사람과 연탄재의 역할은 설명적 구조에서 유사하다.
p_2. 연탄은 자기를 태워 뜨거움을 만듦으로써 사회(세계)에 기여한다.
p_3. 자신을 희생하여 사회(세계)에 기여하는 사람이 있다.
p_4. (자신을 희생한) 연탄을 발로 차서는 안 된다.
C. 자신을 희생하여 사회(세계)에 기여하는 사람을 함부로 대하면 안 된다.

이와 같이 유비추리를 적절히 사용할 경우, 명시적이고 직설적인 진술문으로 의미를 전달하는 것보다 더 큰 울림으로 참된 뜻을 전달할 수도 있다. 하지만 유비추리(논증)가 잘못 구성되어 사용된 경우에는 그 논증의 결론의 설득력은 떨어진다. 다음의 텍스트를 논증으로 재구성해보자.

[예제 7] 의사는 의사에 의해 평가되어야 하는 것처럼, 사람은 일반적으로 동등한 사람에 의해 평가되어야 한다. 올바른 선거

는 지식이 있는 사람에 의해서만 가능하다. 예컨대, 기하학자는 기하학자에 관해서만, 물길 안내자는 물길 안내인에 대해서만 올바르게 선거할 것이다. 그러므로 장관을 선거하는 일이나 그들의 책임을 묻는 일도 다수자에게 맡겨서는 안 된다. (아리스토텔레스)

'예제 7'의 논증을 재구성하면 다음과 같다.

<'예제 7'의 논증 재구성>
- p_1. 의사는 의사에 의해 평가받아야 한다.
- p_2. 기하학자는 기하학자에 의해 평가받아야 한다.
- p_3. 물길 안내자는 물길 안내자에 의해 평가받아야 한다.
- p_4. 장관은 장관에 의해 평가받아야 한다.
- c_1. 사람은 동등한 (자격을 가진) 사람에 의해서 평가받아야 한다.
- C. 장관을 선거하는 일이나 그들의 책임을 묻는 일을 다수에게 맡겨서는 안 된다.

만일 '예제 7'의 논증을 이와 같이 재구성할 수 있다면, 이 논증은 설득력이 있는가, 그렇지 않은가? 달리 말해서, 당신은 '예제 7'의 결론을 받아들일 수 있는가, 그렇지 않은가? 이 문제에 대해 스스로 답해보자.

마지막으로, 유비추리와 관련된 텍스트를 하나 더 분석해보자. 앞서 말했듯이, 유비추리는 비증명적 논증이기 때문에 유비추리만으로는 결론을 강하게 지지하기 쉽지 않다. 다음의 텍스트를 분석함으로써 유비추리가 논증에서 어떻게 활용될 수 있는지를 확인할 수 있을 것이다.

[예제 8] 집에도 세계에도 창조가 있다고 가정해보자. 그렇다면 집이 완벽하지 않을 때 우리는 누가 비난 받아야 하는가 알고 있다. 그것은 집을 만들어 낸 목수나 벽돌공이 될 것이다. 그런데 이 세계 역시 전적으로 완벽하지는 않다. 따라서 세계의 창조자도 완벽하지 않다는 결론이 따라 나온다. 그러나 여러분은 이 결론이 불합리하다고 생각할 것이다. 이 불합리를 피하는 유일한 방법은 그런 결론으로 이끈 가정을 거부하는 것이다. 따라서 세계에는 집과 같은 방식의 창조자가 없다. (데이비드 흄 『자연 종교의 대화』)

'예제 8'은 하나의 '유비논증(추리)'과 하나의 '귀류논증(추리)'으로 구성되어 있다.[11] 우선, 유비추리의 구성을 살펴보자. '예제 8'은 '집'과 '세계'를 비교하고 있다. 즉,

유비논증(argument by analogy)	
집	세계
↑	↑
목수(벽돌공)	창조자(신)
↑	↑
불완전 → 책임	불완전 → 책임

---

11. 전대석 『의료윤리와 비판적 글쓰기』 북코리아, 2016 인용 및 일부 수정.

<'예제 8'의 유비추리>

- p_1. 집과 세계는 (설명적 구조에서) 유사하다.
- p_2. 목수와 창조자는 집과 세계를 제작하였다는 점에서 유사하다.
- c_1. 불완전한 집에 대한 책임이 목수에게 있다면, 불완전한 세계에 대한 책임은 창조자에게 있다.
- c_2. 세계의 창조는 완벽하지 않다.

여기까지가 유비추리의 논증이다. 다음으로 주어진 텍스트의 귀류논증을 정리하면 다음과 같다. 귀류추리는 연역추리를 다룬 6강에서 이미 살펴보았다. 기억을 떠올리기 위해 귀류추리의 특성을 간략히 정리하면 다음과 같다. 즉, 귀류추리는 '어떤 주장이나 현상을 직접적으로 반박하거나 부정하기 어려운 경우, '그 주장이나 현상을 참으로 가정'했을 때 초래되거나 발생하는 '불합리한 또는 받아들일 수 없는 결과를 보임'으로써 잠정적으로 참으로 가정했던 주장이나 현상을 반박하거나 부정하는 논증'을 말한다.

<'예제 8'의 귀류추리>

- p_3. (집과 같은 방식의) 창조자가 있다고 하자. [가정]
- p_4. (정의에 따라) 창조자는 완전(전지, 전능, 지선)하다.
- p_5. 창조자가 완전하다면, 그가 만든 세계도 완전하다.
- p_6. (하지만) 세계는 완전하지 않다.
- c_3. 따라서 이 세계에는 (집과 같은 방식의) 창조자는 없다. (또는 창조자는 완전하지 않다.)

우리는 이와 같이 중요한 주장을 담고 있는 텍스트는 하나의 논증만으로 구성되지 않는다는 점을 이해할 수 있어야 한다. 중요한 문제를 다루고 있는 논증들은 여러 논증들이 복합적으로 구성되어 있을 가능성이 높기 때문이다.

연습문제

다음 진술문을 논증으로 재구성하고, 어떤 유형의 귀납논증인지 구분하시오. (다음으로 그 논증의 주장을 수용할 수 있는지 평가하시오.)

(1) 병아리를 갓 벗어난 어린 닭 헨리는 흥미로운 사실을 발견하였다. 농장을 관리하고 있는 제인이 종을 친 후 무리의 맨 앞에 있는 닭을 데려가면 매번 평소에 먹지 못하는 맛있는 모이를 준다는 것이다. 헨리는 그러한 사실을 발견한 후부터 제인의 종소리가 들리면 항상 다른 닭보다 먼저 무리의 맨 앞에 있기 위해 노력하였고, 그 덕분에 매번 맛있는 모이를 먹을 수 있었다. 헨리는 오늘도 제인의 종소리를 듣고 제일 먼저 우리의 앞에 서서 그녀를 기다린다. 헨리는 어떻게 되었을까?

(2) 칠성무당벌레와 달무리무당벌레는 나프탈렌 냄새를 싫어하고 진딧물을 좋아한다. 게다가 둘 다 모두 높은 곳을 올라가는 습성을 공통적으로 가지고 있다. 칠성무당벌레는 자기보다 훨씬 센 적인 파리를 보면 기절한다. 그러므로 달무리무당벌레도 파리를 보면 기절할 것이다.

(3) 달무리무당벌레가 파리를 보고 기절한다고 주장할 수는 없다. 달무리무당벌레가 개구리를 보고 죽은 체 한다고도 주장할 수 없다. 달무리무당벌레에 대한 관찰 사례가 너무 적다. 더 많은 사례를 봐야 비로소 달무리무당벌레가 죽은 체 하는 것인지 기절한 것인지 알 수 있다.

(4) 회사 동료이지만 로제는 철없는 용성을 사랑하지 않는다. 회사 동료이지만 지수 역시 철없는 용성을 사랑하지 않는다. 용성과 같은 회사에 다니는 모든 동료들은 철없는 용성을 사랑하지 않는다. 철없는 용성을 사랑할 수 있는 사람은 이 세상에 아무도 없을 것이다.

(5) 왜 학교 매점에서 맥주를 판매하지 않는가? 맥주는 알코올 도수도 낮고 대다수의 학생들이 즐겨 마시는 음료이다. 이번 설문조사 결과를 보더라도, 맥주를 좋아하는 많은 학생들은 학교 매점에서 맥주를 판매하는 것을 적극 찬성하고 있다. 학생들의 의견을 존중한다면, 학교매점에서 맥주를 판매하는 것을 허용해야 한다.

(6) 별자리가 전갈자리인 여자는 대부분 성질이 날카롭고 예민하다. 대부분의 사람들이 별일이 아닌 것으로 여기는 일에도 신경질을 잘 부리고 타인이 저지르는 사소한 실수도 그냥 보아 넘기는 일이 없다. 그런데 어제 소개로 만난 여학생의 별자리가 전갈자리다. 그래서 나는 그녀의 첫인상이 나쁘지는 않지만 더 이상 만나지 않기로 결심했다.

(7) 인간보다 지적으로 우월한 외계인이 지적 우월성을 내세워 인간에게 고통을 안겨 주고 인간을 식용으로 삼는 것이 옳지 않은 것과 같이 인간이 동물보다 지적으로 우월하다는 이유로 동물에게 고통을 안겨 주고 동물을 식용으로 삼는 것은 옳지 않다.

(8) 진화란 오히려 방랑하는 예술가와 비슷하다. 그는 세상을 떠돌아다니며 여기저기에서 실 한 가닥, 깡통 한 개, 나무 한 토막을 주어 그것들의 구조와 주위 사정이 허락하는 대로 그것들을 합친다. 그가 그렇게 합치는 데는 특별한 이유가 없다. 그저 그렇게 할 수 있을 뿐이다. 그가 떠돌아다니면서 서로 어울리게 연결해 놓은 부분들이나 형태들로부터 온갖 복잡한 형태들이 생겨난다. 여기에는 어떤 계획도 없으며 그저 자연스럽게 표류하는 가운데 생겨났을 뿐이다. 우리 모두도 이와 같이 생겨났다.

(9) 최근 이례적으로 긴 장마 기간 동안 내린 엄청난 폭우로 인해 산사태가 급증하고 있는 가운데, 산사태가 야산에 설치한 태양광 발전시설로 인한 것이라는 주장이 제기되고 있다. 하지만 이러한 주장은 설득력이 없다. 전국에 설치된 태양광 발전시설은 12,721개인데, 이번 장마로 인한 태양광 발전 시설의 피해는 12건으로 파악되었다. 그런데 이번 장마로 인한 전체 산사태 발생 건수는 1,548건이다. 태양광 발전시설로 인한 산사태는 전체 산사태의 전체의 약 0.1%에 불과하다는 것이다.

(10) 세상을 둘러보아라. 세계와 그 모든 부분들을 찬찬히 살펴보아라. 그러면 세계가 한 개의 거대한 기계로서, 무한히 많은 작은 기계들로 이루어져 있음을 알게 될 것이다. 이 여러 기계들은 모두가 그 가장 미세한 부분까지 매우 정확하게 조립되어 있어서, 그것들을 살펴본 모든 사람들의 경탄을 자아낸다. 세계 곳곳에서 나타나는 목적과 수단 사이의 신기한 일치는 비록 인간이 고안하고 만들어낸 것을 훨씬 능가하기는 하지만 그것 - 인간의 계획, 사유, 지혜 및 지성 - 과 매우 흡사하다. 이렇듯이 두

가지 결과가 매우 흡사한 까닭에, 우리는 유추의 규칙에 따라 원인 또한 비슷하리라고 추리하게 된다. 그래서 대자연의 창조는 어떤 지적인 과정을 통해 이루어졌다고 말하지 않을 수 없으며. 그리고 그런 한에서 대자연의 창조 초기에 주어진 재료들이 동일하고, 동일한 시간이 주어진다면 지금과 달리 만들어졌을 리가 없을 것이라고 생각하게 된다.

(11) 흡연자들이 흡연과 관련한 질병을 겪을 경우, 그것이 담배 회사의 잘못이라는 생각은 말도 안 된다. 우리는 양조업자들이 알코올 중독자들 때문에 비난받아야 한다고 생각하지 않는다. 또한 우리는 낙농업자들이 심장병과 비만 인구 때문에 비난받아야 한다고 생각지도 않는다. 담배 회사는 단순히 사거나 사지 않거나를 선택할 수 있는 제품을 공급하는 것에 불과하다. 흡연이 건강에 어떤 위험을 주는지 잘 알려져 있다. 그 위험에 대한 경고문이 담뱃갑에 붙어 있다. 사람들은 불행이 일어날 때 비난할 누군가를 찾고 싶어 한다. 하지만 누군가가 흡연 관련 질병으로 인하여 비난받아야 한다면, 그것은 위험을 알면서도 흡연하는 바로 그 사람이다.

(12) 당신이 해변을 걷다가 모래 위에 떨어져 있는 시계를 발견했다고 상상해 보라. 그것을 들여다봄으로써 당신은 그 시계가 정교하고 복잡한 기계라는 것을 발견할 것이다. (…) 이와 같이 정교한 사물의 존재를 어떻게 설명할 수 있을까? 파도가 모래를 때림으로써 시계가 우연적으로 만들어졌다는 설명은 설득력이 없다. 그것은 원숭이가 타자기 위를 아무렇게 뛰어 다님으로써 셰익스피어의 작품들이 씌어졌다고 주장하는 것과 마찬가지 정도의 설득력을 가질 뿐이다. 시계의 정교함은 그것이 지성의

산물임을 보여준다. 시계를 만든 지성적인 존재자(시계공)가 있었기 때문에 시계는 존재한다.

생명의 세계를 한번 둘러보자. 생명의 세계에는 엄청나게 정교하고 환경에 잘 적응된 생명체들로 꽉 차 있다는 사실을 당신은 발견할 것이다. 사실 생명체들은 시계보다 훨씬 더 복잡하다. 그리고 시계가 시간을 측정하는 일에 알맞게 되어 있듯이, 생명체들도 생존하고 복제(재산출)하는 일에 매우 적합하게 되어 있다. 우리는 생명체들이 그렇게 놀라울 정도로 정교하고 잘 적응되어 있다는 사실을 어떻게 설명할 수 있는가? 파도가 모래를 때리는 것과 같은 제멋대로의 과정에 의해 우연히 난초들, 악어들, 사람들이 존재하게 되었다고 설명하는 것은 설득력이 없다. 엄청난 지성을 가진 창조자가 생명체라 불리는 대단히 정교하고 잘 적응된 기계들을 만들었다고 설명하는 것이 최상의 설명일 것이다. 그러한 존재자를 우리는 신이라 부른다. (윌리엄 페일리 『자연신학』)

(13) 열성적이고 성실한 페일리의 주장은 당대 최고 수준의 생물학 지식에 의거하였지만 잘못된 것이었다. 그것도 완전히 틀린 주장이었다. 망원경과 눈을 비교하는 것, 그리고 시계와 생명체를 비교하는 것은 오류이다. 비록 매우 특별한 방법으로 그 과정을 전개하였지만 모든 자연 현상을 창조한 유일한 '시계공'은 맹목적인 물리학적 힘이다. 실제의 시계공은 앞을 내다볼 수 있다. 그는 마음의 눈으로 미래의 결과를 내다보면서, 톱니바퀴와 용수철을 설계하고 그것들의 조립 방법을 생각한다. 다윈이 발견했고, 현재 우리가 알고 있는 맹목적이고 무의식적이며 자동적인 과정인 자연선택은 확실히 어떤 용도를 위해 만들어진 모든 생명체의 형태와 그

들의 존재에 대한 설명이며, 거기에는 미리 계획한 의도 따위는 들어 있지 않다. 그것은 마음도, 마음의 눈도 갖고 있지 않으며 통찰력도 없고 전혀 앞을 보지 못한다. 만약 그것이 자연의 시계공 노릇을 한다면, 그것은 '눈먼' 시계공이다. (리처드 도킨스 『눈먼 시계공』)

(14) 개인의 국가에 대한 관계는 한 유기체의 부분과 전체의 관계와 유사하다. 한 유기체의 부분은 전체에 예속적이다. 즉 부분은 전체의 건강에 도움이 되는 한에서 그 존재 가치를 부여받는다. 그래서 만일 다리가 썩으면, 유기체 전체를 위해서 잘라버려야 한다. 마찬가지로 개인의 이익은 전체의 이익에 도움이 되는 한에서 정당화된다. 그래서 만일 개인의 이익이 국가의 이익에 부합되지 않으면, 개인의 이익은 희생되어야 한다.

(15) 짐승은 본래부터 이빨과 털과 위를 가지고 있다. 사람도 본래부터 이빨과 털과 위를 가지고 있다. 짐승은 언제나 먹이 찾기에 골몰한다. 사람도 언제나 먹이 찾기에 골몰한다. 짐승은 언제 어디서나 본능적으로 행동한다. 사람도 언제 어디서나 본능적으로 행동할 것이다.

8강 귀납추리 (2)
최선의 설명에 의한 추론, 과학적 가설추론

우리는 7강에서 귀납논증의 다양한 형식 중 '단순 귀납(귀납적 일반화), 통계적 일반화, 통계적 삼단논법, 유비추리'에 관한 살펴보았다. 이번 강의에서는 '최선의 설명에 의한 추론'과 '과학적 가설추론(가설-연역법)'에 대해서 살펴보자.

5. 최선의 설명에 의한 논증(argument by best explanation)

당신이 일상적인 현상이 아닌 신기한 현상을 보았다고 가정해보자. 우리가 일상에서 겪을 수 있는 아주 사소한 사례로 논의를 시작하자. 예컨대,

<사례 1>

당신은 내일 간식으로 먹기 위해 냉장고에 맛있는 치즈 케이크를 넣어 두었다고 하자. 만일 그렇다면, 당신은 오늘 일정을 마치고 귀가 후에 냉장고를 열어 치즈 케이크를 먹으려 할 것이다. 그런데 만일 냉장고에 있어야 할 치즈 케이크가 없을 경우, 당신은 어떤 일을 하는가?

<사례 2>

당신은 제주도를 여행하는 중 바다 위에서 하늘로 솟아오르는 큰 물기둥을 보았다고 해보자. 당신은 어떻게 그렇게 큰 물기둥이 하늘로 솟구치는지 궁금해 할 수 있다. 당신은 그것을 어떻게 설명할 것인가? (당신은 아직은 그 현상이 '용오름'이라는 것을 모른다고 가정하자.)

당신은 아마도 치즈 케이크가 냉장고에 없는 '이유(원인)'를 추론할 것이다. 그것의 이유(원인)는 여러 가지일 수 있다. 예컨대,

<사례 1>
① 냉장고 내부에 웜홀이 생겨 치즈 케이크가 다른 차원으로 이동했을 수도 있고(후보 가설$_1$),
② 냉장고 내부의 특정 영역이 갑자기 뜨거워져 치즈 케이크만 완전히 녹였을 수도 있고(후보 가설$_2$),
③ 당신의 동생이 먹었을 수도 있다. (후보 가설$_3$)

<사례 2>
① 그것은 바다 밑에 있던 용이 승천하면서 생기는 현상이거나(후보 가설$_1$),
② 외계 생명체의 UFO가 바다 밑에서 이륙하면서 생기는 현상이거나(후보 가설$_2$),
③ 따뜻한 해수면과 차갑고 습한 대기의 차이로 인해 수면의 물

방울 등을 하늘로 말아 올리면서 회오리바람을 일으키는 기상현상이다. (후보 가설$_3$)

만일 당신이 치즈 케이크가 없어진 이유와 물기둥이 하늘로 솟구치는 현상에 대한 이유로 이와 같은 세 가지 '**후보 가설**'들을 고려하고 있다면, 그 현상을 설명하는 가장 그럴듯한 또는 합리적인 '**후보 가설**'은 무엇인가? 우리는 너무 당연하게 '후보 가설$_3$'이 설명하고자 하는 현상, 즉 치즈 케이크가 없어진 사실과 용오름 현상을 가장 그럴듯하게 또는 합리적으로 설명한다고 생각할 것이다.

우리는 이와 같이 일상적인 현상이 아닌 신기한 현상이나 해명하기 어려운 사건에 대해 나름의 가설을 세우고, 그 가설을 '참'으로 생각할 수 있는 설명을 제시할 수 있다. 그리고 그 설명이 그 현상을 잘 설명할 경우, 우리는 그 가설이 주어진 현상에 대한 최선의 설명을 제공한다고 생각한다. 이와 같은 논증을 '최선의 설명에 의한 논증' 또는 '최선의 설명에로의 추론(inference to best explanation)'이라고 한다. 그것의 표준 형식을 다음과 같이 정리할 수 있다.

p_1. 설명하고자 하는 현상
p_2. 후보 가설$_1$
p_3. 후보 가설$_2$
p_4. 후보 가설$_3$
p_5. ⋯
p_6. 후보 가설$_n$
p_7. 후보 가설$_3$이 (설명하고자 하는) 현상을 가장 잘 설명한다.
c. 가설$_3$이 참이다.

여기서 반드시 기억해야 할 것이 있다. 즉, 최선의 설명에 의한 논증의 전제는 '가설(hypothesis)'이라는 점이다. 따라서 최선의 설명에 의한 논증이 어떤 현상을 잘 설명하고 있는 성공적인 논증이라고 하더라도, 그 가설에 반대되는 근거가 제시되면 그 주장은 약화되거나 부정될 수 있다. 이와 같이 최선의 설명에 의한 논증은 참인 전제가 그것으로부터 이끌어지는 결론의 참을 완전히 보장하지 못한다는 점에서 귀납논증의 한 종류다.

다음의 예제를 통해 최선의 설명에 의한 논증의 형식과 내용을 살펴보자.

<예시 1>

잘 알다시피 유라시아인들, 특히 유럽인들과 동아시아인들이 지구촌 곳곳으로 퍼져 나가 부와 권력에서 오늘날의 세계를 지배하고 있다. 그러나 대부분의 아프리카인들을 비롯한 일부 지역 사람들은 살아남아 유럽의 식민 지배를 벗어나긴 했지만 부와 권력에서는 여전히 뒤쳐져 있다. 또 오스트레일리아, 남북 아메리카 대륙, 남아프리카의 원주민들은 이제 더 이상 자기 땅의 주인이 아닐 뿐더러 유럽의 식민지 지배자들에게 죽임을 당하거나 복속당하거나 심지어 절멸 당했다. 어째서 역사는 반대 방향이 아니라 바로 그 방향으로 흘러온 것일까? 어째서 아메리카와 아프리카, 오스트레일리아의 원주민이 유럽인과 아시아인들을 정복하거나 절멸시키는 방향을 선택하지 않았는가? (…)

역사의 가장 큰 패턴, 즉 각 대륙의 인간 사회들에서 나타나는 차이는 내가 보기엔 각 대륙의 환경의 차이 탓이지 그곳에 살았던 사람들의 생물학적 차이 탓으로 돌릴 수는 없는 것으로 보인다. 특히 길들이기에 적합한 야생 동식물 종들이 주변에 얼마나 충분히 있었는지, 그 종들이 부적당한 기후와 맞닥뜨리지 않고 얼마나 쉽게 퍼져 나갈 수 있었는지가 농업과 목축이 등장하는 속도에 결정적으로 기여했다. 이것은 대륙에 따른 인구 증가와 인구 밀집, 잉여식량의 발생에 결정적으로 기여했다. 이것은 전염병과 문자, 기술, 정치조직의 발달에 결정적으로 기여했다. 한 가지 덧붙이자면, 태즈메이니아와 오스트레일리아의 역사는 각 대륙의 입지와 고립의 정도 차이가 경쟁하는 사회들의 숫자를 결정함으로써 인류 발전에 중요한 요인으로 작용할 수 있었다는 것을 보여준다. (재러드 다이아몬드「왜 유럽과 아시아가 세계를 지배하였는가?」)

〈예시 1〉의 핵심 문제는 무엇인가? 달리 말하면, 주어진 텍스트는 '어떤 현상을 설명'하려고 시도하고 있는가? 〈예시 1〉은 '왜 유럽과 (동)아시아가 세계를 지배하는 방향으로 역사는 진행하였는가'를 설명하고자 한다. 여기에 제시된 문제는 충분히 다루어볼만한 중요한 문제로 볼 수 있다. 그렇다면, (적어도) 〈예시 1〉에서 제시된, 그 현상을 설명하고 있는 '후보 가설'은 무엇인가? 이러한 점들에 주목하면서 〈예시 1〉의 논증을 재구성하면 다음과 같다.

p_1.	유럽과 동아시아가 세계를 지배하는 방향으로 역사는 진행하였다.	현상
p_2.	유럽과 동아시아에 살았던 사람들이 생물학적으로 우수하기 때문에 그들이 세계를 지배하는 방향으로 역사는 진행하였다.	**후보 가설$_1$**
p_3.	각 대륙이 가진 환경으로 인해 유럽과 동아시아가 세계를 지배하는 방향으로 역사는 진행하였다.	**후보 가설$_2$**

p₄.	가설 'p₂'는 인종주의의 문제를 초래할 수 있기 때문에 적절하거나 합리적인 설명 방식이 아니다.	숨은 전제
p₅.	가설 'p₂'보다 가설 'p₃'이 더 합리적인 설명이다.	전제
c.	가설 'p₃'이 그 현상을 더 잘 설명하고 있으므로 그것이 참인(또는 최선의) 설명이다.	결론

앞서와 유사한 형식을 가진 텍스트를 하나 더 분석해보자. 이것을 통해 최선의 설명에 의한 논증(최선의 설명에로의 추론)의 표준적인 논증 형식을 더 잘 이해할 수 있을 것이다.

<예시 2>

페루의 나스카 지상화는 인류 역사상 세계에서 면적이 가장 큰 예술 작품이라고 할 수 있다. 이 놀라운 그림은 1939년 비행사들에 의해 발견되었다. 약 2,000년 전에 완성된 것으로 보이는 이 작품 속에는 정교하게 그려진 꽃과 식물들, 도마뱀, 너비가 122m나 되는 날개를 가진 콘돌 등이 그려져 있다. 이 그림은 워낙 거대하기 때문에 지상에서는 어떤 그림인지 알 수 없고 비행기를 타고 하늘로 올라가야만 제대로 볼 수 있다.

이 그림은 누가 그리고 어떤 이유로 그려졌을까? 어떤 학자는 그림 주변에 그와 관련된 유적의 흔적이 전혀 남아 있지 않기 때문에 우주에서 온 방문객이 남긴 '신들의 또는 우주인의 흔적'이라고 주장한다. 하지만 이런 설명은 설득력이 없다. 일련의 UFO에 관한 논란과 마찬가지로 외계인이 실제로 있는지 또는 설령 있다고 하더라도 인간보다 더 뛰어난 과학 기술이나 문명을 가지고 있는지는 확인할 수 없기 때문이다.

이에 대해 40년 이상 나스카 지상화만을 연구해 온 마리아 라이헤 박사는 이 거대한 그림들이 천문학적인 목적을 지녔을 것이라고 주장한다. 왜냐하면 나스카 지상화의 대부분의 그림은 농사와 관련 있는 동물과 식물들이며, 비가 많이 내리지 않는 지역의 특성상 기우제 등을 지내기 위한 제단으로 사용되었을 확률이 높기 때문이다. 게다가 최근에 발견된 나스카의 그림은 고대인들이 은하수에서 본 별자리들과 일치하는 것들이 많다고 밝혀졌다.

'예제 2'의 논증을 다음과 같이 재구성할 수 있다.

p_1.	페루 나스카 대평원에는 거대한 지상화가 그려져 있다.	현상
p_2.	나스카 대평원의 지상화는 우주에서 온 방문객이 남긴 '신들의 또는 우주인의 흔적'으로 설명할 수 있다.	후보 가설$_1$
p_3.	나스카 대평원의 지상화는 천문학적 목적으로 당시의 사람들이 그렸다고 설명할 수 있다.	후보 가설$_2$
p_4.	가설 'p_2'는 (과학적으로) 검증이 가능하지 않기 때문에 적절하거나 합리적인 설명 방식이 아니다.	숨은 전제
p_5.	가설 'p_2'보다 가설 'p_3'이 더 합리적인 설명이다.	전제
c.	가설 'p_3'이 그 현상을 더 잘 설명하기 있으므로 참인(또는 최선의) 설명이다.	결론

다음과 같은 퀴즈로 최선의 설명에 의한 논증을 마무리하자. 아래의 현상을 가장 잘 해명하는 최선의 설명은 무엇인가? (이 물음에 대한 한 답변은 '문제풀이'에서 확인할 수 있다. 하지만 해답을 보기에 앞서 이 문제에 대한 나름의 최선의 설명을 찾아보기 바란다.)

[Quiz] 로제는 A 지점에서 정남쪽으로 10km를 갔다가 정동쪽으로 10km를 갔다가 정북쪽으로 10km를 갔다. 그런데 A 지점으로 되돌아왔다. 어떻게 된 일일까?

6. 과학적 가설추론(inference by scientific hypothesis, 가설-연역법, [hypothesis-deductive method])

6.1 과학적 가설추론의 표준 형식

'과학적 가설추론(또는 가설-연역법)'은 어떤 가설이 참인지 아닌지 알기 위한 논리적 방법이라고 할 수 있다. 미리 말하자면, 여기서 다루고 있는 귀납논증의 이름에서 알 수 있듯이, 과학적 가설추론은 특히 과학적 탐구와 발견에서 사용되는 추론의 형식이다. 오늘날의 과학자들은 일반적으로 처음부터 객관적 관찰이나 실험으로부터 연구를 출발하지 않고 '특정한 이론이나 모델'로부터 탐구를 시작한다. 그리고 과학자들이 탐구를 시작하는 자연과학의 이론이나 모델은 앞선 이론이나 모델을 개선하기 위한 '정보를 잘 갖춘 추정(well-informed guess)', 즉 '가설(hypothesis)'이다. 따라서 한 가설은 반드시 '관찰'이나 '실험'을 통한 시험을 거쳐야 한다. 이 과정에서 탐구의 대상이 되는 '**가설**'이 관찰과 실험에 통과하지 못하는 경우, 즉 그 가설에 대한 '**반례**(counter example)'가 단 하나라도 발견된다면 제안된 가설(또는 이론)은 거짓이거나 불완전함을 의미한다.

'과학적 가설추론'은 논증에서 가설을 검사한다는 측면에서 앞서 살펴본 '최선의 설명에 의한 논증'과 유사하다. 하지만 두 추론은 아래의 표에서 보듯이 큰 차이가 있다. 즉,

최선의 설명에 의한 논증	과학적 가설추론
p_1. 설명하고자 하는 현상(h) p_2. 후보 가설$_1$ p_3. 후보 가설$_2$ p_4. 'p_2'와 'p_3'비교 & 검토 c. (가설) 검증	p_1. 검증하고자 하는 가설(H) p_2. 만일 '가설 H'라면, '현상 h' 발생 p_3. '현상 h' 발생 c. 가설(H) 검증
복수의 후보 가설 중 한 가설을 추론	제안된 한 가설을 검증

위에서 확인할 수 있듯이, 과학적 가설추론은 '설명 또는 규명하고자 하는 **가설(H)**'을 실험 또는 관찰을 통해 그 가설이 참인지 거짓인지를 '검증(verification)'하는 것을 목표로 한다. 우리가 여기서 놓쳐서는 안 되는 것은 '과학적 가설추론'의 추론 형식이 '**후건긍정의 오류**'라는 것을 파악하는 것이다. 즉, 과학적 가설추론은 다음의 형식을 갖고 있다.

과학적 가설추론의 추론 형식	
p₁. 검증하고자 하는 가설(H) p₂. 만일 '가설 H'라면, '현상 h'발생 p₃. '현상 h'발생 c. 가설(H) 검증	p₁. H → h p₂. h c. H
제안된 한 가설을 검증	후건긍정의 오류

'과학적 가설추론' 또한 관찰 경험에 의존하는 귀납추리의 한 종류다. 귀납추리는 논증의 본성상 관찰 사례의 수집을 통해 일반화하는 것이기 때문에 언제든지 그 일반화에 대한 반례가 나올 수 있다. 따라서 과학적 가설추론이 설득력이 있는 좋은 논증이기 위해서는 다음과 같은 조건들을 충족해야 한다.

> **좋은 과학적 가설추론의 조건들**
>
> ① '가설 H'는 탐구할만한 가치가 있어야 한다.
> ② '가설 H'는 (과학적으로) 그럴듯한 것이어야 한다.
> ③ '가설 H'보다 더 그럴듯한 (대안) 가설이 없어야 한다.

이제 과학적 가설추론의 가장 대표적인 과학적 사례 중 하나를 분석해보자. 갈릴레이가 코페르니쿠스의 체계를 옹호하기 위해 사용하는 추론 방식이 바로 과학적 가설추론의 방법이다. 다음 글에 나오는 갈릴레이의 추론을 논증으로 재구성해보자.

<예시 3>

갈릴레이가 살던 16세기에는 여전히 고대 그리스의 천문학자 프톨레마이오스가 제시한 천동설이 지배적이었다. 천동설에 의하면 지구는 움직이지 않고 태양을 포함한 다른 행성들이 지구를 중심으로 공전한다. 이런 지구 중심체계 내에서는 행성들의 궤도를 계산해 내기가 아주 복잡했지만, 당시 천문학자들은 별과 행성들의 위치를 예측할 수 있었다. 그러나 1543년 코페르니쿠스는 태양을 중심으로 지구와 다른 행성들이 돈다는 지동설을 주장했다.

이 태양 중심체계는 천체들의 운행 경로를 계산하는 데 지구 중심체계보다 더 단순했다. 그 이후 덴마크의 천문학자 티코 브라헤는 지구 중심도 태양 중심도 아닌 천체에 대한 제3의 가설을 제시했다. 이 견해에 따르면 태양과 달은 지구를 중심으로 회전하고, 나머지의 다른 행성들은 태양을 중심으로 회전한다는 것이다. 즉 부분적으로는 프톨레마이오스에 또 부분적으로는 코페르니쿠스에 따르는 체계였다. 그러나 이 체계는 행성의 궤도를 계산하는 데 프톨레마이오스의 체계보다 단순하여 코페르니쿠스의 체계에 필적하는 것이었다.

1609년 망원경이 발명되었다. 갈릴레이는 천문 관측을 위해 처음으로 망원경을 사용했다. 갈릴레이의 제자 중 한 사람이 만약 코페르니쿠스의 체계가 옳다면, 금성도 달과 같이 차고 기울 것이라고 예측했다. 갈릴레이는 그것을 망원경으로 관찰했다. 그는 이 관찰을 코페르니쿠스의 체계를 입증하는 증거로 간주했다.

〈예시 3〉에서 검증의 대상이 되는 가설은 '만일 코페르니쿠스의 체계가 옳다면, 금성도 달과 같이 차고 기울 것이다'라는 것을 알 수 있다. 따라서 〈예시3〉의 논증은 다음과 같이 재구성할 수 있다.

가설(H): 만일 코페르니쿠스의 체계가 옳다면, 금성도 달과 같이 차고 기울 것이다.

p_1.   만일 코페르니쿠스의 체계가 옳다면, 금성도 달과 같이 차고 기울 것이다. (p→q)

p_2.   (관찰 결과) 금성도 달과 같이 차고 기운다. (q)

c.   코페르니쿠스의 체계가 옳다. (p)

〈예시 3〉은 과학적 가설추론(가설-연역법)이 적절히 적용된 좋은 과학적 사례라고 할 수 있다. 이와 같이 좋은 귀납논증은 우리에게 '새로운 앎(지식)'을 알려준다는 점에서 매우 유용하다. 하지만 과학적 가설추론이 항상 성공적인 논증만을 제시하는 것은 결코 아니다. 특히, '과학적 가설추론'은 형식적으로 '후건긍정의 오류'라는 점을 잊지 않아야 한다. 다음의 두 가상의 '사례'를 통해 과학적 가설추론의 문제점이 무엇인지 이해해보자.

<예시 4>

로제는 걱정이 태산이다. 비판적 사고 시험이 일주일 앞으로 다가왔기 때문이다. 우등생인 지수가 시험을 볼 때까지 머리를 감지 않으면 시험을 잘 볼 수 있다고 조언을 했다. 로제는 지수의 조언대로 일주일 동안 머리를 감지 않고 비판적 사고 시험을 보았다. 그리고 로제는 시험을 잘 보았다. 그러므로 지수의 조언은 참이다.

<예시 5>

제니는 감기에 걸렸다. 친한 선배인 리사가 매일 소주 한잔에 고춧가루 한 스푼을 섞어 마시면 감기가 낫는다는 이야기를 했다. 제니는 그 이야기에 따라서 매일 밤 그렇게 했다. 열흘 후에 감기가 다 나았다. 그러므로 리사의 이야기는 참이다.

〈예시 4〉와 〈예시 5〉의 논증을 다음과 같이 재구성할 수 있다.

<'예시 4'의 논증 재구성>

p_1. 지수의 조언이 옳다면, 로제는 비판적 사고 시험을 잘 볼 것이다.
p_2. 로제는 시험을 잘 보았다.
c. 지수의 조언은 옳다.

<'예시 5'의 논증 재구성>

p_1. 리사의 치료법이 옳다면, 제니는 감기가 나을 것이다.
p_2. 제니는 감기가 나았다.
c. 리사의 치료법은 옳다.

〈예시 4〉와 〈예시 5〉의 논증을 재구성하였으므로, 이제 두 논증을 평가해보자. 두 논증의 결론은 받아들일 만한가? 물론 그렇지 않다. 그렇다면 그 이유는 무엇인가? 우선, 두 논증 모두는 '과학적 가설추론(가설-연역법)'의 형식을 가지고 있지만, 연역적 관점에서 본다면 '후건긍정의 오류'로서 형식적으로는 부당한 논증이다. 다음으로, 과학적 가설추론은 귀납논증의 한 종류이므로 여기서 형식적 타당성을 엄밀히 따지지 않는다고 하더라도 〈예시 4〉와 〈예시 5〉의 논증은 선뜻 받아들이기가 쉽지 않아 보인다. 두 '예시 사례'는 모두 논증의 전제가 되는 가설보다 '**더 좋은 가설**'을 상정할 수 있기 때문이다. 예컨대 〈예시 5〉의 경우, '충분한 휴식을 취할 경우, 감기는 나을 수 있다'는 가설을 상정해 볼 수 있고, 〈예시 4〉의 경우에는 '중간시험은 일반적으로 쉬운 문제가 출제된다'와 같은 정도의 가설을 제시해 볼 수 있다. (물론, '운[lucky]'에 기대는 것과 '미신'에 기대는 것에는 아무런 차이도 없다는 반론도 가능하다.) 마지막으로, 가장 중요한 점은 과학적 가설추론이 어떤 원리나 이론을 검증하는 것을 목표로 하고 있다는 것을 염두에 두었을 경우, 논증을 통해 확인된 또는 '**검증된 가설**'은 하나의 '**원리 또는 이론**'으로서 반복적으로 '**재연**'될 수 있어야 한다. 하지만 두 논증의 주장은 모두 반복적으로 '**상례성**(regularity)'을 가지고 재연될 것 같지는 않다. (두 예시 사례에서의 결과는 우연적 사건일 뿐이다.)

6.2 검증가능성과 반증가능성(verification vs. falsification)

마지막으로, 우리는 '과학적 가설추론'과 관련하여 '검증가능성'과 '반증가능성'의 개념에 대해 살펴보아야 한다.

'검증'과 '반증'은 모두 '과학적 가설추론'을 과학 연구의 방법적 도구로 삼고 있다는 점에서 유사하다. 간략히 말해서, '검증'은 새로운 관찰 사례나 확보된 증례의 확인을 통해 기존 이론을 강화시키는 것을 목표로 하는 반면에, '반증'은 새로운 관찰 사례가 반례임을 보여줌으로써 기존 이론이 거짓임(또는 완전하지 않음)을 보여주는 것을 목표로 한다. 검증과 반증의 논리적인(연역적인) 추론규칙은 다음과 같다.

검증(verify)	반증(falsify)
$p_1.$ H → h $p_2.$ h c. H	$p_1.$ H → h $p_2.$ ~h c. ~H
후건긍정의 오류 (부당)	후건부정식 (타당)

다음으로 과학적 가설추론의 절차와 구조를 간략히 정리하면 다음과 같다.

검증적 실험 결과	반증적 실험 결과
① 구체적 현상에 대한 기술 ② 가설(이론/모델) 제안 ③ 가설로부터 실험 가능한 결과의 예측 ④ 예측된 결과를 확인하기 위한 관찰 및 실험 ⑤ 예측된 결과와 실험 결과의 일치 ⑥ 가설의 검증 (잠정적 진리)	① 구체적 현상에 대한 기술 ② 가설(이론/모델) 제안 ③ 가설로부터 실험 가능한 결과의 예측 ④ 예측된 결과를 확인하기 위한 관찰 및 실험 ⑤ 예측된 결과와 실험 결과의 불일치 ⑥ 가설 폐기

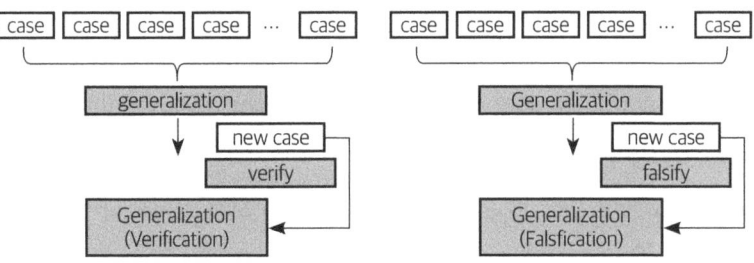

'과학적 과학추론'의 다른 이름은 '가설-연역법'이다. 이름에서 알 수 있듯이, 이와 같은 추론은 형식적으로 연역추론의 모습을 갖고 있지만, 입증하고자 하는 전제가 "가설"이라는 점에서 귀납추론이다. 따라서 가설-연역

적 추론 또한 입증하고자 하는 가설이 사실로 드러난다면, 그 가설은 '검증(verification)되고 (잠정적인) 참'으로 받아들여질 것이다. 하지만 만일 처음에 참으로 검증된 그 가설에 대한 반대 사례가 발견된다면, 그 가설은 '반증(falsification)되고 거짓'으로 밝혀져 파기될 것이다. 말하자면, 가설 연역적 추론에 의해 입증되고 검증된 가설은 반례가 발견되기 전까지만 참으로 간주되는 '잠정적인 진리'일 뿐이다. 그런데 우리는 많은 과학 실험은 대부분 가설-연역적 추리를 통해 연구가 수행된다는 점을 알고 있다. 왓슨과 크릭(James Watson & Francis Crick)이 DNA 구조를 밝힌 연구 과정을 살펴보자. 그 과정을 통해 의학 및 과학 실험에서 '과학적 가설추론(가설-연역적 추리)'이 어떻게 적용되는지를 파악할 수 있을 것이다.

<예시 7> 왓슨(James Watson) & 크릭(Francis Crick)의 DNA 구조 발견[12]

(…) 오스트리아 출신의 미국 과학자인 어윈 샤프가 그들에게 중요한 실마리를 제공했다. 1949년 샤가프는 서로 다른 생명체들은 다른 양의 DNA를 가지고 있지만, 아데닌(A)과 티민(T), 그리고 구아닌(G)과 사이토신(C)은 항상 같은 양으로 존재한다는 사실을 실험을 통해 증명했다. '염기동량설'로 알려진 이 정보는 왓슨과 크릭이 아데닌-티민, 사이토신-구아닌이 서로 결합한다는 염기쌍의 원리를 밝히는 데 결정적인 단서를 제공했다.

당시 왓슨과 크릭은 DNA 구조를 밝히는 연구에서 당대 저명

---

12. 최강열, 과학창의재단, http://navercast.naver.com/contents.nhn?rid=21&contents_id=4378 전대석, 『의료윤리와 비판적 글쓰기』, 북코리아, 2016, pp. 483~487 재인용 및 일부 수정

한 과학자였던 라이너스 폴링과 경쟁 관계에 있었다. 폴링은 물질과 결정들의 화학결합 및 구조연구에 대한 지대한 공로를 인정받아 1954년 화학분야에서 노벨상을 받은 사람이다. 그는 DNA의 구조가 삼중나선이라고 가정하고, 인산 뼈대가 안쪽에, 염기가 바깥쪽에 있는 모델을 제시했다. 그러나 이 가설은 원자가 너무 촘촘히 붙어 있었고, DNA가 어떻게 유전 정보를 갖고 있는지 설명할 수 없었다.

왓슨과 크릭도 처음에 DNA가 삼중나선이라고 생각했다. 재미있게도 왓슨은 폴링의 '잘못된 가설의 논문'을 들고 윌킨스와 플랭클린에게 보여주려고 떠난 여행에서 DNA 구조를 밝힐 결정적인 단서를 얻는다. 즉 DNA 구조에 대한 잘못된 논문이 결국 DNA 구조를 발견하게 한 셈이다. 왓슨은 평소 플랭클린과 사이가 좋지 않았다. 둘은 폴링의 논문을 두고 격론을 주고받다가 윌킨스의 중재로 겨우 감정을 가라앉혔다. 이날 윌킨스는 플랭클린이 최근에 찍은 DNA의 X선 회절 사진을 왓슨에게 보여줬다. 검은 X자 모양의 사진을 본 순간 젊은 천재에게 DNA가 이중 나선 모양이라는 영감이 떠올랐다. 돌아오는 기차에서 내내 생각에 잠긴 왓슨은 DNA가 이중 나선 구조라는 확신을 갖게 됐다고 한다.

곧바로 왓슨과 크릭은 DNA 모형을 제작하기 시작했다. 이 과정에서 '① 인산 뼈대는 바깥쪽에 존재하며, 안쪽에서는 염기들이 존재해야 한다는 것 ② 아데닌(A)은 티민(T)과, 구아닌(G)은 시토신(C)과 쌍으로 수소 결합한다는 것 ③ 이 같은 형태로 염기쌍을 이루기 위해서는 염기쌍이 사다리의 발판과 같은 형태가 돼야만 한다는 것 ④ 이 때 바깥쪽의 두 가닥의 인산 뼈대는 서로 반대 방향으로 향해야 한다는 등의 중요한 착안점이 제시됐다.' 그리고 왓슨과 크릭은 '사다리의 발판' 사이의 거리는 3.4Å(옹스트롱, 100억분의 1m)이며, 나선은 34Å마다 한 바퀴씩 꼬여 있고, 나선의 지름은 20Å이라는 사실을 밝혀 DNA '이중나선' 모형을 완성했다.

이 모형은 윌킨스와 플랭클린의 X선 회절 사진, 샤가프의 '염기동량설' 등 알려진 사실을 모두 만족시키는 매우 신비롭고 아름다운 것이었다. 이후 왓슨과 크릭은 자주 가던 선술집에서 "우리가 생명의 비밀을 발견했다!"라고 선언하는 것을 시작으로 자신들이 이중 나선구조를 발견했다는 사실을 퍼뜨리고 설명했다.

1953년 3월 7일 왓슨과 크릭은 실제로 높이 180cm의 DNA 모형을 완성했다. 윌킨스도 이 모형을 보고 좋아했으며, 동료과학자를 통해 이 소식을 전해들은 폴링도 직접 케임브리지를 방문했다. 면밀히 모형을 검토한 폴링은 그들의 모형이 옳다는 사실을 인정하지 않을 수 없었다.

불과 3주 뒤인 1953년 4월 25일, 128줄로 이루어진 짧지만 강력한 논문이 '네이처'에 발표됐다. 이 논문에서 제시하고 있는 DNA 이중나선 구조 모델은 오늘날에도 별로 고칠 것이 없는 이상적인 모델이다. 이것은 왓슨과 크릭이 무엇에 기여했는지를 단적으로 보여준다. 다시 말해 그들은 흩어져 있는 정보들을 한데 모아 완벽한 최종 형태를 만들어낸 것이다. (…)

DNA 구조를 밝히려는 두 그룹의 연구자들, 즉 '왓슨과 크릭' 그리고 '폴

링과 윌킨스'가 수행한 과학적 추론을 논증으로 구성하면 다음과 같다. 즉

[논증: 왓슨 & 크릭]

P_1.	DNA 구조가 이중나선이라면, (윌킨스와 플랭클린의) X선 회절 사진, (샤가프의) 염기동량설 등 기존의 DNA 관련 이론을 잘 설명할 수 있을 것이다.	가설
P_2.	X선 회절 사진, 염기동량설과 같은 이론을 잘 설명한다.	관찰
C.	DNA 구조는 이중나선이다.	결론

[논증: 폴링 & 윌킨스]

P_1.	DNA 구조가 삼중나선이라면, (윌킨스와 플랭클린의) X선 회절 사진, (샤가프의) 염기동량설 등 기존의 DNA 관련 이론을 잘 설명할 수 있을 것이다.	가설
P_2.	X선 회절 사진, 염기동량설과 같은 이론을 잘 설명하지 못한다.	관찰
C.	DNA 구조는 삼중나선이 아니다.	결론

이와 같은 두 논증을 연역추론의 관점에서만 평가한다면 실패한 실험 추론인 '논증: 폴링 & 윌킨스'는 연역적으로 타당하지만, DNA의 이중나선 구조를 밝혀낸 성공한 실험 추론인 '논증: 왓슨 & 크릭'의 논증은 연역적으로 부당하다. 그 까닭을 간략히 설명하면 다음과 같다.

<단순명제>
p: DNA 구조는 이중나선이다.
q: DNA 구조는 삼중나선이다.
r: X선 회절 사진, 염기동량설과 같은 이론을 잘 설명한다.

[논증: 왓슨 & 크릭]	[논증: 폴링 & 윌킨스]
$P_1.\ p \to r$ $P_2.\ \ \ \ r$ $C.\ \ \ p$	$P_1.\ q \to r$ $P_2.\ \ \ \ \sim r$ $C.\ \ \ \sim q$
후건긍정의 오류 (부당)	후건부정식 (타당)

연역추론의 긍정식에서 타당한 논증은 전건을 긍정함으로써 후건 또한 긍정하는 전건긍정식(modus ponens)이다. 그리고 부정식에서 타당한 논증은 후건을 부정함으로써 전건 또한 부정하는 후건부정식(modus tollens)이다.[13] 따라서 '논증: 왓슨 & 크릭'은 연역적 관점에서 보면 "후건긍정의 오류"를 저지르고 있지만, 입증하려는 '**가설이 참인 것으로 검증**(verification)'되었다. 반면에 '논증: 폴링 & 윌킨스'는 연역적 관점에서 보면 후건부정식으로 타당한 추론이지만, 입증하려는 '**가설이 거짓인 것으로 반증**(falsification)'되었다.

---

13. 김광수, 비판적 사고, 철학과현실사, 2013, 참조. 이와 관련하여 논리실증주의의 검증주의와 포퍼(K. Popper)의 반증주의에 관한 논의를 살펴보는 것이 도움이 될 것이다. Popper, Karl, 추측과 논박, 이한구 역, 민음사, 2001 참조.

연습문제

다음 제시문을 논증으로 재구성하고 그 논증을 평가하시오.

(1) 달무리무당벌레는 파리를 속이기 위해 죽은 체 한다. 달무리무당벌레는 훨씬 더 무서운 적인 개구리를 보면 바로 달아난다. 달무리무당벌레가 파리를 속이기 위해 죽은 체 하는 것으로 보지 않는다면, 개구리를 보고 도망가는 달무리무당벌레의 행동을 제대로 설명할 수가 없다.

(2) 인간은 사회생활에서 따돌림 당하지 않기 위해 합리적인 척 한다. 인간은 극한 상황에서 비합리성을 극명하게 드러낸다. 사회생활에서 따돌림 당하지 않기 위해 합리적인 척 하는 것으로 보지 않는다면, 극한 상황이 돼서야 비합리성을 극명하게 드러내는 인간을 설명할 수가 없다. 인간의 합리성은 사회생활하면서 따돌림 당하지 않으려는 노력이다.

(3) 최근 아프리카의 국립공원 내에서 멸종위기에 놓인 동물들에 대한 밀렵이 다시 증가하고 있어 동물보호론자들의 항의가 거세지고 있다. 이들은 밀렵에 대한 해당 국가의 미온적인 대처로 인해 보호동물의 수가 매년 크게 감소하고 있다고 주장한다. 그러나 해당국의 밀렵 감시 담당 공무원의 분석에 따르면 문제의 핵심적 원인이 당국의 대처 방법에 있는 것이 아니라는 것이 밝혀졌다. 오히려 공원 내 거주하는 원주민들이 돈을 노리고 당국의 감시망을 피해 밀렵꾼들을 안내하는 것은 물론 동물 사냥과 뿔, 가죽의 반출을 돕고 있는 것이 문제의 본질적인 원인이라는 지적이다.

⑷ 올해 장마는 기상관측 이후로 최장 기간 동안 이어진 해로 기록되었다. 50여일이 넘게 비가 내린 것도 최초이지만, 그 기간 동안 내린 비의 양 또한 모두의 예상을 뛰어넘는 것이었다. 비로 인해 피해도 기록적으로 증가하고 있으나, 계속되는 비로 인해 피해 복구는 엄두도 못 내고 있는 상황이다. 반대로 지구 반대편에 있는 유럽과 러시아는 연일 계속되는 폭염으로 일사병으로 사망에 이르는 사람들이 늘고 있다. 이미 8월 최고 기온을 넘긴 것은 오래 전이며, 비가 내리지 않는다면 기온은 40℃를 넘기는 날들이 연속될 것이라고 예상하고 있다. 지구의 한 쪽과 반대 쪽 모두에서 기상이변으로 인해 고통을 받고 있다.

　20세기 들어 이와 같은 기상이변으로 인해 인류가 고통을 받는 사례가 점점 늘고 있다. 많은 전문가들은 이러한 현상이 기후온난화로 인해 일어난다는 것에는 대부분 동의하고 있다. 하지만 지구온난화의 원인에 대해서는 학자들마다 다소 차이가 있는 것 같다. 일부 학자들은 산업의 발달로 인해 석탄과 석유와 같은 탄소 에너지의 사용량이 증가하면 이산화탄소 배출량이 급격히 증가한 것이 지구의 온도를 급격히 높이고 있다고 진단한다. 반면에, 또 다른 일부 학자들은 최근 들어 지구의 온도가 올라가는 것은 탄소 에너지의 사용과는 직접적인 관련이 없으며, 현재 지구가 주기적으로 찾아오는 온도 상승기에 접어들었기 때문이라고 주장한다. 탄소측정을 통한 연구 결과에 따르며, 약 10,000년 전에도 현재와 같이 지구의 온도가 급격하게 상승하였다는 실증적인 증거가 있다는 것이다.

　하지만 최근의 여러 연구 결과를 보면, 현재 기상이변을 초래하고 있는 지구 온난화의 원인은 무분별한 개발과 과도한 탄소 에너지의 사용 때문이라고 보아야 할 것 같다. 지구의 온도가 상승하는 것을 자연적 현상으로 보기에는 그 속도가 너무 빠르기 때문이다. 많은 학자들은 만일 지구의 온도가 지금과 같은 속도 계속해서 상승한다면 30년 후에는 돌이킬 수 없는 상황에 직면할 수 있다고 경고하고 있다.

(5) 공룡이 멸종한 이유에 관해서 다양한 이론들이 제시되어 왔다. 그것들 중에서 가장 일반적인 학설은 천재지변에 의해 공룡이 멸종했다는 설과 공룡이 진화의 흐름에 따라 점진적으로 멸종했다는 설이다. 후자의 대표적인 이론은 공룡이 '질병과 생리적 변화'에 의해 멸종했다고 보고 있다. 공룡에게만 치명적으로 작용하는 바이러스나 세균이 1억년 넘게 지구를 지배하였던 공룡의 멸종을 서서히 진행시켰다는 입장이다. 전자의 가장 대표적인 동시에 가장 최근의 이론은 소행성 충돌설이다. 약 6천 5백만 년 전 백악기에 한 소행성이 지구와 충돌하였고, 이 충돌로 인해 당시 지구의 약 75%에 달하는 생명체가 24시간 안에 소멸했다는 학설이다. 소행성의 충돌 에너지 때문에 발생한 높은 에너지와 열은 순식간에 수많은 생명체를 소멸시기에 충분했을 것으로 보고 있다. 또한 소행성 충돌 후 발생한 충격파, 폭음, 방사능 그리고 분진으로 인한 태양 에너지의 차단과 급격한 기온 하강 등은 공룡과 같은 거대 동물에게 가장 치명적이었을 것이라는 추론이 가능하다. 소행성 충돌설은 멕시코 유카탄 반도의 칙술루브에서 직경 200km이고 깊이가 20km가 넘는 소행성이 충돌한 흔적(칙술루브 크리에이터, Chicxulub Crater)이 발견되고, 소행성이 충돌한 때로 추정되는 시기에 높은 수치의 이리듐이 측정되면서 공룡 멸종의 원인으로 인식되고 있다.

(6) 1984년 시카고 대학의 고생물학자 데이비드 라우프(David Raup)와 잭 셉코스키(Jack Sepkoski)는 과거 2억 5000만 년 동안의 지구상의 생명 종들이 약 2600만 년 주기로 대량 멸종해 왔는데 이 대량멸종에는 지구 외의 무엇인가가 원인일 것이라고 주장했다. 그 후, 위트마이어(Whitmire), 잭슨(Jackson), 그리고 데이비스(Davis), 허트(Hut), 뮬러(Muller)가 독립적으로 라우프와 셉코스키의 대량절멸의 주기성을 설명할 수 있는 가설을 네이처에 기고했는데 이 가설에 따르면 태양계에는 아직 발견되지 않은 쌍성(즉 태양과 함께 공전하는 쌍둥이 별)이 존재하며, 이 별이 주기적으로 오르트 구름(Oort Clouds)이라는 혜성층을 지나가기 때문에 대량의 혜성이 중력의 교란으로 지구 쪽으로 움직이게 된다. 이 가설이 나중에 네메시스 가설(네메시스설)로 알려지게 되었다. 뮬러는 마지막 대량절멸이 약 500만 년 전에 일어난 사실에 근거하여 네메시스가 현재 태양에서 약 1~1.5광년 떨어져 있으며 바다뱀자리 방향에 보인다고 추정했다. 하지만 이론상으로만 존재하는 천체로 아직까지 존재가 확인된 바도, 관측된 바도 없다. 일단 위에서 말한 오르트 구름조차도 실체가 불분명한 상태이다. 2011년 2월, 존 머티지와 다니엘 휘트머 교수는 태양계에 떠도는 한 혜성의 경로 변화를 추적하던 중 태양계에 목성보다 4배 더 큰 가스 행성이 존재한다는 증거를 발견했다고 주장했다. 이것이 혹시 태양의 쌍성이 아닌가 하는 추측이 있었지만 최근의 연구들에 따르면 부정적인 견해가 지배적이다.

(7) 아리스토텔레스의 '자유낙하운동'에 대해 갈릴레이가 사고 실험을 통해 제시한 반론은 과학사에서 가장 성공한 논증으로 알려져 있다. 아래의 글

을 참조하여 갈릴레이가 어떻게 아리스토텔레스의 '자유낙하운동'을 반박하는 논증을 구성할 수 있을지 생각해보자.

아리스토텔레스는 기본적으로 하늘과 땅의 운동을 서로 다른 것으로 파악하고 있었다. 그는 하늘은 완전한 물질 '제5원소'로 구성되어 있어서 완전한 운동(원운동)을 영원히 거듭하는 것이 순리라고 여겼지만, 땅에는 불완전한 물질들이 4가지 원소 형태를 보여주고 있고, 이런 세상에서는 원소들이 그 본연의 자리로 돌아가는 것이 자연운동이고, 그렇지 않은 일체의 운동은 부자연스러운 운동이라 파악했다. 당연히 자연 운동은 외부에서 힘을 작용하지 않아도 일어나고, 또 지속될 수 있다. 외부에서 공급되는 힘이 지속적이어야만 그 운동은 계속될 것이다.

그는 지상에서의 자유낙하 또는 위로 향하는 운동만이 자연스런 운동이었고, 그것만이 외부로부터 힘을 지속적으로 받지 않고도 계속될 수 있다고 생각하였다.

그에 따르면, 운동은 지속적인 힘의 작용을 받아야만 지속될 수 있다. 만일 그렇다면, 대포의 포물선 운동의 경우에는 대포 또는 손을 떠났을 때 지속적 힘은 없어지지 않는가? 이에 대해 아리스토텔레스는 그럴듯한 생각을 가지고 있었다. 그는 한번 물체가 움직이기 시작하면 그 물체 둘레의 공기에는 그 물체를 같은 방향으로 밀어주는 힘이 생겨난다고 생각했다. 그리고 돌이 땅에 떨어질 때 점점 빨리 떨어지는 이유를 "땅은 돌의 고향이기에 빨리 가고 싶어 하기 때문이다"라고 말했다. 운동에 대한 아리스토텔레스의 말을 직접 들어보자.

"세계는 달보다 아래쪽에 있는 지상세계와 달보다 위쪽에 있는 천상세계로 나뉜다. 천상의 물체는 무게가 없고 깨지지 않으며 고귀하다. 반면 지상의 물체는 무겁고, 깨지기 쉬우며 천하다. 또 육안으로는 보이지 않지만 투명한 천구(天球)란 것이 지구 둘레에 있어 달이나 태양 또는 별들을 붙여놓은 채 지구 둘레를 돌고 있다.

한편 지상과 천상에서는 물체가 움직이는 방식도 다르다. 지상의 물체는 '흙, 물, 공기, 불'의 4가지 원소로 이루어져 있으며, 이들은 모두 **직선적으로 자기 자신의 본래 위치로 되돌아가려는 경향**이 있다. 가령, 불은 가볍기 때문에 타서 곧바로 그 본래의 위치인 위쪽으로 올라가려 하며, 돌은 무겁기 때문에 곧바로 본래의 자리인 아래쪽으로 가려한다. **마찬가지로 무거운 돌은, 가벼운 돌보다 더 빨리 그 본래의 위치로 가려하기 때문에 더 빨리 떨어진다.**

그런데 천상의 물체는, 하느님이 만드신 제5의 원소인 에테르(ether)란 것으로 되어 있기 때문에 그 운동은 완전해야 한다. 따라서 기하학적으로 완전무결한 도형을 닮은 원운동을 하게 된다."

25세의 나이로 모교의 수학 강사가 된 갈릴레이는 대학에서 프톨레마이오스 (Ptolemaios, 2세기경 그리스에서 활약한 천문학자)의 천문학과 유클리드의 기하학을 가르치게 되었다. 그런데 프톨레마이오스의 천문학을 가르칠 때 좋든 싫든 간에 아리스토텔레스의 운동학을 가르쳐야만 했다. 그러나 막상 강의를 하면서도 갈릴레이는, 아리스토텔레스의 운동에 관한 학설, 말하자면 '**모든 물체는 그 무게에 비해서 빨리 떨어진다, 그리고 지상의 물체는 직선운동을 하고 천상의 물체인 별들은 원운동을 한다**'는 원리를 믿을 수가 없었다. 그래서 그는 아리스토텔레스의 운동학이 잘못되었다는 것을 지적하고 싶었다.

(8) 로제는 A지점에서 정남쪽으로 10km를 갔다가 정동쪽으로 10km를 갔다가 정북쪽으로 10km를 갔다. 그런데 A지점으로 되돌아왔다. 어떻게 된 일일까?

9강 귀납추리 (3) 인과적 귀납추론

 인과적 귀납추론은 사건들 간의 인과관계(causal chain)를 결론으로 도출하는 귀납추론들이다. 즉, 어떤 사건(요소)이 다른 사건의 '원인'이라거나 '결과'라는 결론을 도출하는 논증들이다. 인과관계를 밝히는 것은 우리가 세계를 이해하는 가장 기본적인 방법 중 하나다. 자연세계와 인간사를 망라하여 우리는 항상 '이것의 원인은 무엇인가?', '이것은 어떤 결과를 낳을 것인가?'와 같은 질문을 하며 살아간다. 하지만 인과관계를 밝히는 성공적인 논증을 만들기는 쉽지 않다. 가장 단순하게 보이는 사건조차 가늠하기 힘들 정도로 복잡하고, '인과성(causality)'의 본성이 무엇인지에 대해서도 학자들 사이에 의견이 분분하다. 하지만 미리 겁을 먹고 포기할 이유는 없다. 우리보다 먼저 고민하고 먼저 살다 간 학자들에 의해 인과관계를 파악하는 귀납 논증을 구성하는 방법들이 고안되어 있기 때문이다.
 우리는 이제부터 밀(J. S. Mill)이 제안했던 인과관계를 밝혀내는 방법들에 대해서 살펴볼 것이다. '밀의 방법'을 통해서 우리를 둘러싼 세계를 이해하는 비판적 사고 능력을 키워보도록 하자.

1. 일치법(method of agreement)

 일치법은 결과 사건이 발생할 때 그 사건이 발생한 상황들 중에서 공통적인 요소를 원인으로 찾아내는 방법이다. 물론, 일치법은 결과 사건이 발생하는 상황이 어느 정도 고정적일 때 성립하는 방법이다. 일치법의 적용 방식은 비교적 단순한 상황에서 매우 복잡한 상황까지 다양하다. 우리는 이해를 돕기 위해 매우 단순한 양상의 인과적 귀납 사례를 살펴볼 것이다.

일치법(method of agreement)

p_1.   A B C 와 a b c 는 함께 발생한다.
p_2.   A D E 와 a d e 는 함께 발생한다.
c.   따라서 A는 a의 원인이다. (혹은 a의 결과이다)

<사례 1>

지수는 일주일 전에 새로운 직장에 취직했다. 지수는 출근 첫날 사무실에서 이상한 냄새를 맡았다. 그리고 그녀는 그날 이후부터 사무실에서 이상한 냄새를 종종 맡게 되었다. 지수는 새로운 직장에서 실수를 할 것이 두려워 다른 사람에게 냄새의 원인을 물어볼 수 없었다. (물론 지수는 냄새의 원인이 자기 자신이 아니라는 것은 확실히 알고 있다.) 그녀는 스스로 냄새의 원인을 찾기로 하였다. 지수는 냄새가 발생한 날짜와 사무실에 상주하는 인원을 꼼꼼하게 기록하였다.

냄새가 발생한 날	사무실 근무자
D-1	영희, 지희, 경희, 동훈
D-4	영희, 지희, 동훈, 미희
D-5	지희, 동훈, 숙희, 고희
D-6	동훈, 숙희

냄새가 발생한 날은 일주일 중 4일이었다. 그리고 냄새가 발생한 날 사무실에 상주한 사람은 다양하지만 한 가지 주목할 만한 사람이 있다. 그것은 바로 동훈이다. (지수를 제외하고) 오직 동훈만이 냄새가 발생한 모든 날에 사무실에 있었다. 그렇다면, 혹시 동훈이 이상한 냄새의 원인이 아닐까? 물론 이러한 '일치법'만으로 동훈을 냄새의 원인으로 지목하는 것은 다소 무리가 있다. 조사한 바가 모두 사실이라고 해도 여전히 그녀가 알지 못하는 제3의 요인이 원인일 수도 있고 순전한 '우연의 가능성'도 있기 때문이다. 그리고 무엇보다도 주의해야 할 사항은 그녀가 발견한 공통 요소가 진정한 원인이 아니라 단지 **부수현상**에 불과한 것일 수 있다는 것이다.

진정한 원인과 부수현상을 혼동하는 오류는 다음의 사례를 살펴보면 쉽게 이해할 수 있다.

<부수 현상>
시계의 바늘이 움직이면 항상 시간이 흐른다. 따라서 시간이 흐르는 원인은 시계 바늘의 움직임이다.

위 사례는 당황스러울 정도로 잘못된 인과적 귀납이다. 이 논증의 작성자는 (만일 그러한 것이 있다면) 시간이 흐르는 진정한 원인과 시간이 흐르는 것에 자연스럽게 동반되는 시계바늘의 움직임을 혼동하고 있다. 물론, 절대 다수의 경우에서 시간의 흐름은 시계 바늘의 움직임과 동시에 관찰된다. 하지만 그렇다고 해서 시계바늘의 움직임이 시간의 흐름의 원인이 될 수는 없다. 따라서 일치법만으로는 충분히 좋은 인과 귀납이 이루어지기 어렵다.

2. 차이법(method of difference)

차이법은 결과 사건이 '발생하는 상황'과 '발생하지 않는 상황'에서의 차이를 원인으로 찾아내는 방법이다. 물론, 이것 역시 결과 사건이 발생하는 상황이 어느 정도 고정적일 때 성립하는 방법이다. 차이법의 일반 형식은 다음과 같다.

차이법(method of difference)

p_1. A B C 와 a b c 는 함께 발생한다.
p_2. B C 와 b c 는 함께 발생한다.
C. 따라서 A는 a의 원인이다. (혹은 a의 결과이다)

이제부터는 '차이법'을 적용한 비교적 단순한 사례를 살펴보면서 '차이법'이 무엇인지 구체적으로 알아보자.

<사례 2>

한편 지수는 냄새가 나지 않은 날도 있다는 것에 주목했다. 냄새가 나지 않은 날 사무실에 상주한 사람들을 조사한 결과는 다음과 같았다.

냄새가 없는 날	사무실에 나오지 않았던 사람
D-2	경희, 동훈
D-3	동훈, 미희
D-7	지희, 동훈,

냄새가 발생하지 않았던 날은 일주일 중 3일이었다. 그리고 냄새가 발생하지 않았던 날 사무실에 나오지 않은 사람은 다양하지만 한 가지 주목할 만한 사람이 있다. 그것은 바로 동훈이다. 오직 동훈만이 냄새가 발생하지 않은 모든 날에 사무실에 없었다. 따라서 우리는 자연스럽게 '동훈이가 냄새의 원인이기 때문에 동훈이가 없는 날에는 사무실에 냄새가 발생하지 않았던 것 아닐까?'라고 생각해 볼 수 있다. 물론, 이러한 '차이법'만으로 동훈을 냄새의 원인으로 지목하는 것 역시 무리가 있다. 이미 앞에서 살펴보았듯, 이 또한 여전히 우리가 알지 못하는 변수가 있을 수 있기 때문이다. 그래서 일반적으로 일치법과 차이법은 단독으로 사용하지 않고 함께 사용할 때 보다 정확하게 어떤 사건의 원인을 밝혀낼 수 있다.

3. 일치차이법(joint method of agreement and difference)

일치차이법이란 '일치법'과 '차이법'을 함께 사용하는 방법이다. 일치법과 차이법을 동시에 적용시키면 꽤 그럴듯한 인과적 귀납추론이 완성된다. 관건이 되는 사건 X에 대해서 특정 요소 a가 인과적 관계가 없다면, 왜 X가 발생할 때마다 a가 함께 관찰되고 또한 X가 발생하지 않을 때는 결코 a가 관찰되지 않겠는가? 우리는 이러한 상황을 쉽게 상상하지는 못할 것이다. 하지만 이것은 어디까지나 귀납추론이다. 조금은 현학적으로 들릴 수 있지만 어떤 사건의 원인이라는 것은 어떤 면에서는 '바로 그 직전의 우주의 모든 상황'일 수도 있다. 우리가 '한 사건이 발생한 상황'이라고 부르는 상태는 그저 '임의적인 선택'에 불과할 수 있다. 이러한 점을 깊게 고려해 본다면 인과 추론이 왜 어렵고 특히 주의를 기울여야 하는 추론인지 알 수 있을 것이다.

일치차이법(joint method of agreement and difference)

p_1. A B C 와 a b c 는 함께 발생한다.
p_2. A D E 와 a d e 는 함께 발생한다.
p_3. B C 와 b c 는 함께 발생한다.
c. 따라서 A는 a의 원인이다. (혹은 a의 결과이다.)

<사례 3>

지수는 이제 냄새의 원인에 대한 대략의 윤곽이 잡혔다. 지수는 지금까지 조사하고 관찰한 것을 근거로 삼아 일치법과 차이법을 동시에 적용시켜서 사무실 냄새의 원인은 십중팔구 동훈일 것이라고 조심스럽게 결론 내렸다.

냄새의 발생		사무실에 나왔던 사람	나오지 않았던 사람	냄새의 원인
D-1	O	영희, 지희, 경희, **동훈**		동훈: 냄새가 있을 때 공통적으로 사무실에 나왔으며, 냄새가 없을 때 사무실에 나왔던 적이 없다.
D-2	X		경희, **동훈**	
D-3	X		**동훈**, 미희	
D-4	O	영희, 지희, **동훈**, 미희		
D-5	O	지희, **동훈**, 숙희, 고희		
D-6	O	**동훈**, 숙희		
D-7	X		지희, **동훈**	

4. 공변법(method of concomitant variation)

　공변법은 어떤 한 사건이 발생하는 (그것이 정도의 차이를 가지는 속성일 경우) '빈도나 강도'가 변화할 때 다른 요소가 함께 변화하는 것이 관찰된다면, 그 요소를 그 사건의 원인으로 귀속시키는 방법이다. 공변법도 일치차이법과 마찬가지로 가장 자주 사용되는 인과적 논증 방식이다. 우리가 일치차이법과 함께 공변법 역시 동시에 적용하여 특정 요소를 원인으로 밝혀내는 논증을 만든다면 우리는 더욱 성공적인 인과적 추론을 할 수 있을 것이다. 사례를 통해서 보다 구체적으로 살펴보자.

> **공변법(method of concomitant variation)**
> p_1. A B C 와 a b c 는 함께 발생한다.
> p_2. A±B C 와 a±b c 는 함께 발생한다.
> C. 따라서 A는 a의 원인이다. (혹은 a의 결과이다)

　<사례 4>
　일치차이법에 의해서 지수는 동훈이가 사무실 냄새의 원인이라고 추측했다. 하지만 그것만으로는 여전히 확실한 증거가 부족하다고 생각한 지수는 추가적인 조사를 실시하기로 마음먹었다. 지수는 동훈이가 사무실에 출근하자 동훈과의 거리를 변화시켜 가면서 냄새의 강도를 측정하였다. 냄새는 동훈과의 거리가 가까울수록 강해지고 멀어질수록 약해졌다. 따라서 지수는 동훈이가 냄새의 원인이라고 결론을 내렸다.

동훈과의 거리	1	3	5	7	9
냄새의 강도	90	70	50	30	10

지수가 '일치차이법'만으로 동훈을 냄새의 원인으로 '확신'하지 않기로 한 것은 현명한 판단이다. 관건이 되는 '냄새의 발생'은 강도, 즉 '정도의 차이'가 존재한다. 따라서 이러한 경우 '공변법'을 '일치차이법'과 함께 적용하는 것이 논증의 개연성을 더욱 높일 수 있는 좋은 방안이 된다. 냄새의 발생은 거칠게 말해서 '냄새를 발생시키는 대상이 공기 중으로 특정 분자들을 방출'하는 현상이다. 설명의 편의를 위해서 세세한 측정 과정은 생략하였지만, 냄새를 측정하는 과정은 객관적이고 과학적인 방식으로 이루어져야 하며 정확하게 측정되어야 한다. 지수가 이러한 과정을 거쳐서 동훈과의 거리에 따라 특정 냄새가 강해지거나 약해진다는 것을 발견하였다면, 그녀는 '공변법'에 의거하여 동훈에게 '원인력'을 귀속시킬 수 있다. 다소 길었던 지수의 냄새 연구는 이렇게 마무리가 되는 셈이다.

5. 잉여법(method of residues)

잉여법이란 일련의 사건들이 발생하였을 때, 그 사건들의 원인으로 알려진 것들을 제거하고 남은 원인을 남은 사건에 귀속시키는 방법이다. 우리는 어떤 것을 무(無)로부터 새롭게 시작하는 경우가 거의 없다. 특정 사건의 원인을 찾는 작업도 그러하다. 어떤 사건의 원인은 이미 알려져 있다. 우리가 이러한 기존의 지식들을 이용하여 새로운 원인을 찾아내는 것은 지극히 자연스러운 방법이다. 다소 복잡하게 들리지만 다음에 제시한 형식과 사례를 통해서 구체적으로 살펴본다면 이해하기 어렵지 않은 방법이다.

잉여법(method of residues)

p₁. A B C 와 a b c 는 함께 발생한다.
p₂. B는 b의 원인으로 알려져 있다.
p₃. C는 c의 원인으로 알려져 있다.
C. 따라서 A는 a의 원인이다. (혹은 결과이다.)

<사례 5>

　지수는 동훈에게서 발생하는 냄새를 지속적으로 연구하였다. 그리고 지수는 다음과 같은 사실을 발견하였다. 동훈이가 사용하는 A샴푸와 B세탁용품 그리고 C향수가 동훈에게서 발생하는 x냄새, y냄새 그리고 z냄새의 원인이다. (동훈에게서 발생하였던 이상한 냄새의 정체는 이 세 가지 냄새의 복합체였던 것이다.) 그런데 이 중에서 A샴푸는 x냄새의 원인이고 B세탁용품은 y냄새의 원인이라는 것이 밝혀졌다. 따라서 지수는 C향수가 z냄새의 원인이라고 결론 내렸다.

위와 같은 사례는 실제적이지는 않다. 실제 과학적인 탐구에서는 하나의 복합적인 사건이 여러 개의 사건으로 분석될 수 있고, 연구자들에게 이미 알려져 있는 원인들이 각각의 하위 사건들의 원인력으로 귀속될 수 있다. 이때 '남은 요소'가 '원인이 밝혀지지 않은 사건'의 원인으로 귀속되면서 과학적인 발견이 이루어지는 것이다. 위의 사례에서는 보다 현실감을 주기 위해서, 우리는 지수를 냄새에 관한 전문적인 지식을 어느 정도 갖춘 탐구자로 간주하자. 지수는 동훈의 냄새가 보다 단순한 하위 냄새들의 혼합이란 것을 알고 있다. 그리고 그것들 중 몇몇은 무엇이 원인인지 알고 있다. 한편, 보다 넓은 관점에서 지수는 동훈의 냄새의 원인들이 궁극적으로는 세 가지 요소를 벗어나지 않을 것이라는 것 역시 알고 있다. 이 때 두 가지 요소들이 두 가지 냄새의 원인으로 귀속되면 남은 요소(C)가 z의 원인으로 밝혀지는 것이다.

연습문제 ②

다음 글을 읽고 인과적 귀납의 방법을 이용하여 원인을 찾아보자. 혹은 사용된 인과적 귀납의 방법이 무엇인지 밝혀보자.

(1) 로제는 친구들과 함께 뷔페식당에서 점심 먹었다. 그리고 회사로 돌아온 로제는 복통을 느꼈다. 함께 식사한 친구들에게도 전화를 걸어 확인해보니 마찬가지로 복통을 호소했다. 로제와 친구들이 먹은 음식은 다음과 같다. 복통의 원인은 무엇일까?

로제	스파게티, 물김치, 오이소박이, 고추장불고기
제니	만두, 고추장불고기, 참치 샌드위치, 연어회
지수	스파게티, 고추장불고기, 연어회, 참치회
리사	고추장불고기, 돼지갈비, 삼겹살, 베이컨

(2) 지수는 세 마리의 강아지 '사과, 오이, 배추'를 키우고 있다. 그런데 외출을 하고 돌아오면 언제나 집이 엉망이 되어 있었다. 지수는 오늘 아침에 사과를 동물 병원에 맡기고 회사를 갔다. 퇴근 후 집에 돌아와 보니 집안이 아침의 모습 그대로 잘 정돈되어 있었다. 혹시 그동안 집안을 어지럽히던 강아지는 (   )가 아니었을까?

(3) 리사, 지수, 제니, 로제는 인터넷 차량 동호회에서 만난 사이이다. 이들은 모두 동일한 모델의 자동차를 소유하고 있다. 또한 차량의 연식과 운행 환

경이나 기타 사항들이 모두 유사하다. 이들은 모두 최근 자동차가 운행이 멈추는 현상을 겪고 있다. 이들은 각각 부품을 하나씩 교체하였다. 그리고 관찰한 결과는 다음과 같다. 고장의 원인은 무엇이었을까?

리사	냉각수	운행중지 현상 여전
지수	타임벨트	운행중지 현상 여전
제니	배터리	운행중지 현상 여전
로제	엔진오일	운행중지 현상 사라짐

(4) 지수는 중소기업의 사장이다. 지수는 최근 신입 사원 채용문제로 고민이다. 신입사원을 모집하는 공고를 낸지 오래 되었지만 유능한 사원은 아무도 지원하지 않은 것이다. 지수는 자신이 제시한 채용 조건에 문제가 있는 것은 아닐지 고민하고 있다. 지수는 동종 업계의 비슷한 규모를 가진 사업체의 신규 임용 현황과 근무 조건을 조사하였다. 지수 회사의 신규 채용이 실패한 원인은 무엇이었을까?

A사	연봉 1억, 주6일 근무, 야근 있음	원하는 인재를 채용 못함
B사	연봉 8천, 주5일 근무, 야근 있음	원하는 인재를 채용 못함
C사	연봉 6천, 주6일 근무, 야근 없음	원하는 인재를 채용함
지수 회사	연봉 8천, 주5일 근무, 야근 있음	원하는 인재를 채용 못함

(5) 김 감독은 최근 자신의 농구팀의 성적이 저조해서 고민에 빠졌다. 충분히 이길 수 있을 것 같은 팀을 만나도 빈번히 패배하자 김 감독은 최근 팀의

성적이 저조한 원인을 분석하기 시작했다. 다음은 최근 패배한 경기들에 대한 조사 결과이다. 김 감독은 팀 성적이 저조한 원인을 찾을 수 있을까?

A팀	3점 슛이 강함, 2점 슛이 강함, 속공에 강함	패배
B팀	3점 슛이 약함, 2점 슛이 강함, 속공에 강함	패배
C팀	3점 슛이 강함, 2점 슛이 약함, 속공에 강함	패배
D팀	3점 슛이 약함, 2점 슛이 약함, 속공에 강함	패배

(6) 한편 김 감독은 일부 팀이 승리한 경우도 있다는 것에 주목했다. 다음은 팀이 승리한 경우와 패배한 경우를 조사한 경우를 보여준다. 감 감독은 팀이 패배하는 주요 원인을 무엇이라고 추론할 수 있을까?

E팀	3점 슛이 강함, 2점 슛이 강함, 속공에 약함	승리
F팀	3점 슛이 약함, 2점 슛이 강함, 속공에 약함	승리
G팀	3점 슛이 강함, 2점 슛이 약함, 속공에 강함	패배
H팀	3점 슛이 약함, 2점 슛이 약함, 속공에 강함	패배

(7) 김 감독은 팀이 패배하는 원인을 찾기 위해서 다음과 같은 종합적인 대차 대조표를 작성하였다. 김 감독은 어떤 방법을 사용한 것이며 팀의 패배 원인을 무엇이라고 최종 결론 내릴 수 있을까?

| A팀 | 3점 슛이 강함, 2점 슛이 강함, 속공에 강함 | 패배 |
| B팀 | 3점 슛이 약함, 2점 슛이 강함, 속공에 강함 | 패배 |

C팀	3점 슛이 강함, 2점 슛이 약함, 속공에 강함	패배
D팀	3점 슛이 약함, 2점 슛이 약함, 속공에 강함	패배
E팀	3점 슛이 강함, 2점 슛이 강함, 속공에 약함	승리
F팀	3점 슛이 약함, 2점 슛이 강함, 속공에 약함	승리
G팀	3점 슛이 강함, 2점 슛이 약함, 속공에 강함	패배
H팀	3점 슛이 약함, 2점 슛이 약함, 속공에 강함	패배

(8) 미지의 행성으로 파견된 탐험대가 지구와의 연락이 두절되었다. 지수는 약 한 달 후 조사대와 함께 그 행성에 도착하였다. 지수는 탐험대가 모두 식당에서 사망한 것을 발견하였으며 마지막으로 남겨 놓은 과학 장교의 쪽지를 발견하였다. 지수는 곧 탐험대의 사망원인이 (   )이라는 것을 알아냈고 즉각적인 조치를 취하였다. 쪽지에는 다음과 같이 적혀 있었다.

> 우리는 이 행성에 도착한 후 얼마 지나지 않아 두통과 발열증상을 겪었다. 이 증상은 점점 심각해졌고, 지금은 목숨이 위태로운 정도까지 심해졌다. 원인을 분석한 결과 토양 속의 A광물질과 탐험대 숙소 주변에서 자라고 있는 B식물 그리고 대기 중의 C성분에서 인간에게 유해한 성분이 검출되었다. 오늘 실험 결과 A광물질과 C성분은 유해하기는 하지만 두통과 발열과는 상관이 없으며 매우 경미한 독성에 불과하다는 것이 밝혀졌다. 그리고… (쪽지는 여기서 끝났다.)

(9) OO대학의 연구팀은 음주와 간경변과의 상관성을 밝히는 조사결과를 발표하였다. 연구팀은 술을 자주 마시는 사람일수록 간경변에 걸릴 확률이 높으며 술을 적게 마실수록 간경변에 잘 걸리지 않는다는 사실을 발견하였다. 연구팀의 팀장인 김 교수는 지나친 음주 습관은 간경변의 원인이

되기 때문에 건강을 위해서 술을 멀리할 것을 권고하였다. 다음은 연구팀이 조사한 사례들이다.

A 집단	일주일에 소주 9병 이상	30% 유병률
B 집단	일주일에 소주 6~8병	20% 유병률
C 집단	일주일에 소주 3~5병	10% 유병률
D 집단	일주일에 소주 0~2병	1% 유병률

(10) 다음은 서로 적당한 거리로 떨어져 있는 가상의 도시 A와 B의 미세먼지 발생 일자와 강도를 보여주는 표이다. 다음의 표를 보고 밀의 인과적 귀납의 방법들을 적절히 활용하여 인과 관계를 밝혀보자.

날자	A시	B시
1일	매우 약함	발생하지 않음
2일	매우 약함	발생하지 않음
3일	강함	발생하지 않음
4일	약함	강함
5일	없음	매우 약함
6일	없음	없음
7일	매우 강함	없음
8일	약함	매우 강함
9일	강함	매우 약함

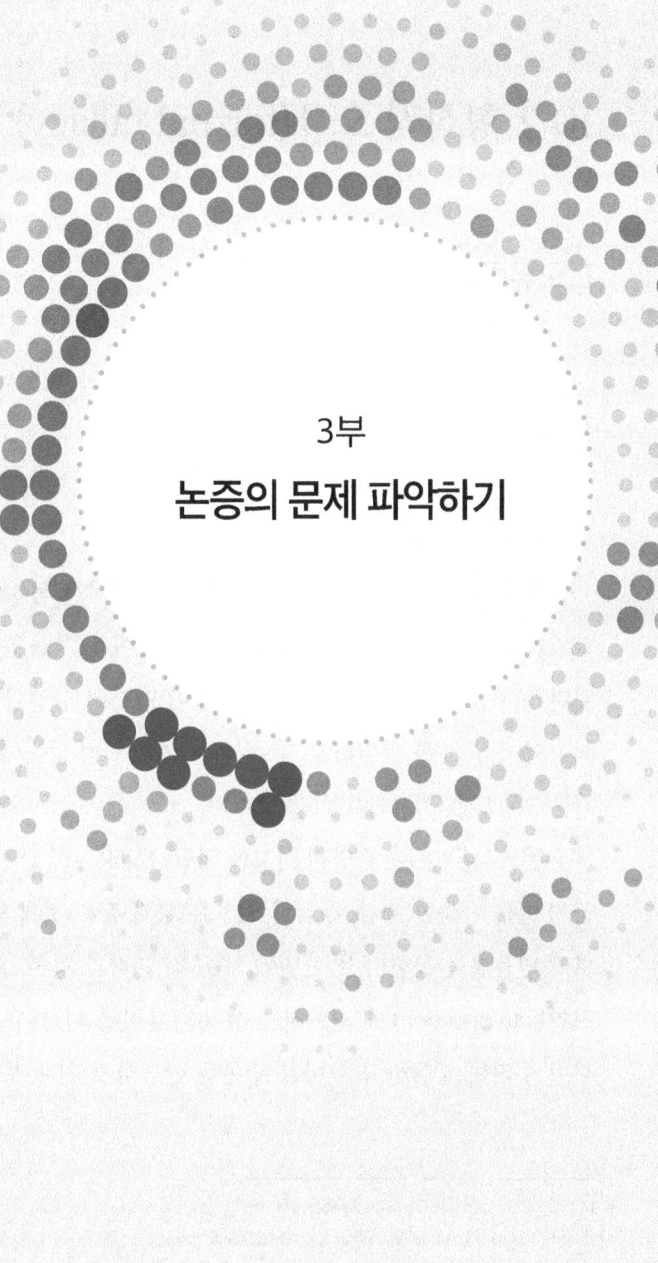

3부

논증의 문제 파악하기

10강 형식적 오류(formal fallacy)

1. 오류란?

　3부에서 살펴볼 중심적인 것은 '형식적 오류'와 '비형식적 오류'의 내용과 원인을 이해하는 것이다. 우리는 먼저 10강에 '형식적 오류'를 살펴보는 것으로 논의를 시작할 것이지만, 그에 앞서 '오류'의 일반적 정의에 관해 간략히 정리하는 것이 도움이 될 것이다.

　중세의 관점에서 볼 때, 지식을 산출하는 정당한 과정은 두 가지가 있다. 그것은 '권위(authority)'와 '추론(reasoning)'이다.[14] 물론, 여기서 말하는 권위란 문자 그대로 '신'이나 '이성'과 같이 인간이 상정할 수 있는 무결점의 최고의 '권위자'를 의미하고, '추론'은 오류가 전혀 없는 훌륭하고 완전한 '생각[사고(思考), 사유(思惟)]'을 뜻한다.

　'혼돈스러운 추론, 소망적 사고(wishful thinking), 감정에 의존하는 사고, 근거 없는 단순한 예감, 성급한 일반화' 등과 같은 것에 의존하는 생각은 그릇된 믿음을 산출한다.[15] 반면에, '표준적 지각과 기억, 훌륭한 추론과 내적 고찰(introspection)'에 의존하는 생각은 올바른 의견(주장)을 낳는다. 이와 같이 우리는 훌륭하고 올바른 추론을 산출하기 위해 무엇을 해야 하고 어

---

14. 퍼스(C. S. Peirce, 1877), "The Fixation of belief"
15. 골드맨(A. Goldman, 1979), "What is justified belief"

떤 것에 의존해야 하는지 이미 잘 알고 있다. 따라서 우리는 그것들에 의존하여 서두르지 말고 꼼꼼하게 올바른 믿음을 산출하기 위해 애쓰기만 하면 된다. 하지만 우리들의 '생각'은 우리들의 '마음'대로 이루어지지 않는 '때'와 '것'들이 있는 듯하다. 달리 말해서, '어떤 것을 아는 것과 그것을 행하는 것'이 다르듯이, 우리는 종종 올바른 추론을 하려는 의도와 다르게 그릇된 믿음을 만들어내는 경우들이 있다는 것이다. 그리고 불행히도, 우리는 그러한 실수를 우리가 자각하지 못할 정도로 자연스럽고 흔하게 하는 듯이 보인다. 3부'에서는 이와 같이 우리를 그릇된 믿음으로 이끄는 것들에 관한 내용을 다룬다.

우리가 잘못된 논증, 즉 '오류'를 저지르게 되는 원인은 다양하다. 한 논증은 그것이 가진 '형식'으로부터 오류가 비롯되기도 하고, 그것의 '내용' 때문에 오류가 되기도 한다. 우리는 전자를 '**형식적 오류**(formal fallacy)'라고 하며, 후자를 '**비형식적 오류**(informal fallacy)'라고 부른다. 또한 '비형식적 오류'는 그것의 특징에 따라 크게 '유관성의 오류', '애매성의 오류' 그리고 '보장받지 못한 가정의 오류'와 같은 세 영역으로 구분할 수 있다. 이것에 대해서는 이어지는 11강과 12강에서 다룰 것이다.

아주 예외적인 경우를 제외한다면, 우리는 일부러 오류를 만들거나 저지르지 않는다. 일반적으로, 논증을 구성하는 사람은 그 누구든 훌륭하고 좋은 논증을 만들려 애쓸 것이다. 그러면 아마도 누군가는 다음과 같이 물을 수 있다. 좋은 논증을 만드는 기법과 내용을 배우는 것만으로도 어려운데, 왜 굳이 그릇된 논증이라 할 수 있는 '오류'에 관해 공부해야 하는가? 그 물음에 답하는 것은 어렵지 않다. 건강을 지키기 위해서는 건강을 해치는 각종 질병의 원인과 증상을 아는 것이 도움이 되듯이, '잘못된 사고(ill thinking)'를 초래하는 원인과 현상을 배우는 것은 좋은 논증의 형식과 내용을 아는 것만큼이나 우리가 '잘 생각(well thinking)'할 수 있도록 도와준다. 물론, 우리는 이와 같은 앎(지식)에 의존하여 때로는 상대방의 잘못된 생각을 바로잡아주어야 하고, 또 때로는 내가 저지르는 실수에 대해서도 스스로 검토해야 한다.

2. 형식적 오류

'형식적 오류'는 타당한 추론규칙을 따르지 않는 연역논증에서 발생하는 오류다. 말하자면, 형식적 오류는 잘못된 논리적 형식으로 비롯되는 오류로서, 일반적으로 '논리적 오류'라고 부르기도 한다. 연역논증은 일차적으로 그 논증의 형식적 타당성을 검토한다. 앞선 5강'에서 이미 살펴보았듯이, 연역논증의 형식적 타당성은 전제의 진리성, 즉 전제의 진리값이 '참'인지 '거짓'인지와 무관하게 단지 그것의 형식에 의존하여 판단한다. 따라서 형식적 오류는 그 논증의 내용과 어떠한 관련도 없다는 점을 잊어서는 안 된다. 이제, 가장 일반적인 형식적 오류의 몇몇 형식을 살펴보자. (형식적 오류에 관한 일부 내용은 '연역논증'을 다룬 5강과 6강에서 이미 다루었다. 그 내용을 잘 떠올리며 연역논증의 형식적 오류를 정확히 이해하자.)

p	→	q
전건	조건문	후건
(충분조건)		(필요조건)

1) '전건부정의 오류'와 '후건긍정의 오류'

'전건부정의 오류'는 '하나의 조건문과 하나의 부정문'으로 이루어진다. 전건부정의 오류는 조건문의 전건을 부정함으로써 후건을 부정하는 형식을 가지고 있으며, 이와 같은 형식의 연역논증은 부당하다.

<전건 부정의 오류 형식>

전건부정의 오류 형식	전건부정의 오류
p_1. 만일 p라면, q이다.	p_1. p → q
p_2. p가 아니다.	p_2. ~p
c. (따라서) q가 아니다.	c. ~q

<사례>

p_1. 제니가 경찰이라면, 제니는 공무원이다.	p_1. p → q
p_2. 제니는 경찰이 아니다.	p_2. ~p
c. (따라서) 제니는 공무원이 아니다.	c. ~q

우리는 제니가 경찰이 아니라고 해서 제니가 공무원이 아니라는 법은 없다는 것을 쉽게 알 수 있다. 제니는 동사무소 서기일 수도 있고, 장관이나 심지어 대통령인 경우도 생각해 볼 수 있다. 즉, 제니가 경찰이 아니지만 여전히 공무원일 수많은 사례들을 생각할 수 있다. 앞서 배운 '전건긍정' 논증은 타당한 논증이지만 '전건부정' 논증은 형식적으로 부당한 논증으로서 오류다.

'후건긍정의 오류'는 '하나의 조건문과 하나의 긍정문'으로 이루어진다. 후건부정의 오류는 조건문의 후건을 긍정함으로써 전건 또한 긍정하는 형식을 가지고 있으며, 이와 같은 형식의 연역논증은 부당하다.

<후건긍정의 오류 형식>

후건긍정의 오류 형식	후건긍정의 오류
p_1. 만일 p라면, q이다.	p_1. p → q
p_2. q이다.	p_2. q
c. (따라서) p이다.	c. p

<사례>

p_1.	제니가 경찰이라면, 제니는 공무원이다.	p_1. p → q
p_2.	제니는 공무원이다.	p_2. q
c.	(따라서) 제니는 경찰이다.	c. p

우리는 제니가 공무원이라고 해서 제니가 경찰이라는 법은 없다는 것을 쉽게 알 수 있다. 제니는 동사무소 서기일 수도 있고, 장관이나 심지어 대통령인 경우도 생각해 볼 수 있다. 즉, 제니가 공무원이지만 결코 경찰은 아닌 수많은 사례들을 생각할 수 있다. 앞서 배운 '후건부정' 논증은 타당한 논증이지만 '후건긍정' 논증은 형식적으로 부당한 논증으로서 오류다.

2) '전건부정의 오류'와 '후건긍정의 오류' 연습

위에서 살펴본 간단한 형식의 논증만 본다면, 전건부정의 오류와 후건긍정의 오류를 파악하는 것은 비교적 어렵지 않은 듯이 보인다. 하지만 우리가 실제로 마주하게 되는 텍스트에서 이와 같은 오류를 바로 찾아내는 것은 생각만큼 쉬운 일이 아닐 수도 있다. 다음의 두 텍스트를 분석한 다음

논증으로 재구성해보자. 3강과 4강에서 연습한 '상향식 절차법'을 적용 및 변형하여 논증을 재구성하고, 다음으로 그 논증을 논리기호로 변환하여 타당한 추론규칙을 따르고 있는지 여부를 판단하는 것이 도움이 될 것이다.

<예제 1>

최근 유튜브, 페이스북, 트위터 등과 같은 플랫폼을 기반으로 하는 뉴미디어의 성장으로 인해 기존 미디어의 위기가 초래되고 있다. 최근 연구 결과에 따르면 TV, 라디오, 신문과 같은 기성 미디어 사용자는 2018년 대비 38% 감소된 반면에, 뉴미디어 사용자는 43% 증가하였다. 일방적인 정보전달이 아닌 쌍방 소통이 현대의 정보 소비자들의 성향에 적극적으로 반영되고 있는 모양새다. 방송과 신문과 같은 기성 미디어는 이와 같은 최근의 위기에 대처해야 할 필요가 있다. 만일 기성 미디어가 정보통신기술의 발달로 촉발된 변화에 발 빠르게 적응하지 못한다면, 미디어 환경이 뉴미디어로 빠르게 대체되고 있는 현상을 막을 수 없을 것이다. 기성 미디어도 이와 같은 변화를 감지하고 있는 듯이 보인다. 정보 소비자와의 소통을 강조하는 실시간 방송의 편성을 늘리고 새로운 플랫폼 등을 개발하고 있는 움직임을 보이고 있기 때문이다. 방송과 신문과 같은 기성 미디어가 새로운 변화에 성공적으로 적응한다면, 기성 미디어에 대한 최근의 우려는 불식될 것이다.

<1단계: 결론 찾기>
　방송과 신문과 같은 기성 미디어에 대한 최근의 우려는 불식될 것이다. (방송과 신문과 같은 기성 미디어의 최근의 위기는 극복될 것이다.)

<2단계: 논증 재구성>
- p_1. 만일 기성 미디어가 변화에 발 빠르게 적응하지 못한다면, 미디어 환경이 뉴미디어로 촉발된 위기 상황을 극복할 수 없을 것이다.
- p_2. 기성 미디어는 새로운 변화에 적응하고 있다.
- c. 기성 미디어는 최근의 위기 상황을 극복할 것이다.

<3단계: 논리 기호로 변환>
- p_1.　$p \rightarrow q$
- p_2.　~p
- c.　　　~q

<4단계: 타당성 검사>
　전건부정의 오류로서 부당한 연역논증이다.

<예제 2>

　육아휴직은 근로자가 일정 연령 이하의 자녀를 양육하기 위하여 휴가를 신청하여 사용하는 휴직을 말한다. 근로자가 고용된 상태를 유지하면서 일정 기간 동안 휴직을 할 수 있기 때문에 근로자는 육아부담 해소와 함께 생활 안정을 도모할 수 있고, 기업은 숙련된 인력을 확보할 수 있는 장점이 있다. 육아휴직은 '남녀고용평등과 일·가정 양립 지원에 관한 법률(남녀고용평등법) 제19조'에 근거하고 있다.

육아휴직 제도가 1987년에 처음 도입된 이래로 최근 육아휴직을 사용하는 근로자들이 크게 늘고 있다고 한다. 이와 같은 현상으로부터 추론할 수 있는 것은 비정규직에서 정규직으로 전환된 직원이 많아졌다는 것이다. 많은 전문가들은 비정규직에서 정규직으로 전환되는 직원이 많아지게 될 경우 육아휴직이 크게 늘게 될 것이라 예상한 바 있다. 비정규직 신분이었을 때는 약 5개월의 출산휴가만 사용할 수 있지만 정규직이 되면 2년간의 육아휴직이 가능해지기 때문이다. 게다가 휴직 기간 2년 중 1년은 유급이다. 이런 점들을 미루어 볼 때, 비정규직에서 정규직으로 전환된 직원이 많아졌음에 틀림없다.

<1단계: 결론 찾기>
　비정규직에서 정규직으로 전환이 증가하였다.

<2단계: 논증 재구성>
　p_1.　비정규직에서 정규직으로 전환되는 직원이 많아지게 될 경우, 육아휴직이 크게 늘게 될 것이다.
　p_2.　육아휴직이 크게 늘어났다.
　c.　비정규직에서 정규직으로 전환이 증가하였다.

<3단계: 논리 기호로 변환>
　p_1.　　p → q
　p_2.　　　　q
　c.　　p

<4단계: 타당성 검사>
　후건긍정의 오류로서 부당한 연역논증이다.

3) '선언지 긍정의 오류'와 '거짓 딜레마'

'선언지 긍정의 오류'는 하나의 선언문과 하나의 긍정문으로 이루어진다. 선언지 긍정의 오류는 선언문의 선언지 중 하나를 긍정함으로써 다른 선언지를 부정하는 형식의 연역논증이다. 이와 같은 형식의 논증은 형식적으로 타당하지 않고 부당하다.

<선언지 긍정의 오류 형식>

선언지 긍정의 오류 형식	선언지 긍정의 오류
p_1. p이거나 q이다.	p_1. $p \lor q$
p_2. p이다. (또는 q이다.)	p_2. p (또는 q)
C. 따라서 q가 아니다. (혹은 p가 아니다.)	C. $\sim q$ (또는 $\sim p$)

<사례>

p_1. 로제는 수학을 좋아하거나 음악을 좋아한다.	p_1. $p \lor q$
p_2. 로제는 수학을 좋아한다.	p_2. p
C. (따라서) 로제는 음악을 좋아하지 않는다.	C. $\sim q$

우리는 로제가 수학을 좋아한다고 해서 로제가 음악을 싫어하는 법은 없다는 것을 쉽게 알 수 있다. 로제는 얼마든지 수학을 좋아하는 동시에 음악을 좋아할 수 있다. 이처럼 선언문에 등장하는 선택지 양쪽을 얼마든지 동시에 만족시킬 수 있는 상황이 존재함에도 불구하고 어느 한쪽이 성립하면 다른 한쪽은 성립하지 않는 '배타적 선언문'의 경우처럼 착각할 경우 선언지 긍정의 오류가 발생한다. 반면에, 선언지 긍정의 형식을 가진 다음과 같은 경우를 생각해 볼 수 있다.

<사례> 선언 삼단논증			
p₁.	로제는 북극에 있거나 남극에 있다.	p₁.	p ∨ q
p₂.	로제는 북극에 있다.	p₂.	p
c.	(따라서) 로제는 남극에 있지 않다.	c.	~q

이와 같은 경우에는 오류가 아닌 형식적으로 타당하고 건전한 논증이다. 로제는 북극에 있으면서 동시에 남극에 있는 것이 (물리적으로) 불가능하기 때문이다. '6강'에서 이미 살펴보았듯이, 같은 형식을 갖고 있는 두 선언문이 하나는 오류인 반면에 다른 하나는 타당한 까닭은 선언문의 특성으로부터 비롯된다. 즉, 선언문의 두 선언지(명제)를 연결하는 논리 연결사 '∨'의 두 특성으로 인해 **포괄적 선언문**(inclusive-or)'과 '**배타적 선언문**(exclusive-or)'으로 구분되기 때문이다. 이때 우리는 "∨"라는 배타적 선언문 기호를 사용하여 오류의 가능성이 없음을 확실하게 보여줄 수 있다.

기호	이름	의미
∨	포괄적-선언 (inclusive-or)	각 선언지(p, q)가 서로를 배제하지 않는다.
∨̲	배타적-선언 (exclusive-or)	각 선언지(p, q)가 서로를 배제한다.

이와 같이 선언문의 두 종류를 올바르게 이해하는 것은 '딜레마'로 불리는 '양도논법'과 관련된 오류를 이해하고 해결하는 데 있어 결정적인 단서를 제공하기 때문에 중요하다. (양도논법의 형식에 관해서는 6강에서 이미 다루었기 때문에 여기서의 자세한 설명은 생략한다.) 양도논법은 '하나의

선언문과 두 개의 조건문'으로 구성된 연역논증이다. 양도논법의 기본적인 형식에서 파악할 수 있듯이, 양도논법이 딜레마로 성립하기 위해서는 대전제에 해당하는 선언문이 반드시 '배타적 선언문'이어야 한다는 것을 알 수 있다. 달리 말하면, 만일 양도논법의 조건 중 하나인 선언문이 '포괄적 선언문'일 경우, 그 논증은 딜레마가 아닌 '거짓 딜레마'에 해당된다. 다음의 진술문을 살펴보자.

"너 나랑 밥 먹을래, 아니면 나랑 놀래?"

언뜻 보기에, 이와 같은 진술문은 양도논법인 것처럼 보인다. 즉, 그 진술문에서 제시된 선택지(선언지)는 '밥을 먹는다'와 '함께 논다'와 같은 두 개의 명제인 것 같다. 그런데 그 두 선택지(선언지)는 서로에 대해 배타적인가? 달리 말하면, 전자가 부정되면, 후자는 긍정되는가? 또는 전자를 긍정하면, 후자는 부정되는가? 이미 짐작했겠지만, 전자를 부정한다고 해서 후자가 (필연적으로) 긍정되는 것도 아니고, 전자를 긍정한다고 해서 후자가 (필연적으로) 부정되는 것도 아니다. (파티와 같은 상황에서) 밥을 먹으면서 노는 상황을 얼마든지 상상할 수 있기 때문이다. 우리의 일상에서 이와 같이 '포괄적 선언문'을 '배타적 선언문'으로 오해하여 딜레마가 아닌 상황을 딜레마로 인식한 경우가 없었는지 반성해보자.

4) 정언논증(categorical argument)에서의 형식적 오류
'정언명제'란 한 명제가 '집합(범주)'에 대해서 언급하고 있는 명제다. 예컨대, 다음과 같은 진술문들은 모두 정언명제다. 즉,

정언명제	의미
모든 책상은 가구이다.	책상들의 집합이 가구들의 집합에 포함된다.
모든 볼펜은 필기구이다.	볼펜의 집합이 필기구의 집합에 포함된다.
어떤 동물은 곤충이 아니다.	어떤 동물들의 집합의 원소는 곤충의 집합에 포함되어 있지 않다.
어떤 사람은 성실하지 않다.	사람 집합의 어떤 사람은 성실함의 속성을 가진 집합에 포함되어 있지 않다.

따라서 이러한 종류의 명제들은 모두 '정언명제'들이다. 우리는 이러한 정언명제들을 이용해서 '삼단논법'과 같은 논증을 만든다. 삼단논법은 가장 유명하고 가장 인기 있는 논증의 형식이다. 하지만 이러한 '정언논리'에서의 논증들은 종종 의도하지 않은 형식적 오류를 만드는 것으로도 악명이 높다. 많은 종류의 정언논증의 오류들이 있다. 하지만 여기에서는 단지 '매개념 부주연'이라고 불리는 정언논증의 오류를 살펴보는 것으로 만족하자.[16]

<사례 1: 정언삼단논법>

모든 철학자는 사람이다.

모든 사람은 죽는다.

(따라서) 모든 철학자는 죽는다.

---

16. 그 이유는 여러 가지가 있지만, 가장 중요한 까닭은 이렇다. 정언논증과 관련된 중요한 내용과 오류들을 모두 살펴보기 위해서는 소위 고전 논리학으로 불리는 '아리스토텔레스 논리학'과 19세기에 프레게와 러셀에 의해 고안된 양화논리의 중요한 내용들을 모두 고찰해야 하기 때문이다. 이 책은 비판적 사고와 논리학을 처음 접하는 사람들을 위해 그것의 핵심적인 내용들을 가능한 한 '쉽게 풀어 쓰는' 것을 목표로 하고 있다. 따라서 고전 논리학과 양화논리 모두를 여기서 다루는 것은 오히려 입문자의 비판적 사고와 논리학에 대한 관심을 떨어뜨릴 위험이 있기 때문이다. 그럼에도 불구하고, 논리학과 비판적 사고에 어느 정도 익숙해진다면, 시중에 출판된 다양한 논리학 교재에서 '술어논리'와 '양화논리'를 공부하는 것도 논리학을 깊이 있게 공부하는 좋은 방편이 될 것이다.

<사례 2: 정언논증에서의 형식적 오류>

모든 경찰은 공무원이다.

모든 외교관은 공무원이다.

(따라서) 모든 외교관은 경찰이다.

〈사례 1〉은 정언삼단논법으로 타당한 반면에, 〈사례 2〉는 타당하지 않다. 〈사례 2〉의 정언논증은 전제들이 모두 '참'이라고 인정하더라도, 전제들의 '참'으로부터 결론의 '참'이 필연적으로 보장되지 않는다는 것을 쉽게 알 수 있다. 경찰이 아닌 외교관이 있다는 것을 알 수 있기 때문이다. 하지만 다음의 사례는 어떠한가?

<사례 3: 정언논증에서의 형식적 오류>

모든 경찰은 공무원이다.

모든 순경은 공무원이다.

(따라서) 모든 순경은 경찰이다.

위의 〈사례 3〉은 〈사례 2〉와 마찬가지로 오류다. 우리는 지금 논증의 형식적 오류를 다루고 있으며, 그러한 유형의 오류는 '논증의 내용과 무관'하게 오직 '형식'으로부터 오류가 발생한다는 사실을 반드시 기억해야 한다. 정언삼단논법의 형식과 〈사례 2〉와 〈사례 3〉의 오류 형식을 아래와 같이 정리할 수 있다.

<정언삼단논법>	<정언논증에서의 오류 형식>
모든 A는 B이다.	모든 A는 B이다.
모든 B는 C이다.	모든 C는 B이다.
(따라서) 모든 A는 C이다.	(따라서) 모든 C는 A이다.

 그렇다면, 왜 <사례 3>은 <사례 2>와 달리 (적어도 겉으로 보기에) 오류처럼 보이지 않는 것일까? 그것은 <사례 3>을 구성하는 세 진술문들의 진리값이 모두 '참'이기 때문이다. 하지만 모든 순경이 경찰인 이유는 '모든 경찰이 공무원'이거나 '모든 순경이 공무원'이라는 것과는 전혀 상관이 없다. 쉽게 말하면, '사례 2'의 경우 '**우연히**' 참인 명제가 잘못된 논증의 결론에 위치하게 된 것에 불과하다. 마치, 우리가 운(lucky)에 의해 우연히 문제의 해답을 맞히었다고 해서 그것을 안다고 말할 수 없는 것처럼, 우리는 우연히 자리 잡은 참인 결론에 대해서 좋은 논증이라고 말해서는 안 된다.
 형식적 오류에 관한 논의를 마무리하기 전에 마지막으로, 우리가 일상에서 쉽게 저지를 수 있는 오류를 이해하기 위해 다음의 두 진술문을 분석해 보자.

<진술문 1>
 동물의 권리를 인정하는 나라는 모두 선진국이다. 모든 선진국은 동물에 대한 불필요한 안락사를 금지하고 있다. 따라서 동물의 권리를 인정하기 위해서는 동물에 대한 불필요한 안락사를 금지해야 한다.

<진술문 2>

모든 대학생들은 자신의 진로에 대해 관심이 있다. 자신의 진로에 관심이 있는 학생들 중 일부는 공무원이 되고 싶다. 따라서 어떤 대학생들은 공무원이 되고 싶다.

위에 제시한 두 진술문은 모두 타당한가? 또는 두 진술문 모두 타당하지 않은가? 아니면, 둘 중 하나만 타당한가? 만일 둘 중 하나만 타당하다면, 어떤 진술문이 타당한가? 결론부터 말하자면, '진술문 1'은 정언삼단논법으로 타당하지만, '진술문 2'는 타당하지 않다. 그 이유를 생각해보자. 먼저, '진술문 1'은 다음과 같은 형식을 가지고 있다. 즉,

삼단논법(syllogism)
---
p_1. 동물의 권리를 인정하는 모든 나라는 선진국이다.
p_2. 모든 선진국은 동물에 대한 불필요한 안락사를 금지하고 있다.
c. 동물의 권리를 인정하는 나라는 동물에 대한 불필요한 안락사를 금지해야 한다.

<정언삼단논법>

모든 A는 B이다.
모든 B는 C이다.
(따라서) 모든 A는 C이다.

반면에, (언뜻 보기에 문제가 없는 듯이 보이는) '진술문 2'는 다음과 같은 형식을 가지고 있다. 즉,

논증

- p₁. 모든 대학생은 자신의 진로에 관심이 있다.
- p₂. 자신의 진로에 관심이 있는 대학생 중 **일부는** 공무원이 되고 싶다.
- c. 어떤 대학생은 공무원이 되고 싶다.

<논증의 형식>

$$\begin{array}{c} \text{모든 A는 B이다.} \\ \text{어떤 B는 C이다.} \\ \hline \text{(따라서) 어떤 A는 C이다.} \end{array}$$

이와 같은 분석을 통해, '제시문 1'과 '제시문 2'의 논리적 형식에 차이가 있다는 것을 확인할 수 있다. 즉 전자는 '정언삼단논법'인 반면에, 후자는 그렇지 않다. 그런데 이와 같이 논리적 형식이 다르다는 것을 확인했음에도 불구하고, 왜 '제시문 2'가 타당하지 않은지 의문이 들 수 있다. 만일 아직까지 그와 같은 의문을 가진 사람들은 '제시문 2'와 동일한 논리적 형식을 가진 다음의 진술문과 비교해보면, 그 까닭을 명료하게 이해할 수 있을 것이다. 즉,

<사례 4>

논증		형식
p₁.	모든 남자는 사람이다.	**모든** A는 B이다.
p₂.	어떤 사람은 여자다.	**어떤** B는 C이다.
c.	어떤 남자는 여자다.	(따라서) **어떤** A는 C이다.

'사례 4'는 '제시문 2'와 형식적으로 완전히 같은 구조를 가지고 있다. 이와 같이 '모든(전칭)'을 포함하는 명제(전제)로부터 '어떤(특칭)'으로 제한되는 명제(결론)를 이끌어내는 경우에 오류가 발생한다.

연습문제

다음 연역논증의 타당성을 검사하시오. 만일 그 연역논증이 부당한 논증일 경우, 그 이유를 설명하시오.

(1) 로제가 평균 몸무게 이하라면 의사가 그에게 밥을 잘 먹으라고 권할 것이다. 로제는 평균 몸무게 이하가 아니다. 따라서 의사는 그녀에게 밥을 잘 먹으라고 권유하지 않았을 것이다.

(2) 프로파일러들의 논고들에 따르면 연쇄 살인마들은 모두 어렸을 때 동물을 학대한 경험을 가지고 있다. 만일 누군가 동물을 학대한다면, 그의 다음 목표는 인간이 될 것이다.

(3) 나의 학생들이 공부를 열심히 했다면, 이번 중간고사 오류론 문제들 중 최소한 5개 이상 맞힐 것이다. 학생들은 5개 이상의 정답을 써 냈다. 공부를 열심히 한 것이 분명하니 칭찬해줘야겠다.

(4) 어느 날 로제의 엄마는 로제에게 이렇게 물었다. '엄마가 좋아, 아빠가 좋아?' 로제는 고민하지 않고 '엄가가 좋아'라고 답하였다. 그 말을 들은 로제의 엄마는 환하게 웃으며 로제에게 용돈을 주었다.

(5) 자기만을 생각하지 않고 남을 배려하는 행동은 이기적이지 않다. 포용력을 가지고 있는 자비로운 사람은 자기만을 생각하지 않고 남을 배려하는

행동을 한다. 오랜 수행을 통해 진리를 깨달은 자는 포용력을 가진 자비로운 사람이다. 오랜 수행을 통해 진리를 깨달은 자는 이기적이지 않다.

(6) 언제나 악을 행하는 사람은 보호 대상이 아닐 것이다. 이기지 못하더라도 항상 악과 싸우려고 노력하는 사람만이 보호 대상이다. 언제나 악을 행하는 사람이 보호 대상이 아닐 것이라고 판단하지 않는다면, 이기지 못하더라도 항상 악과 싸우려고 노력하는 사람이 보호 대상이 될 수는 없다. 하지만 악과 싸우려 노력하는 사람을 보호하지 않는 것은 의무를 져버리는 것이다.

(7) 특정 사회 세력이 자신의 이익을 위해 사회 구성원들에게 부과하는 거짓된 욕구를 충족하려는 개인들의 행동은 우리가 보호하고 유지해야 할 대상이 아니다. 사회 전체의 병폐를 인식하고 그 병폐를 개선할 우리의 능력 발달을 방해하는 핵심 요소는 특정 사회 세력이 자신의 이익을 위해 사회 구성원들에 부과하는 거짓된 욕구를 충족하려는 개인들의 행동이다. 우리 자신을 고통과 불행에 빠뜨리는 병적 쾌감을 충족시키려는 노력은 사회 전체의 병폐를 인식하고 그 병폐를 개선할 우리의 능력 발달을 방해하는 핵심 요소이다. 우리 자신을 고통과 불행에 빠뜨리는 병적 쾌감을 충족시키려는 노력은 결국 우리가 보호하고 유지해야 할 대상이 아니다.

(8) 이 살인 사건의 범인은 당신들 중에 있는 것이 분명합니다. 당신들 모두는 폭력 범죄로 전과가 있는 사람들입니다. 그리고 우리가 잘 알고 있듯이, 폭력 전과가 있는 사람들 중 몇몇은 살인도 저지를 수 있습니다. 따라서

범인은 당신들 중에 분명히 있습니다.

(9) 예수는 감람산으로 가시다. 아침에 다시 성전으로 들어오시니 백성이 다 나아오는지라 앉으사 저희를 가르치시더니, 서기관들과 바리새인들이 간음 중에 잡힌 여자를 끌고 와서 가운데 세우고 예수께 가로되, "선생이여, 이 여자가 간음하다 현장에서 잡혔나이다. 모세는 율법에 따라 이러한 여자를 돌로 쳐라 명하였거니와, 선생께서는 어떻게 말하겠나이까?" 그들이 이렇게 말함은 (예수를) 고소할 조건을 얻고자 하여 예수를 시험함이라, 예수께서 몸을 굽히사 손가락으로 땅에 쓰시니, 그들이 묻기를 마지아니하는지라 아예 일어나 가라사대, "너희 중에 죄 없는 자가 먼저 돌로 (그녀를) 쳐라" 하시고 다시 몸을 굽히고 다시 땅에 쓰시니, 그들이 이 말을 듣고 양심의 가책을 받아 어른으로 시작하여 젊은이까지 하나씩 하나씩 나가고 오직 예수와 그 가운데 서있는 여인만 남았더라. (요한복음 8장 1~9)

(10) 지난여름 우리의 하천들은 예전에 볼 수 없었던 녹조 현상으로 몸살을 앓았다. 일부 네티즌들은 이러한 현상을 "녹차 라떼"라는 신조어를 만들어 비아냥거리기도 하였다. 그리고 많은 하천과 환경 전문가들은 그러한 녹조 현상의 한 원인이 4대강 사업으로 인해 유속이 느려졌기 때문이라고 밝혔다. 이러한 현상은 대운하 사업으로 라인강을 개조했던 독일과 과도하게 댐을 건설했던 미국, 영국과 같은 선진국에서는 이미 경험했던 일이다. 그런데 그러한 나라들은 이제 인위적으로 만들었거나 설치했던 댐과 보를 철거하고 있다. 환경을 복원하기 위함이다. 게다가 환경 보존

과 복원을 위해 인공물을 제거하는 나라는 모두 선진국이다. 우리가 자연을 보존하고 파괴된 환경을 복원하기 위해 어떠한 선택을 해야 하는지는 자명하다.

(11) 제니는 아마도 짜장면 또는 짬뽕을 먹을 거야. 만일 그녀가 짜장면을 먹으면 나는 짬뽕을 먹으면 되고, 그녀가 짬뽕을 먹으면 나는 짜장면을 먹을 수 있을 거야.

(12) 지수는 오늘 마음이 편치 않다. 현재 사귀고 있는 용성에게 서운하기도 하고 화도 나기 때문이다. 심지어 용성이 자신에게 평소 갖고 싶던 반지를 선물해주었는데도 좀처럼 화가 사그라들지 않는다. 지수는 용성이 자신에게 무엇인가 잘못한 것이 있는데, 그것을 숨기고 있다고 생각하고 있다. 만일 용성이 자신(지수)에게 잘못한 것이 없다면, 용성이 뜬금없이 선물을 할 까닭이 없기 때문이다.

(13) 소위 전범은 왜 처벌당해야 하는가? 그들이 타인을 죽게 하였기 때문이라고 한다면, 전쟁에서 다른 사람을 죽인 모두가 처벌당해야 할 것이다. 전쟁은 필경 잔혹한 일을 동반하기 마련이다. 하지만 우리는 대부분 조국을 지키기 위하여 전쟁에서 싸우는 것이 그릇된 일이 아닐뿐더러 극히 정당한 일이라고 생각한다. 이렇게 전쟁이 정당한 것이라면, 전쟁에서 적을 죽이는 것 또한 그릇된 일이 아니다. 그렇다면 전범이 죄를 범하였다고 어떻게 말할 수 있겠는가?

(14) 장 발장은 블리 지방의 가난한 농가에서 태어났다. 어렸을 때 부모님을 여의고 결혼한 누나 집에 얹혀살았는데, 누나의 남편은 일곱 명의 자식을 남긴 채 세상을 떠나고 말았다. 그는 갑작스레 누나와 일곱 명의 조카를 거느린 가장이 된 것이다. 어렵게 지내던 1795년 겨울이었다. 계절 탓인지 장 발장에게는 일거리가 전혀 없었다. 조카들은 배가 고프다고 울어대는데 집에는 빵 조각 하나 없었다. 그 날은 일요일 저녁이었다. 배가 고프다는 어린 조카들을 보던 장 발장이 답답한 마음으로 파브로 거리를 걷고 있는데 어디선가 구수한 냄새가 풍겨오고 있었다. 장 발장은 자기도 모르는 사이에 빵 냄새가 나는 곳을 향해 걸어갔다. 맛있는 냄새는 빵 가게에서 나오고 있었다. '아, 정말 맛있겠다. 저 한 줄의 빵만 있다면 조카들의 허기진 배를 채워줄 수 있을 텐데. 하나만 슬쩍 할까?' 이런 생각이 드는 순간, 그런 마음을 떨치기라도 하듯 장 발장은 고개를 흔들었다. '아니야, 절대 그럴 수는 없어.' 장 발장은 마음을 굳게 먹고 걸음을 옮겼다. 하지만 이내 눈앞에는 배고파 울고 있을 어린 조카들의 모습과 구수한 냄새를 풍기던 빵이 자꾸 어른거렸다. '그래 다시 빵 가게에 가보자. 뭐든지 방법은 있겠지.' 잠시 후, 어느새 장 발장은 한 줄의 빵을 훔쳐들고 뛰기 시작했다.

(15) 흉부외과 의사인 제니는 퇴근 전에 환자의 상태를 기록한 클립보드와 환자에게 연결된 바이털사인을 확인한다. 만일 클립보드에 이상 소견이 없고 바이털사인도 안정되어 있고 정상적이라면, 환자에게 문제가 발생하지 않을 것이다. 제니는 모처럼만에 가벼운 마음으로 퇴근한다. 제니는

한밤중에 미친 듯이 울리는 전화벨 소리에 잠이 깬다. 전화기 너머로 간호사의 다급한 목소리가 들린다. 퇴근 전까지 아무런 이상이 없었던 환자가 위급상황에 빠졌다는 것이다. 제니는 놀란 마음을 추스르며 급히 병원으로 향한다.

11강 비형식적 오류 (1)
유관성의 오류, 애매성의 오류

비형식적 오류(informal fallacy)는 논증의 논리적 형식이 아닌 '논증의 형식 밖의 특성'에 의해 만들어지는 오류를 말한다. 오류를 만드는 비형식적 요소들은 매우 다양하다. 하지만 그 특징에 따라 '유관성의 오류', '애매성의 오류' 그리고 '보장받지 못한 가정의 오류'로 구분지어 볼 수 있다.

① 유관성의 오류(fallacy of irrelevance): 결론적 주장을 지지하는 전제적 이유들이 실제로는 결론과 관련성이 없는 것들로 이루어져 있을 때 발생하는 오류
② 애매성의 오류(fallacy of involving ambiguity): 언어를 정확하게 사용하지 못하여 두 가지 이상의 개념을 가질 때 발생하는 오류
③ 보장받지 못한 가정의 오류(fallacy of unwarranted assumptions): 전제에 등장하는 명시적, 암묵적 가정이 이미 결론을 포함하고 있거나 암시하고 있는 경우 발생하는 오류

물론, 학자들에 따라 비형식적 오류에 대한 분류의 기준과 범위가 조금씩 차이가 있다. 인간이 오류에 이르는 길은 셀 수 없을 정도로 많으며, 그

것을 한 방식으로 분류하는 것 자체가 불가능에 가깝기 때문이다.[17] 그럼에도 불구하고, 우리가 오류들을 그 원인이나 내용에 따라 분류하고 정의내리는 이유는 오류의 원인과 내용을 정확히 이해함으로써 우리가 오류를 저지르는 것을 예방할 수 있기 때문이다.

1. 유관성의 오류(fallacy of irrelevance)

1) 힘에 호소하는 오류(ad baculum)

'힘에 호소하는 오류'는 논증을 만드는 사람이 자신이 가진 힘이나 지위를 이용하여 상대방에게 결론을 받아들이도록 할 때 발생하는 오류다. 이와 같은 오류는 일종의 '위협'이나 '협박'으로 볼 수도 있다.

<사례 1>

1학년 학생들은 모두 이번 개강 총회에 참여하도록 하세요. 만일 참석하지 않는다면, 각종 학과 공지와 행사에서 불이익을 당할 수 있다는 점에 유의하세요. 참고로, 이번 개강 총회에는 전공 교수님들과 학과장님이 참석하실 예정입니다. 여러분의 4년 후를 생각하고 행동하세요.

---

17. 김광수와 코피(I. Copi) 등은 비형식적 오류를 그 특징에 따라 '자료적(인식적)인 오류, 심리적인 오류, 언어적인 오류'로 구분하기도 한다. 하지만 비형식적 오류를 구분하는 개념적 명칭과 무관하게 그 안에 포함되는 비형식적 오류의 내용과 종류에는 차이가 없다. 여기서는 좀 더 최근의 분류 방식을 제시하고 있는 프란시스(Frances, Howard-Snyder)의 구분 방식을 따르고 있다.

만일 우리가 위와 같은 논증 아닌 논증, 즉 일종의 '**협박성 문자**'메시지를 받았다면, 우리는 이 공지가 '힘'에 호소하는 오류를 범하고 있다는 것을 파악해야 한다. 이와 같은 논증과 달리, 우리는 개강 총회에 참석해야 하는 좋은 이유들, 즉 '합리적'인 이유들을 얼마든지 제시할 수 있기 때문이다. 예컨대, 개강 총회에 참석했을 경우 기대할 수 있는 다양한 이익 등을 적극적으로 제시할 수 있다. 반면에 '사례 1'은 그와 같은 것들을 통해 합리성에 호소하기 보다는 '**위협**'이라는 심리적 기제에 호소하고 있다.

2) 권위에 호소하는 오류(ad verecundiam)

'권위에 호소하는 오류'는 논증의 현안 문제와 관련이 없는 분야의 권위자(또는 전문가)의 견해에 기대어 결론을 지지하는 논증을 구성할 때 발생하는 오류다.

권위에 호소하는 것이 언제나 오류를 일으키는 것은 결코 아니다. 우리는 학적 영역과 일상에서 마주하는 모든 쟁점들에 대해 앞선 학자들의 연구에 의해 규명된 관련 '전문 지식'을 사용하여 자신의 논증을 개진할 수 있다. (아무리 뛰어난 능력을 가진 사람이라고 하더라도) 우리가 발 딛고 있는 이 세계의 그 누두도 세상만사(世上萬事)의 모든 것과 쟁점에 대한 모든 전문적인 지식을 가지고 있을 수는 없기 때문이다.

예컨대, 당신과 같은 대학생이 '광양자(photon)'에 대해서 논증을 할 경우, 당신은 아인슈타인의 이론과 견해에 의지하여 자신의 주장을 뒷받침할 수 있다. 이와 같은 경우는 온당한 또는 '적절한 권위'에 호소하여 자신의 주장을 논증하고 있기 때문에 매우 타당하다고 할 수 있다. 일반적으로, (물리학과 양자역학 전공자를 제외한다면) 철학이나 생물학 등을 전공으로 삼은 대학생들이 광양자의 속성을 밝히기 위해 실험을 진행해서 직접 증명하는 것은 매우 어려울 뿐만 아니라 불필요할 정도로 많은 기회비용이 발생하기 때문이다. 게다가 가장 중요한 점은 아인슈타인은 그 분야에 있어서 신뢰할 수 있는 '권위'를 가진 과학자이기 때문이다.

다음과 같은 사례를 평가해보자.

<사례 2>
"이 우유를 드세요. 이 우유는 아인슈타인도 즐겨 마신 우유랍니다."

이와 같은 논증적 성격의 광고가 의도한 것은 무엇일까? 이 광고는 아마도 '당신이 아인슈타인과 같은 훌륭한 지성을 가진 사람이 즐겨 마신 우유를 마시면, 당신도 그와 같이 훌륭한 지성을 가질 수 있을 것이다'를 말하고 싶었을 것이다. 하지만 이것은 명백한 '권위에 호소하는 오류'다. 아인슈타인이 권위를 가진 분야는 '물리학'이지 '우유'가 아니다. 어떤 우유가 좋은 우유인지 알기 위해서 필요한 '전문 지식'은 식품이나 영양에 관한 것이다. 비록 우리가 아인슈타인의 놀라운 지성과 (물리)과학적 성과에 경탄하고, 그의 여러 행동들에 대해서 존경하고 있다고 하더라도, 아인슈타인이 그 우유를 즐겨 마셨다는 사실은 그 우유가 좋은 우유라는 것에 대한 합리적인 근거가 될 수 없다.

3) 대중에 호소하는 오류(ad populum)

대중에 호소하는 오류는 '다수결의 원리'에 의해서 결정될 수 없는 현안 문제에 대해서 다수결의 원리를 도입하여 해결하려 할 때 발생하는 오류다.

현대 민주주의 사회에서 '다수결의 원리'는 분명 어떤 문제들을 해결하는 데 있어서 유익하고 또 합리적인 의사결정을 도출하는 한 일반적인 방법일 수 있다. 소위 정치적인 사안들이라고 불리는 일들이 아니더라도, 우리는 '친구들과 어디로 소풍을 갈 것인지, 회식을 어디에서 할 것인지' 등과 같은 일상에서의 소소한 결정들을 '다수결'에 의존하여 결정할 수 있으며, 그와 같은 경우는 전혀 문제될 것이 없다는 것을 알고 있다. 하지만 '**진리**'에 관한 문제는 어떠한가? 예컨대, 우리는 다수결에 의존하여 '1+1=2'가 아니라 '1+1=3'이라고 '**증명**'할 수 있는가? 물론, 우리는 그것은 결코 다수결에 의해 결정될 수 없는 것이라고 말할 것이다. 다음의 사례를 보자.

<사례 3>
많은 사람들이 남자와 여자가 잘 할 수 있는 것이 따로 정해져 있다는 것을 알고 있습니다. 그런데 당신은 왜 이러한 기본적인 상식을 무시하는 것입니까?

〈사례 3〉은 많은 사람들(대중)이 '고정적인 성 역할'에 대해서 긍정하고 있다는 것을 근거로 삼아 그것에 반대하는 사람을 논박하려고 시도하고 있다. 하지만 남자가 잘하는 것과 여자가 잘하는 것이 따로 정해져 있는 것이 '사실인지 아닌지'와 사람들이 그것에 대해서 '무엇을 믿는가'는 관련이 없다. 이것은 마치 많은 사람들이 중력이 있다고 믿는가, 또는 중력이 없다고 믿는가에 상관없이 중력은 자연적인 사실로서 존재하는 것과 마찬가지다. 따라서 우리는 이러한 사례를 '대중에 호소하는 오류'라고 판단해야 한다. 마지막으로 한 가지 사례를 더 살펴보자.

<사례 4>
 A 나라의 국민들 절대 다수는 현 정권이 유지되기를 원하고 있다. 따라서 A 나라의 이번 총선에서 여당이 승리하는 것이 바람직하다.

<사례 4>는 대중에 호소하는 오류인가, 그렇지 않은가? 겉으로 보기에, <사례 3>과 <사례 4>는 동일한 '형식'을 가지고 있다. 따라서 우리는 <사례 4>도 <사례 3>과 마찬가지로 대중에 호소하는 오류를 저지르고 있는 논증으로 보아야 할까? 그렇지 않다. 우리는 지금 '**비형식적**' 오류를 다루고 있다. 형식이 동일하기 때문에 그와 같은 형식을 가진 논증 모두를 오류로 판단하는 것은 연역논증의 형식적 오류의 경우다. 따라서 <사례 4>는 일반적으로 좋은 논증으로 받아들여야 할 것 같다. <사례 4>는 민주주의 원칙에 대한 숨겨진 전제를 가지고 있다. 만일 A 나라가 공정한 민주적 선거를 치룰 의지가 있을 경우, 국민들의 절대적인 지지를 받는 여당이 선거에서 승리하는 것이 바람직하기 때문이다.

4) 연민에 호소하는 오류(ad misericordiam)

 '연민에 호소하는 오류'는 결론에 대한 합리적인 근거를 제시하는 것이 아니라, 감정(emotion, 연민)에 호소하면서 상대방이 결론을 수용하도록 (은밀히 강요)할 때 발생한다.
 연민에 호소하는 논증이 실효적인 의미에서 설득력이 (전혀) 없는 것은 아니다. 오히려 어떤 경우에는 어설프게 논리적으로 상대를 설득하는 것보다 단지 연민에 호소하는 소위 '읍소 전략'이 효과적일 수 있다. 아리스토텔레스도 설득을 위해서는 '로고스(논리)'뿐만 아니라 '파토스(감정)'도 중요하다고 역설한 바 있다. 하지만 이러한 논증은 합리성에 호소하는 것이 아니라 감정에 호소하기 때문에 좋은 논증이 될 수 없으며, 오류 논증이다.

<사례 5>

"경찰관님, 저를 지금 잡아가지 말아주세요. 오늘은 딸아이의 생일입니다. 그동안 아빠로서 못해준 것이 너무 많아요. 잡혀가기 전에 마지막으로 딸아이와 함께 놀이공원에 갈 수 있도록 해주세요."

〈사례 5〉는 우리에게 매우 익숙한 형식의 주장이다. 게다가 어떤 측면에서 분명히 설득력도 있는 듯이 보인다. '설득력'은 상대방의 '믿음, 태도, 행동' 등을 자신이 원하는 방향으로 바꾸는 '힘'의 일종이다. 경찰관은 아마도 그가 비록 중범죄를 저지른 죄인이라고 하더라도 그에게 적어도 하루의 말미를 줄 수 있을지도 모른다. 하지만 안타까운 부정(父情)을 통해 상대방의 정서에 호소하는 것은 바람직한 논증이라고 볼 수 없다. 게다가 〈사례 5〉에서 경찰관이 합리적인 사람이라면, 반드시 범인이 개진한 논증의 전제들이 진짜 사실인지 여부도 검토해야 한다. 상식에 기대어 볼 경우, 논증의 발화자인 범인은 거짓말을 할 만한 강력한 동기를 가지고 있는 인물이기 때문이다. 따라서 이와 같은 연민에 호소하는 논증은 오류다.

5) 무지에 호소하는 오류(argument from ignorance)

'무지에 호소하는 오류'는 어떤 것을 모른다는 것을 이유로 무엇인가를 증명하려고 시도할 때 발생하는 오류이다.

데카르트는 '무(無)에서는 무(無)가 나온다'는 명제를 '자연의 빛'에 의한 진리라고 주장한 바 있다. 즉, '아무 것도 없다면 그것으로부터는 아무 것도 발생하지 않는다'는 명제는 확고부동한 진리라는 것이다. 마찬가지로, 우리는 '무지(ignorance)'로부터는 '증명(proof)'이 나오지 않는다는 것을 명심해야 한다. 다음의 사례를 살펴보자.

<사례 6>
우리들 중 그 누구도 외계인이 존재한다는 것을 증명하지 못했다. 따라서 외계인은 없다고 볼 수 있다.

<사례 6>은 전형적인 '무지에 호소하는 오류'의 사례다. 우리는 '무지에 호소하는' 표현이 매우 다양하다는 것에 주의를 기울여야 한다. 일반적으로 '무지'는 '모른다', '그것에 대해 아는 사람이 없다', '증명하지 못했다', '증거가 없다' 등으로 다양하게 표현될 수 있다. <사례 6>은 '증명하지 못했다'라는 표현의 무지의 상태가 드러나 있다. 외계인이 존재한다는 것을 '증명하지 못했기' 때문에 혹은 심지어 '증명하지 못하기' 때문에 우리는 외계인이 없다는 명제를 참으로 수용해야만 하는가? 그렇지 않다. '어떤 명제 p를 모른다'는 것은 '~p'를 증명하는 데 사용될 수 없는 전제다.

하지만 '무지에 호소하는 오류' 역시 비슷한 형식을 공유하지만, 오류로 판단되지 않는 논증이 있다. 다음의 사례를 살펴보자.

<사례 7>
성열이 피해자를 살해했다는 증거는 어디에도 없습니다. 따라

서 성열은 이 살인사건에 있어서는 죄가 없습니다.

〈사례 7〉은 〈사례 6〉과 매우 유사한 형식을 갖고 있다. 〈사례 7〉 역시 '무지'에 호소하는 표현인 '**증거가 없다**'는 문구가 등장하고 있다. 또한 〈사례 7〉은 바로 이 살인의 증거가 없다는 것, 즉 무지에 호소함으로써 무죄를 입증하려고 시도하고 있다. 〈사례 7〉은 얼핏 보면 영락없이 '무지에 호소하는 오류'를 저지르고 있는 것으로 보인다. 하지만 만일 〈사례 7〉이 법정에서 변호사의 입을 통해 발화된 논증이며, 그것이 '**무죄 추정의 원칙**'을 기본 가정(혹은 숨겨진 전제)으로 삼고 있는 논증이라면 우리는 이것을 오류로 판단해서는 안 된다. '비형식적 오류'는 그 형식이 아닌 논증의 내용에 오류의 원천이 담겨 있다. 그리고 논증의 내용은 우리가 조심스럽게 해석하고 밝혀내야 하는 대상이다. 우리는 비슷한 형식의 논증들도 종합적으로 판단해서 그것의 '오류 여부'를 면밀하게 검토하는 습관을 키워야 한다.

6) 인신공격의 오류(ad hominem)

자유로운 토론의 장에서 서로 논쟁하는 두 사람을 생각해보자. 두 사람의 논쟁이 합리적이고 생산적인 토론이라면, 두 사람은 서로 상대방의 '말(논증)'에 대해서 공격을 시도할 것이다. 하지만 안타깝게도 현실에서의 우리의 토론하는 모습은 이와 다른 경우가 많다. 우리는 종종 상대방의 '말(논증)'이 아닌 '**상대방 자체**'를 공격하려 든다. 소위 '메시지(message)가 아닌 메신저(messenger)를 공격한다'는 행위가 여기에 속한다. 우리는 이러한 경우에 발생하는 오류를 '인신공격의 오류'라고 한다. 즉, 인신공격의 오류란 논쟁 상대의 견해를 논리적으로 반박하지 않고 상대의 '**개인적**

인(personal) 속성'을 공격함으로써 반박을 시도할 때 발생하는 오류다. 인신공격의 오류는 우리 사회에서 특히 악명이 높은 오류이며, 하루빨리 사라져야 하는 오류라고 할 수 있다. 공론의 장에서 인식공격의 오류를 저지르는 것은 축구경기에서 공을 차지 않고 '**사람을 차는 것**'과 마찬가지로 매우 비신사적인 심각한 반칙이기 때문이다.

<사례 8>
 지수가 주장하는 토지공개념은 말도 안 되는 정책입니다. 지수가 누구입니까? 그녀의 조상 중에는 일제 강점기 친일파도 있었고, 또 월북해서 6.25 전쟁 때 남한을 침략한 북한군 장교도 있었습니다. 게다가 지수는 하나님이 계신다는 것도 믿지 않는 자입니다.

〈사례 8〉은 토지공개념이라는 특정 정책을 현안문세로 삼아 논쟁하는 토론의 과정에서 제기된 '비판 아닌 비판'이다. 지수는 아마도 토지 공개념이 왜 좋은 정책인지에 관한 이유와 근거들을 제기하였을 것이다. 그렇다면 지수의 견해를 논박하려는 사람은 마땅히 그녀가 든 근거와 이유들에 대해서 합리적인 비판을 가해야 한다. 심지어 지수가 그럴듯한 이유와 근거를 제시하지 못했더라도, 지수의 견해를 논박하려는 사람은 '말(논증)'을 통해 토지공개념 정책을 비판했어야 한다. 하지만 위의 사례에서 지수의 상대자는 지수의 개인적인 속성, 즉, 그의 '출신과 종교관' 등을 언급하며 논박을 시도하고 있다. 따라서 이 사례는 인신공격의 오류의 사례에 해당된다. 물론, 개인적인 속성들은 여러 가지가 있다. '인종, 국적, 나이, 생물학적 특징, 성 정체성' 등 여러 가지 것들은 모두 개인적 속성에 해당하는 것들이다. 이러한 것들은 특정한 견해를 입증하거나 반증하는 데 사용되어서는 안 되는 논증 밖의 요소들이다.

7) 성급한 일반화(거꾸로 된 우연)의 오류(hasty generalization)

성급한 일반화의 오류는 단순 일반화의 과정에서 '표본의 수가 너무 적을 때' 발생하는 오류다. 성급한 일반화의 오류는 '성급하다'는 것이 강조되어서는 안 되며 '일반화'에 방점이 찍혀야 한다. 오류 논증은 대부분 성급하게 추론할 때 만들어진다. 그래서 많은 사람들이 성급한 일반화의 오류와 상관이 없는 오류도 '성급한 일반화'의 오류로 잘못 판단하는 경향이 있다. 우리는 '일반화'가 결론에서 이뤄지고 있는지 먼저 확인하고, 그 '일반화'가 매우 적은 사례들만으로 지지되고 있음을 주의를 기울여 확인한다면 이러한 잘못을 피할 수 있다.

<사례 9>
　일주일 전에 만난 대학생은 친절했다. 어제 만난 대학생도 친절했다. 그런대 오늘 만난 대학생마저도 친절했다. 모든 대학생은 친절하구나!

위의 사례는 성급한 일반화의 오류의 전형적인 사례이다. 결론에서 '모든 대학생은 친절하다'라는 일반화 명제가 등장하며, 그것을 지지하는 근거는 단지 '세 가지 사례'에 불과하다. 모든 대학생의 속성에 대해서 성급하게 일반화한 것이다. 그렇다면 도대체 얼마나 많은 사례들이 모여야 성급하지 않은 일반화, 즉 합리적으로 수용 가능한 단순 일반화를 만들 수 있는 것일까? 이러한 질문에 대답하는 것은 쉽지 않다. 표본의 '대표성'과 '정당성'에 대해서는 귀납 일반에 대한 철학적인 그리고 사회과학적인 논의가 필요하다. 하지만 분명한 것은 위의 사례에서 알 수 있듯이, 모든 대학생의 속성을 도출하는 데 있어서 단 세 가지의 사례는 터무니없이 적다는 것을 알 수 있다. 우리는 이러한 경우에 '성급한 일반화'가 이루어졌다고 정당하게 비판할 수 있다.

한편, 성급한 일반화의 오류는 종종 '편향된 자료의 오류', '결합의 오류' 그리고 '우연의 오류'와 혼돈되기도 한다. 이 세 가지 유사한, 하지만 분명히 다른 오류들 중 '우연의 오류'는 바로 다음에서 다루어볼 것이다. '편향된 자료의 오류'와 '결합의 오류'에 대해서는 이어지는 12강에서 다룰 것이다. 간략히 말하자면, '편향된 자료의 오류'는 표본의 총 수에는 문제가 없지만, 표본이 추출된 **과정에 편향성**이 존재할 때 발생하는 오류다. 이러한 점에서 '성급한 일반화의 오류'와 분명히 구별된다. 또한 '결합의 오류'는 부분들이 모두 '망라'되면서 전체의 속성을 결론으로 도출한다. 하지만 '성급한 일반화의 오류'는 부분들의 극히 일부만이 전제로 등장하기 때문에 발생하는 오류다. 이러한 점에서 '결합의 오류'또한 '성급한 일반화의 오류'와 확실히 구별된다.

8) 우연의 오류(fallacy of accident, secundum quid)

우연의 오류는 일반적 명제를 우연히 발생하는 예외적 상황을 통해 반박하려고 할 때 발생하는 오류이다. 다음의 사례를 살펴보자.

<사례 10>
　요즘 대학생들은 너무 개인적인 노력을 안 한다. 그들은 언제나 사회적 환경과 출신 배경 때문에 성공하기 힘들다고 말하며, 자신들의 노력이 부족함을 탓하지 않고 사회구조와 정부를 비난한다. 하지만 이것은 분명히 잘못된 생각이다. 정 회장님과 이 회장님을 보라. 그들은 무일푼으로 시작해서 세계적인 대기업을 만들었다. 이러한데도 언제까지나 사회 탓만 하고 있을 것인가?

우리는 위의 사례와 같은 '논증 아닌 논증'을 쉽게 찾아 볼 수 있다. 위 논증은 잘못된 논증이며, 당연히 우연의 오류에 해당된다. 위 사례는 '일반적으로 개인의 성공과 실패는 사회적인 구조와 배경에 많은 영향을 받는다'라는 견해를 반박하기 위해서 정당한 근거인 '사회과학적인 통계'에 의거하는 것이 아니라 '**극히 예외적인 사례**'에 의존하고 있다. 아마도 정 회장과 이 회장은 정말로 자수성가한 실제 사례일 것이다. 하지만 이것은 일반적인 명제의 합리적 수용가능성을 무너뜨리는 합당한 근거가 될 수 없다. 이것은 어디까지나 '**우연히**' 발생하는 예외적인 상황이기 때문이다. 다음의 사례를 보자.

<사례 11>
　미국에서 흑인들이 차별받고 있다는 주장은 잘못된 주장이다. 오바마 대통령을 보라. 흑인이 차별받고 있다면 흑인인 오바마가 어찌 대통령이 될 수 있었겠는가!

우리는 오바마 대통령이라는 예외적인 상황을 통해 '미국에서는 여전히 흑인들이 차별 받는다'라는 일반적인 명제를 반박할 수 없다는 것에 충분히 납득할 것이다. 그 이유는 사회과학적인 일반적 명제로 이루어진 주장은 언제나 예외를 인정하고, 그러한 예외가 있다고 해서 일반적 명제로 이루어진 명제가 논박되는 것은 아니라는 것을 알고 있기 때문이다. 물론, 자연과학에서 등장하는 보편성을 추구하는 명제들은 이와 다르다. '모든 질량은 서로 당기는 힘이 작용한다'는 '만유인력의 법칙'은 단 하나의 예외만 발생해도 그것이 논박된다. 하지만 통상적으로 사용되는 일반적 명제, 그리고 특히 사회과학적 맥락에서 사용되는 일반적 명제들은 우연히 발생하는 예외적 사례들로는 반박되지 않는다.

한편 이러한 '우연의 오류'를 형식적으로 반대의 의도로 적용하면 '성급한 일반화의 오류'가 된다.

우연의 오류	몇몇 소수의 사례(우연적인 사례) →	**일반적 명제를 반박**
성급한 일반화의 오류	몇몇 소수의 사례(우연적인 사례) →	**일반적 명제를 증명**

이러한 이유 때문에 성급한 일반화의 오류는 '거꾸로 된(역전된) 우연의 오류'라고 불리기도 한다. 하지만 이 둘은 분명한 차이가 있기 때문에 서로 혼동하여서는 안 된다.

9) 논점 일탈의 오류(red herring fallacy)

논점 일탈의 오류는 전제들이 지지하는 현안 문제와 관련된 특정 결론을 분명하게 제시하지 않고 엉뚱한 다른 결론을 도출하였을 때 발생하는 오류다. 사람들은 통상 자신이 논점 일탈의 오류와 같은 초보적인 실수를 저지르지 않을 것이라 생각한다. 하지만 논증이 길어지고, 논증을 만드는 시간이 오래 걸린다면 우리는 종종 논점 일탈의 오류를 저지르게 된다. 다음의 사례를 살펴보자.

> <사례 12>
> 사형제도는 강력 범죄를 예방하는 데 효과가 없다는 조사 결과가 제시되고 있다. 또한 인간은 언제나 실수를 저지를 수 있기 때문에 사형의 판결이 오판일 가능성도 있다. 게다가 사형이라는 것 자체가 일종의 살인이며 공리주의적 관점에서 살인은 그 자체로 고통을 증가시키는 악한 행위이다. 공리주의적 관점은 우리가 왜 선한 행위를 해야 하고 악한 행위를 하지 않아야 하는지 설득력 있게 논증해 준다. 반면에, 의무론적 관점은 공허하고 지나치게 형식주의적이다. 그러므로 공리주의적 윤리관이 올바른 윤리적 관점이다.

위의 사례에서 현안문제는 '사형제도 존폐'에 관한 것이다. 따라서 우리는 마땅히 그 논증의 결론으로 '사형 제도를 존치해야 한다'거나 '사형 제도를 폐지해야 한다' 등의 결론을 기대할 것이다. 하지만 위의 논증은 엉뚱하게도 결론으로 '공리주의적 윤리관이 올바른 윤리적 관점이다'를 제시하고 있다. 이미 언급했듯, 우리는 이렇게 뻔히 보이는 단순한 오류를 여간해서는 저지르지 않을 것이라고 생각하는 경향이 있다. 하지만 이러한 논증이 오랜 시간에 걸쳐 만들어지고 또 긴 분량으로 만들어진다면 우리는 종종 이러한 논점 일탈의 오류를 범하게 된다.

한편, 논점 일탈의 오류는 의도적으로 만들어지는 경우도 많이 있다. 오류를 고의적으로 만든다는 것이 이상하게 들릴 수 있다. 하지만 우리는 상대와 토론하거나 논쟁할 때 자신의 뜻대로 논의의 흐름이 진행되는 것이 불가능하다고 느껴지면 종종 의도적으로 논점을 일탈시키고는 한다.

<사례 13>

동훈: 제니는 노래를 정말 잘 부른다. 그녀의 노래를 듣고 있으면 마음이 편안해 지거든.

지수: 음? 그래? 나는 제니가 노래를 잘 부르지 못한다고 생각해. 왜냐하면 제니의 노래는 음정이나 박자가 조금씩 틀리기 때문이야.

동훈: 음정이나 박자는 노래를 부르는 사람이 조금씩 느낌을 살리기 위해서 변화를 줄 수 있는 것이야.

지수: 노래를 그렇게 자기 주관적인 느낌대로 부르면 그것은 프로의 자세가 아니야.

동훈: 하하하. 프로의 자세라고? 내가 바로 프로야. 나는 보컬 트레이너로 활동 중이거든. 프로로서 말하자면, 많은 사람이 듣고 즐길 수 있도록 하는 것, 그것이 바로 좋은 가수야.

지수: 음? 그래? 나도 실용음악과 교수이고 음악 평론가야. 내 생각에는 좋은 가수의 기본은 여전히 음정과 박자를 정확하게 지키는 것이라고 생각해.

동훈: 너 말하는 것을 들어보니 대중들을 너무 무시하는 것 같아.

너는 민주주의가 뭐라고 생각하니?
지수: 우리의 논의는 민주주의와는 관련이 없어. 무슨 말을 하고 싶은 거니?
동훈: 말을 피하는 것을 보니까 너는 민주주의가 무엇인지 잘 모르는구나?
지수: ……!

〈사례 13〉은 사실 우리가 흔히 발견할 수 있는 일상적인 공론장의 모습이기도 하다. 동훈은 자신이 논쟁을 자기에게 유리한 방향으로 이끌어 가기 힘들다는 것을 발견하고 의도적으로 논점을 이탈시키고 있다. 동훈은 논점을 '좋은 가수의 조건'에서 '민주주의'로 이탈시키고 있다. 우리가 잠시 좋은 논증이나 나쁜 논증에 대한 합리성의 기준을 떠난다면, 자신에게 유리한 전투 환경에서 전쟁을 치를 수 있도록 전장을 이동시키는 것은 매우 효과적인 전략이라고 말할 수 있을 것이다. 하지만 만일 상대가 '오류론'을 잘 배운 사람이라면 이러한 전략은 무효화되기 십상이기도 하다. 왜냐하면 우리는 이렇게 논점을 이탈시키려는 사람에게 단호히 '논점 일탈의 오류를 범하지 마시오!'라고 말할 것이기 때문이다.

부연하여 말하자면, 논점 일탈의 오류는 영어로 'red herring'이라고 불린다. 직역하면 '훈제 청어'라는 뜻이고 의역하면 '주의를 교란시키기'라는 뜻이 있다. 훈제 청어는 그 냄새가 고약하다. 사냥개는 목표물을 향해 추적을 잘하기로 유명하지만, 훈제 청어의 냄새를 맡으면 목표물의 냄새를 제대로 맡지 못하고 갈팡질팡 하게 된다. 논증이 핵심 현안을 잃어버리고 이리 저리 표류하게 되는 모습이 마치 훈제 청어의 냄새를 맡은 사냥개의 모습과 비슷하기 때문에 이러한 이름이 붙게 된 것으로 보인다. 우리는 목표물을 잊지 않고 집요하게 추적하는 사냥개가 되어야 하며, 누군가 훈제 청어의 고약한 냄새를 풍기려 든다면, 단호하게 '논점 일탈의 오류를 범하지 마시오!'라고 말하고 오류를 미연에 예방해야 한다.

2. 애매성의 오류(fallacy of ambiguity)

1) 애매어의 오류

애매어의 오류란 한 논증에서 사용되는 핵심 개념이 애매할 때 발생하는 오류이다. 한 단어가 애매하다는 것은 서로 구분되는 두 가지 이상의 뜻으로 해석될 수 있다는 것을 의미한다. 어떤 사람이 논증을 만들 때 개념어를 정확하게 정의하지 않고 문맥에 따라서 '이렇게 또는 저렇게 해석'될 수 있는 애매성을 남겨둔 채로 논증을 구성한다면, 그는 애매어의 오류를 저지르게 된다.

<사례 14>
- p_1. 모든 사람은 죄인이다.
- p_2. 죄를 지은 사람은 벌금을 내거나 감옥에 가야한다.
- c. 따라서 모든 사람은 벌금을 내거나 감옥에 가야한다.

우리는 전제 'p_1'과 전제 'p_2'에서 사용된 '죄'라는 개념을 다르게 해석해야만 각각의 전제들을 합리적으로 받아들일 수 있다. 즉, 전제 'p_1'에서의 '죄'는 **도덕적 죄**(moral sin)로 이해하고, 전제 'p_2'에서의 '죄'는 **법률상의 죄**

(lawful crime)로 이해할 때 각각의 명제들을 합리적으로 수용할 수 있다. 하지만 전체 논증에서 '죄'는 두 가지 의미로 혼동되어 사용되고 있다. 즉, 이 논증에서 '죄'는 애매하게 사용되고 있다. 이러한 애매성에 기인하여 황당한 결론이 도출되었기 때문에 이 논증은 '애매어의 오류'를 저지르고 있다.

애매어의 오류는 다양한 변형을 가질 수 있다. 다음의 사례를 살펴보자.

<사례 15>
철수와 영희는 결코 헤어지지 않을 것이다. 왜냐하면 그들은 진정으로 사랑하고 있기 때문이다. 제니와 지수도 서로 사랑했지만 헤어지지 않았냐고? 그들은 서로 사랑했던 것이 아니야. 왜냐하면 진정한 사랑은 결코 변하지 않고 어떤 난관도 극복하는 것이거든.

<사례 15>는 '사랑'이라는 개념의 애매성으로부터 생겨났다. 하지만 여기서 '사랑'이라는 개념의 애매성은 논증을 만드는 사람이 의도적으로 '사랑'이라는 개념을 '은밀하게 재정의'하면서 발생한다. 일반적으로 사람들이 이해하는 '사랑'은 때로는 변하는 것이고, 또 때로는 현실적인 문제 때문에 이어가지 못하는 경우도 있다. 하지만 이 논증의 작성자는 자신이 일방적으로 '사랑'이란 '결코 변하지 않는 것이며 어떠한 난관도 극복하는 것'이라고 정의내리고, 이것을 근거로 삼아 논증을 구성하였다. 우리는 이러한 종류의 애매어의 오류를 특별히 '은밀한 재정의의 오류'라고 부르기도 한다.

2) 애매한 문장의 오류

애매한 문장의 오류는 하나의 문장이 두 가지 이상의 의미로 파악될 수 있을 때 발생하는 오류다. '애매한 문장의 오류'는 '애매어의 오류'와 달리 특정 '단어'나 '개념어'는 애매하지 않지만 '문장의 구조'가 애매하기 때문에 발생한다.

<사례 16>

김 모 국회의원: 나는… 절대적으로… 그 법안에 동의하지 않습니다.
△△신문 기자: 네? 뭐라고요? 당 대표의 말에 따르면, 당신은 내일 그 법안에 동의할 계획이라고 합니다. 누구 말이 진실입니까?
김 모 국회의원: 나는 절대적으로 그 법안에 동의하는 것은 아니라는 뜻으로 한 말입니다. 내가 언제 그 법안에 동의하지 않을 것이라고 했습니까?

위의 사례는 어떤 면에서 수완이 좋은 정치인의 수사(말 법, rhetoric)를 보여준다. 김 모 의원은 아마도 의도적으로 대다수의 국민들이 동의하지 않는 법안에 찬성하는 자신의 모습을 기자에게 들키고 싶지 않았을 것이다. 그는 다음과 같이 말한다. "나는 절대적으로 그 법안에 동의하지 않습니다." 하지만 그는 이렇게 말하면서 속으로는 '나는 **절대적으로** 그 법안에 동의하는 것은 아니다. 하지만 **상대적으로**는 그 법안에 얼마든지 동의할 수 있다. 그 법안에도 좋은 점은 얼마든지 있다'라고 생각하였을 것이다. 물론 그의 이러한 속마음은 결코 겉으로는 잘 드러나지 않는다. 문장의 구조적 속성에 의해 '절대적으로'라는 '**양상적 표현**'이 '동의하지 않는다'를 수식하는 것인지 '동의한다'를 수식하는 것인지 애매하기 때문이다. 이러한 표현, 혹은 이러한 표현이 논증에 포함되어 있을 때 '애매한 문장의 오류'가 발생한다. '애매한 문장의 오류'가 만들어지는 방식은 매우 다양하다. 심지어 '문장의 주어를 빼'거나 하는 방식으로도 얼마든지 '애매한 문장의 오류'를 의도적으로 만들 수 있다. '애매한 문장의 오류'의 핵심은 문장의 구조적 속성 때문에 하나의 '문장'이 여러 가지 '명제(의미)'로 해석될 여지가 있다는 것이다.

3) 결합의 오류(fallacy of composition)

결합의 오류는 전체를 구성하는 부분이나 집합의 원소의 속성으로부터 전체의 속성 또는 집합의 속성을 부당하게 도출하려고 할 때 발생하는 오류다. 결합의 오류가 애매성의 오류인 이유는 '**부분과 전체**'라는 개념을 정확하게 이해하지 못하고 혼동하여 발생하는 오류이기 때문이다. 다음의 사례를 살펴보자.

<사례 17>
우리 팀원들은 하나 같이 모두 뛰어난 성취도를 보여준다. 따라서 우리 팀은 뛰어난 성취도를 보여줄 것이다.

위의 사례는 전형적인 '결합의 오류'의 사례다. '팀'은 팀을 구성하는 '팀원들의 집합'이다. 하지만 전체로서의 팀이 보여주는 성취도는 각각의 팀원들이 가지고 있는 성취도와 큰 상관이 없다. 각각의 팀원들이 개별적으로 가지고 있는 성취도는 팀 차원에서 전혀 다른 결과를 낳을 수 있기 때문이다. 어떤 팀은 수준 높은 팀원들로 이뤄져 있지만 '팀-워크'가 좋지 않아서 팀은 형편없는 수준일 수 있다. 이러한 오류는 팀 **전체**가 가지는 팀의 성취도가 그것의 '부분'인 팀원이 가지는 성취도와 큰 연관이 없다는 것을 이해하지 못했기 때문에 발생한다.

한편, 앞서 언급했듯이 '결합의 오류'는 종종 '성급한 일반화의 오류'와 혼동되기도 한다. 큰 틀에서 보자면 둘 모두 부분으로부터 전체로 나아가는 생각의 패턴을 보여주기 때문이다. 하지만 양자 간에는 뚜렷한 차이가 있다. '결합의 오류'는 전제에서 부분들이 모두 망라되어 있다. 하지만 '성급한 일반화의 오류'는 모집단의 극히 일부 사례만이 전제에 사용된다. 또한 '결합의 오류'는 결론에서 '일반화'가 이루어지지 않는다. 하지만 '성급한 일반화의 오류'는 결론에서 반드시 '일반화'가 이루어져야 한다.

4) 분해의 오류(fallacy of division)

우리는 이미 바로 앞에서 '결합의 오류'를 보았다. '결합의 오류'에 대해서 정확히 이해하고 있다면 '분해의 오류'는 이해하기 쉽다. 분해의 오류는 전체 또는 집합으로부터 그것을 구성하는 부분, 또는 원소들의 속성을 부당하게 도출하려고 할 때 발생하는 오류다. '분해의 오류' 역시 관건이 되는 '전체'와 '부분'이 가지는 '본성상'의 차이를 제대로 이해하지 못할 때 발생하는 애매성의 오류에 해당된다. 다음의 사례를 살펴보자.

<사례 18>

이 책상은 빈틈없이 매우 촘촘하다. 따라서 이 책상을 구성하는 원자도 매우 촘촘할 것이다.

위 사례는 전형적인 '분해의 오류'이다. 책상은 틀림없이 그것을 구성하는 원자들의 집합 그 이상도 그 이하도 아니다. 하지만 책상이 빈틈이 없다고 해서 그것을 구성하는 원자들도 빈틈이 없을 것이라는 생각은 '**책상(전체)과 원자(부분)에 대한 오해**'일 뿐이다. 거시 세계에서 볼 때 책상은 빈틈없이 촘촘한 대상이지만, 미시 세계에서 바라본 원자는 거의 대부분이 비어 있는 텅 빈 공간에 가깝다. '분해의 오류'혹은 '결합의 오류'는 형식적 오류가 아니다. 비슷한 형식의 논증이지만 오류가 아닌 것도 있을 수 있다. 따라서 항상 논증의 실질적인 내용을 주목해야 한다. 각각의 논증들에서 현안 문제가 되는 '전체'와 '부분'이 무엇인지 잘 파악하고 그것들이 서로 어떤 관계를 맺고 있으며 '전체'가 그것을 구성하는 '부분'들과 가지는 차이점을 분명히 알고 있을 때 이러한 오류들을 피할 수 있다.

연습문제

다음 글들을 읽고 어떤 오류를 저지르고 있는지 찾아보자.

(1) 몇 년 전 군 입대를 둘러싸고 논란을 빚은 아무개 씨는 최근 기자회견을 열고 자신의 억울함을 호소했다. 아무개 씨는 기자들에게 "나는 솔직히 내 입으로 내가 군대에 가겠다고 말한 적이 없다."면서 그 동안의 수많은 오해와 억측들을 일축했다. 하지만 싸늘하게 식어버린 대중들의 평가가 이번 기자 회견을 통해서 과연 회복할 수 있을지는 여전히 미지수다.

(2) 영희는 머리가 작아서 머리가 엄청 가벼워. 그래서 내가 영희의 팔도 들어보고 다리도 들어보고 했는데 그것들도 모두 가볍지 뭐야. 심지어 영희는 몸통도 가벼워 보여. 따라서 영희는 가벼운 것이 틀림없다.

(3) 무엇이든지 열심히 하라는 부모님의 말씀은 틀렸다. 나쁜 짓도 열심히 하라는 거야?!

(4) 최근 ○○신문사에서 실시한 여론조사 결과를 보면 약 70%의 사람들이 '사후 심판'이나 '천국', '지옥' 등을 믿는 것으로 드러났다. 요즘처럼 세속화된 시대에서 여전히 많은 사람들이 내세를 믿는다는 것은 놀라운 일이다. 이처럼 많은 사람들이 여전히 내세를 믿는다면 나도 내세의 존재에 대해서 다시 한번 생각해 봐야 하는 것 아닐까?

⑸ 지금껏 검사는 피고에 관한 이러저러한 사실들을 제시했습니다만, 그는 결코 피고가 살인을 했다는 사실을 증명하는 결정적인 증거를 제시하거나 증인을 내세우지도 못했습니다. 이런 상황에서 볼 때, 검사는 짜 맞추기 식으로 피고를 범인으로 몰아가고 있습니다. 그러므로 피고는 검찰이 기소한 죄를 저지르지 않았습니다.

⑹ 최근 읽은 신문기사에는 음주가 월경증후군의 원인이라고 나와 있다. 하지만 이런 주장은 틀렸다. 나는 술이라고는 입에도 대지 않는데 월경증후군이 심하단 말이야.

⑺ 주름 개선을 위한 A화장품은 뛰어난 효능을 가졌을 것이다. 왜냐하면 최근 유명한 배우인 아무개 씨가 A화장품 광고 전속 모델이 되었고 또 실제로 아무개 씨가 A화장품을 바르고 다닌다는 것은 방송계에 잘 알려진 사실이기 때문이다.

⑻ 내 친구는 최근 유럽 출장을 다녀왔다. 그 친구의 말을 빌리자면 공항에서 만난 사람, 택시 운전사, 그리고 우연히 마주친 행인들까지 유럽인들은 매우 친절했다는 것이다. 하나를 보면 열을 알 수 있다는 말이 있듯이, 유럽인들은 모두 친절한 것이 틀림없다.

⑼ 다음의 대화에서 발견할 수 있는 오류는?

용성: 사람들이 좋아하는 물건이 좋은 물건 아니야?

제니: 사람들이 좋아한다고 해서 좋은 물건은 아니지. 사람들이 달고 짠 음식을 좋아한다고 해서 달고 짠 음식이 좋은 음식인 것은 아니잖아?

용성: 무슨 소리야? 사람들은 건강식을 보통 싫어한다고!

(10) 인간의 뇌는 생각을 할 수 있다. 인간의 뇌도 결국 원자들의 결합물이다. 그러므로 원자들도 어느 정도는 낮은 수준의 생각을 할 수 있다고 간주되어야 한다. 그렇지 않고서는 뇌가 어떻게 생각을 할 수 있는지 과학적으로 설명할 수 없다.

(11) 데카르트는 우리가 알고 있다고 믿는 것들도 따지고 보면 거의 대부분 의심할 수 있는 것이라고 주장했다. 그는 심지어 우리가 지금 깨어 있는지 잠을 자고 있는지 조차 의심의 대상이 된다고 보았다. 이런 식의 생각은 잘못되었다. 의심이라는 것은 그렇게 작위적으로 발생하는 것이 아니다. 의심은 과학적인 탐구의 과정에서 우리가 가지고 있던 기존의 믿음을 반증하는 합리적인 증거가 발견되었을 때 생기는 것이다. 우리가 과학적인 탐구 방법을 유지하지 못했다면 우리는 결코 지금과 같은 발전된 문명 수준을 이룩하지 못했을 것이다. 따라서 과학적 탐구 방법이야말로 우리가 추구할 수 있는 최고의 인식과정이다.

(12) 다음 대화에서 발견할 수 있는 오류는?

의원: 당신은 부동산 정책을 담당하는 자리에 있습니다. 서민들은 하

루가 다르게 오르는 집값 때문에 고통 받고 있습니다. 언제까지 이렇게 부동산 투기를 조장하는 정책으로 서민들을 괴롭힐 것입니까?
장관: 의원님, 의원님은 지금 정부가 부동산 투기를 조장하는 정책을 펼치고 있다고 가정하고 계신데, 그것이 의원님께서 하실 말씀입니까? 의원님도 아파트가 여러 채 있잖아요!

(13) 순순히 금을 넘기면 유혈사태는 일어나지 않을 것입니다.

(14) 우리 사회는 복지에 좀 더 많은 공적 지출을 해야 합니다. 그 이유는 분명합니다. 점심을 굶는 아이들, 무더운 여름날 판잣집에서 선풍기 한 대로 폭염과 사투를 벌이는 노인들을 보십시오. 그들은 모두 우리의 가족이며 이웃입니다. 당신의 마음의 소리에 귀를 기울여보세요.

(15) 과학자들은 오랜 시간동안 지구 밖 우주의 지적 생명체의 존재 여부에 대해서 조사를 해왔다. 1977년 발사된 무인 우주 탐사선 보이저호는 2012년 최초로 태양계 밖 성간층으로 진입했다. 보이저호는 지금도 외계의 지적 생명체에게 전달하는 인류의 메시지를 지닌 채로 우주 공간을 탐험하고 있다. 또한 전 세계에 분포되어 있는 수많은 거대 전파망원경에서 지적 생명체의 흔적을 찾기 위한 탐사활동 역시 수십 년간 활발하게 진행되고 있다. 하지만 아직까지도 그 어떤 외계의 지적 생명체에 대한 흔적도 발견되지 않았다. 우리는 어쩌면 이 광활한 우주에 홀로 있는 것이 아닐까?

12강 비형식적 오류 (2)
보장받지 못한 가정의 오류, 그 밖의 오류

3. 보장받지 못한 가정의 오류(fallacy of unwarranted assumptions)

1) 선결문제 요구의 오류(begging the question)

'선결문제 요구의 오류'는 논증에서 사용된 전제들 가운데 결론에서 증명되어야 하는 명제가 포함되어 있을 때 발생하는 오류다. 앞서 살펴보았듯이 논증은 일종의 문제 해결 과정이다. 우리는 문제 상황을 만났을 때, 우리가 이미 알고 있는 정보들을 토대로 논증을 시작하고, 문제의 해결책은 마지막 결론에서 얻게 된다. 그런데 누군가 이미 문제의 해결책을 결론이 아닌 전제에 포함시켜서 논증을 구성한다고 상상해 보자.

<사례 1>

p_1. 이 버섯은 건강에 해로운 버섯이다.
p_2. 독버섯은 색깔이 화려하며, 세로로 찢어지지 않는다.
p_3. 이 버섯은 색깔이 화려하고 세로로 찢어지지 않는다.
C. (따라서) 이 버섯은 독버섯이다.

<사례 1>은 매우 노골적인 '선결문제 요구의 오류' 사례다. 이 논증은 아

마도 특정 상황에서 '이 버섯을 먹어도 될까, 안 될까?'라는 문제 상황을 만난 사람이 구성했을 것이다. 그런데 이 논증은 매우 어색하다. 왜냐하면 'p₁'에 이미 '이 버섯은 건강에 해롭다'는 논증 구성자의 정보가 전제로 사용되고 있기 때문이다. 이미 알고 있다고 생각하는 것을 증명할 필요가 있는가? 이미 해결되어 있는 문제를 해결하려고 시도할 필요가 있는가? 이것은 매우 이상한, 비합리적인 '논증 아닌 논증'이다. 그렇다면 이러한 오류는 왜 발생하는 것일까?

이러한 질문의 대답은 두 가지 경우로 나누어서 접근해 볼 수 있다. 첫째, 어떤 문제를 너무 골똘히 생각하면 우리는 부지불식간에 그 문제를 해결할 수 있는 결정적인 단서를 이미 해결된 것으로 상정해 버리는 경우가 있다. 둘째, 어떤 문제를 반드시 해결해야 하지만 그 문제가 너무 어려울 경우 우리는 종종 암묵적으로 문제 해결의 핵심 열쇠를 전제에 포함시켜서 논증 아닌 논증을 꾸미기도 한다. 전자의 경우이든 후자의 경우이든 비판적인 사고를 하고자 하는 사람이라면, 두 가지 경우 모두를 확실하게 판별해 낼 수 있어야 한다. 이번에는 노골적이지 않은, 보다 실제에 가까운 사례를 살펴보자.

〈사례 2〉
안락사는 허용되어서는 안 된다. 왜냐하면 무고한 사람을 죽이는 행위는 마땅히 금지되어야하기 때문이다.

위의 논증은 선결문제 요구의 오류를 범하고 있다. 안락사를 허용하면 안 되는 이유가 바로 '안락사는 무고한 사람을 죽이는 행위'이기 때문이다.

즉, 이 논증은 결론에서 증명되어야 하는 핵심 주장이 전제에 이미 포함되어 있는 경우다. 안락사 논쟁의 핵심은 '안락사가 무고한 사람을 죽이는 일종의 살인 행위인가?'에 대한 논의다. 안락사가 일종의 '살인 행위'와 다를 바 없다고 보는 사람은 안락사에 반대하고, 안락사가 그렇지 않은 자비로운 행위라고 보는 사람들은 안락사에 찬성할 것이다. 따라서 안락사 논쟁은 안락사를 살인 행위로 볼 수 있는가, 아닌가의 문제로 초점이 맞추어진다. 그런데 '사례 2'의 논증은 이와 같이 '증명되어야 하는 핵심 쟁점이 이미 전제로 사용'되고 있다. 따라서 <사례 2>는 '선결문제 요구의 오류'다.

p_1. 무고한 사람을 죽이는 행위는 금지되어야 한다.
p_2. 안락사는 무고한 사람을 죽이는 행위다. (숨겨진 전제)
C. 따라서 안락사는 금지되어야 한다.
(안락사 논쟁의 핵심: 안락사가 살인 행위[무고한 사람을 죽이는 행위]인가, 아닌가?)

2) 거짓 딜레마의 오류(fallacy of false dilemma)

'거짓 딜레마의 오류'는 진정한 딜레마 상황이 아님에도 불구하고 딜레마 상황인 것처럼 논증을 전개할 때 발생하는 오류다. 논증을 만드는 사람은 자신의 논증을 강하게 만들기 위해서 종종 무리한 수를 두고는 한다. '거짓 딜레마의 오류' 역시 논증 작성자가 부당한 가정을 앞세워 논의를 전개할 때 발생한다. 다음의 사례를 보자.

<사례 3>

　지수는 용성과 결혼하거나 혼자 살아야 한다. 지수는 혼자 살 수 있는 성격이 아니다. 따라서 지수는 용성과 결혼해야 한다.

위의 사례는 명백히 부당하다. 지수에게 열려 있는 가능한 대안들을 배제하고, 오직 두 가지 경우만을 남겨 놓았기 때문이다. 즉, 지수는 많은 다른 대안들이 있을 터이지만 논증 작성자는 오직 '지수는 용성과 결혼한다'와 '지수는 혼자 산다'의 경우만을 남겨놓았다. 그는 아마도 지수가 용성과 결혼하기를 강력하게 권하고 싶었을 것이다. 하지만 우리는 이러한 경우, 논증의 작성자가 딜레마가 아닌 상황을 딜레마 상황으로 부당하게 가정하고 논증을 전개했다고 판단한다.

한편, '거짓 딜레마의 오류'는 앞서 살펴보았던 '딜레마 논증'과 동일한 형식을 가지고 있는 경우가 많다. 다음의 사례를 살펴보자.

<사례 4>

　p_1. 지수는 자동차에 타고 있거나 학회에 있을 것이다.
　p_2. 지수가 자동차에 타고 있다면, 지수는 집에 있지 않을 것이다.
　p_3. 지수가 학회에 있다면, 지수는 집에 있지 않을 것이다.
　C. 따라서 지수는 집에 있지 않다.

위의 사례는 일반적인 딜레마(단순 양도논법) 논증의 형식을 가지고 있다. 하지만 안타깝게도 '거짓 딜레마의 오류'다. 왜 그럴까? 우리는 지수의 '집이 곧 자동차인 경우'를 상정할 수 있기 때문이다. 지수는 자동차에 매달고 달릴 수 있는 카라반과 같은 이동식 집에 거주하는 사람일 수 있다. 따라서 지수가 집에 없을 것이라고 추측하고 지수의 집을 방문한 양상군자(梁上君子)가 있다면, 우선 비판적 사고 능력부터 더 키워야 할 것이다.

한편, '거짓 딜레마의 오류'는 '흑백 논리의 오류'라는 이름으로 불리기도 한다. 우리가 살아가는 세상은 다양한 양상을 취하고 있다. 이 세상에는 '흑'이 아니면 '백'이라는 식으로 '일도양단(一刀兩斷)'할 수 없는 경우들이 많이 있다. 우리는 논증을 만들거나 이해할 때 이러한 점을 주의 깊게 살펴서 '거짓 딜레마의 오류'를 피하도록 해야 한다.

3) 복합 질문의 오류(fallacy of complex question)

복합 질문의 오류는 토론이나 논쟁에서 상대에게 부당한 전제를 숨겨서 질문할 때 발생한다. 겉으로 드러나는 질문의 모습은 단순하지만 증명이 필요한 중요한 정황을 숨겨서 질문하기 때문에 실제로는 복합명제의 형태가 된다. 다음의 사례를 살펴보자.

<사례 5>
"동훈아! 너 이제 나쁜 습관을 고쳤니?"

동훈이는 위와 같은 질문을 받는다면 무엇이라고 대답해야 할까? 만일 '그렇다'고 대답한다면 동훈이는 자연스럽게 '나쁜 습관을 가지고 있었다'는 것을 인정하는 셈이 된다. 그렇다고 '아니다'라고 대답한다면, 이 또한 '아직도 나쁜 습관을 가지고 있다'는 것을 실토하는 꼴이 된다. 무엇이 잘못된 것일까? 해답은 간단하다. 질문이 '복합 질문의 오류'를 저지르고 있기 때문이다. 우리는 이러한 질문이 겉으로는 단순해 보이지만, 사실은 다음과 같은 두 가지 질문을 동시에 묻고 있는 것이라는 것을 알 수 있다.

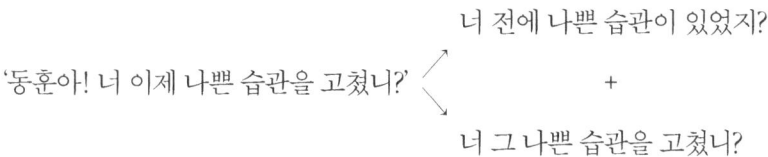

위의 분석이 보여주듯이, 질문의 작성자는 '동훈이가 나쁜 습관을 가지고 있었다'는 가정을 부당하게 질문에 포함시킴으로써 겉으로 보기에는 '단순해 보이는 질문'을 한 것이다. 따라서 우리는 이러한 질문을 받았을 경우 '예(긍정)' 혹은 '아니오(부정)'로 단순하게 대답할 것이 아니라 '당신은 지금 복합 질문의 오류를 저지르고 있다'라고 대답해야 할 것이다.

4. 그 밖의 오류들

1) 거짓 인과의 오류(false cause fallacy)

거짓 인과의 오류는 논증에서 원인을 엉뚱한 사건이나 대상에 혹은 거꾸로 귀속시키는 경우 발생하는 오류다. 인과관계에 대한 오류는 그 종류를 여러 가지로 분류해 볼 수 있다. 여기서는 간단하게 두 가지 경우를 중점적으로 다루어볼 것이다. 다음의 사례를 살펴보자.

<사례 6>

로제가 이 동네로 이사 온 다음부터 이 동네에서는 범죄가 눈에 띄게 줄어들었어. 역시 로제처럼 덕이 있는 사람이 거주하는 것이 원인이 되어서 범죄가 줄어든 것이겠지.

물론 덕(德)이 있는 사람은 주변인들을 교화시키는 '힘(원인력)'이 있을 수 있다. 하지만 분명한 것은 로제가 이사를 온 것이 시간상 동네의 범죄율이 낮아진 것에 선행한다는 것만으로는 '로제가 이사 옴'을 범죄율 감소의 원인으로 볼 수 없다는 것이다. 우리는 범죄율 하락의 원인을 얼마든지 다른 요소에 귀속시킬 수 있다. 가령, 정부나 시의 범죄 예방 정책이 바뀌었다거나 동네의 주거 환경이 개선되었음이 원인일 수 있다. 로제의 '이사 옴'은 그저 '우연히' 그러한 정책과 환경의 변화와 함께 발생했을 수 있다.

한편, 언뜻 보기에 그럴듯해 보이지만 여전히 잘못된 인과의 오류를 범하는 사례도 있다. 다음의 좀 더 복잡한 논증을 살펴보자.

<사례 7>

네스호에 정말 그렇게 거대한 괴물이 살고 있다면, 네스호에는 그러한 괴물이 먹을 수 있는 충분한 먹이가 있어야 한다. 하지만 최근에 우리 연구팀이 조사한 바에 따르면 네스호의 수중 생태계는 매우 척박하다. 그런 괴물이 살기에는 먹이가 너무 부족하다는 것이다. 따라서 네스호에 괴물이 산다는 이야기는 그저 아이들을 놀리기 위한 낭설에 불과하다.

위의 사례는 언뜻 보기에 일리가 있어 보인다. 하지만 이 논증은 정말 좋은 논증일까? 이 논증은 '후건부정의 형식'을 갖추고 있지만, 내용적으로는 '인과관계'를 핵심 근거로 다루고 있다. 그렇다면 이 논증에 드러난 인과 관계의 분석은 얼마나 정당한 것일까?

<사례 7의 논증 재구성>
p_1. 네스호에 괴물이 살고 있다면, 네스호에는 충분한 먹이가 있어야 한다.
p_2. 네스호에는 충분한 먹이가 없다.
C. (따라서) 네스호에는 괴물이 살고 있지 않다.

전제 'p_1'의 의미를 살펴보면 네스호에 '괴물이 살고 있는 것'이 '결과'이며, '충분한 먹이가 있음'이 그 결론에 대한 '원인'으로 지목되고 있다. 하지만 바로 이 '인과 귀속(attribution)'이 정당하지 못하다. 왜냐하면 인과관계가 '거꾸로 형성'될 수도 있기 때문이다. 즉, '괴물이 살고 있는 것'이 '원인'이며 그 결과로 '충분한 먹이가 없음'이 발생했을 수 있다. 이렇게 생각해 보면 논증은 반대로 뒤집어진다.

* 뒤집어진 <사례 7의 논증 재구성>
p_1. 네스호에 괴물이 살고 있다면, 네스호에는 많은 물고기가 살고 있을 수 없다.
p_2. 네스호에는 충분한 먹이가 없다. (많은 물고기가 살고 있지 않다.)
C. (따라서) 네스호에는 괴물이 살고 있다.

위의 논증은 <사례 7>과 똑같은 형식이지만, 인과관계를 반대로 해석하여 만들어낸 논증이다. <사례 7>이 좋은 논증인가, <뒤집어진 사례 7>이 좋은 논증인가? 물론, 둘 다 좋은 논증이 아니다. <사례 7>이 반대로 뒤집어 질 수 있다는 것은 <사례 7>에서 원인이 충분한 검토 없이 부당하게 귀속되었다는 것을 보여준다. <사례 7>이 좋은 논증이 되기 위해서는 '먹이가 없다'는 것이 왜 '결과'가 아닌 '원인'이 되는 것인지에 대한 추가적인 조사와 설명이 필요하다. 물론 이러한 작업은 논리만으로 이루어질 수 없다. 과학적인 조사와 실험이 뒷받침 되어야 할 것이다. 이러한 종류의 '거짓 인과의 오류'는 '**전도된 인과의 오류**'라고도 불린다. 하지만 우리는 이것 역시 단순히 '거짓 인과의 오류'의 한 종류라고 판단하는 것에 만족할 수 있을 것이다.

2) 연쇄반응의 오류(fallacy of chain)/미끄러운 비탈길의 오류(fallacy of slippery slope)

우리는 여러 개의 작은 추론들을 모아서 하나의 논증을 구성할 수 있다. 이렇게 구성된 논증은 구조 분석을 통해 여러 개의 '**중간 결론**'들을 가지고 있다는 것이 드러난다. 이러한 복합 구조의 논증들 중에는 '**연쇄적인 구조**'를 가지는 것들이 있다. 연쇄반응의 오류는 이러한 경우에 발생하는 오류이며, 연쇄의 결과들이 갖는 다양한 가능한 대안들을 부당하게 배제함으로써 발생하는 오류다. 다음의 사례를 살펴보자.

<사례 8>
최근 우리 교실에서 도난 사고가 빈번히 발생하고 있습니다. 나

는 지수를 범인으로 지목합니다. 지수는 가난한 동네에 살고 있습니다. 가난한 동네에 살면 가난할 확률이 높습니다. 가난한 사람은 그렇지 않은 사람보다 돈을 더 많이 필요로 합니다. 어떤 것을 원하는 정도가 크면 클수록 그것에 대한 욕심도 커지고, 욕심이 커지다 보면 훔쳐서라도 갖고 싶어 하는 것이 인지상정 아니겠습니까?

위 논증의 작성자는 지수를 범인으로 지목하고 있다. 그런데 놀랍게도 그 출발점이 '지수는 가난한 동네에 산다'는 정보다. 이것을 출발점으로 삼아 시작된 논증은 일종의 연쇄적 추론을 통해 '지수가 절도범이다'라는 황당한 결론에 도달한다. 무엇이 잘못되었는가?

논증	개연성(확률)
p_0. 지수는 가난한 동네에 산다.	
p_1. 가난한 동네에 살면 가난할 것이다.	(0.7)
p_2. 가난하면 돈을 더 많이 필요로 한다.	(0.7)
p_3. 돈을 더 많이 필요로 하면 돈에 대한 욕심이 더 크다.	(0.7)
p_4. 돈에 대한 욕심이 더 크면 돈을 훔칠 확률이 더 크다.	(0.7)
C. (따라서) 지수는 (아마도) 범인일 것이다.	

전제 'p_1과 p_2' 각각은 그렇게 비합리적이지 않다. 일반적으로 가난한 동네에 살면 아마도 가난할 확률이 높다. 또한 누군가 가난하다면, 그는 아마도 돈을 더 많이 필요로 할 것이라는 것도 합리적으로 전혀 수용할 수 없는 명제는 아니다. 전제 'p_3과 p_4' 역시 마찬가지다. 논의의 편의를 돕기 위해 각각의 전제들이 개별적으로 가지는 개연성(확률)을 '0.7'이라고 하자. 그

렇다면 문제가 무엇인지 확실해진다. 최종 결론 'C'는 그 개연성이 약 '0.24'다. 왜냐하면 이 논증은 각각의 연쇄구조가 직렬로 연결되어 있기 때문에 전체 결론의 개연성은 각각의 연쇄들의 확률곱으로 계산되기 때문이다.

이러한 오류 논증이 발생하는 이유는 논증의 작성자가 각각의 전제들이 가지는 '가능한 다른 대안을 무시'했기 때문이다. 지수는 가난한 동네에 살지만 실제로 가난하지 않을 수 있다. 지수는 가난하지만 돈을 필요로 하지 않는 자유로운 영혼의 소유자일 수 있다. 또한 지수는 돈을 필요로 하고 돈에 대한 욕심도 크지만 그것을 절제하고 제어할 수 있는 도덕적인 자제력이 강할 수 있다. 이러한 대안들을 철저히 무시한다는 것은 각각은 전제들의 개연성(확률)을 모두 '1'로 상정했다는 것을 의미한다. 이렇게 되면 '지수는 가난한 동네에 산다'라는 단순한 정보로부터 '지수는 절도범이다'라는 황당한 결론이 도출된다. 우리는 이러한 오류를 피하기 위해서 연쇄적인 구조의 논증의 경우 각각의 전제들이 가지고 있는 가능한 대안들을 부당하게 무시하지 않도록 각별한 주의를 기울여야 한다.

3) 편향된 자료의 오류(biased statistics)

편향된 자료의 오류는 통계적 일반화를 시도하는 과정에서 표본을 편향적으로 추출할 때 발생한다. 우리가 바닷물의 염도를 조사한다고 가정해보자. 바닷물 표본을 어디서 추출할 것인가? 남해안 해수욕장에서 추출하든 독도 근해에서 추출하든 심지어 유럽의 지중해에서 추출하든 상관이 없다. 바닷물은 동일한 염도를 거의 '균질적'으로 지니고 있기 때문이다. (물론 사해와 같은 특수한 상황은 편의상 배제하자.) 즉, 바닷물의 염도를 측정하기 위한 표본 추출은 바닷물의 특성 때문에 '편향성'이 생기지 않는다. 반면에,

우리가 전 지구의 지질을 분석하여 화강암의 비율을 조사한다고 가정해보자. 당신은 어디에서 표본을 추출할 것인가? 북한산에서 표본을 추출할 것인가? 인도 데칸고원에서 표본을 추출할 것인가? 만약 북한산에서 표본을 추출한다면 화강암이 많이 발견될 것이지만, 데칸고원에서 표본을 추출한다면 화강암이 아닌 현무암이 많이 발견될 것이다. 암석은 지층의 생성 과정에 따라 편향적으로 분포하기 때문에 추출 과정에서 '편향성'이 생긴다. 즉, 모집단은 어떤 경우(바다)에는 균질적이지만 어떤 경우(지질)에는 편향적이다. 이러한 차이를 면밀히 검토하지 않고 통계적 일반화를 시도하면 우리는 '편향된 자료의 오류'를 저지르는 오류 논증을 만들게 된다. 다음의 사례를 살펴보자.

<사례 9>

나는 비판적 사고를 100명에게 가르치고 있다. 나는 학생들이 수업을 잘 듣고 있는지 궁금했다. 하루는 교실에 앉아 있는 학생 20명을 뽑아서 집중도 테스트를 실시했다. 편의상 교실 앞자리에 앉아 있는 학생부터 순차적으로 20명을 선별했다. (강의실은 총 200명이 들어갈 수 있는 큰 강의실이다.) 그랬더니 놀랍게도, 20명 전원이 놀라울 정도로 높은 집중도를 보여주었다. 역시, 나의 수업은 완벽하게 진행되고 있었다!

위의 사례는 통계적 일반화를 통해 전체 집단인 '나의 수업을 듣는 수강생 전원'이 수업에 얼마나 집중하고 있는지 추론한 과정을 나타내고 있다. 안타깝게도 이 논증 작성자는 '비판적 사고 수업'을 진행해서는 안 된다. 교실에 앉아서 수업을 듣는 학생들은 균질적이지 않다. 통상적으로 수업에 관심이 많은 학생들은 앞자리에 앉고, 수업에 관심이 없거나 다른 일을 할 가능성이 높은 학생들은 뒷자리에 앉는다. (이 또한 경험에 의거한 일반화로서 거짓의 가능성은 열려 있다.) 앞자리에 앉은 20명만을 표본으로 조사할 경우 통계적 결과는 실제 모집단이 가지는 집중도보다 높게 나올 확률이 매우 높다. 따라서 이러한 논증은 '편향된 자료의 오류'의 한 사례이다.

이처럼 표본이 고르지 않은 모집단을 대상으로 통계적 일반화를 시도할 때에는 표본이 편향성을 띠지 않도록 각별히 유의해야 한다. '사례 9'의 경우에는 교실에 앉아 있는 학생들을 골고루 뽑아서 조사하는 것이 바람직할 것이다. 하지만 부주의로 인해서 편향적 자료의 오류가 발생하는 것이 아니라, 고의적으로 표본에 편향성을 주고자 노력하는 경우도 있다. 다음의 사례를 살펴보자.

<사례 10>
동훈이는 이번 총선에서 국회의원에 출마했다. 동훈이는 비교적 젊은 나이이기 때문에 차별화된 전략으로 청년 실업 문제를 집중적으로 부각시키고자 하는 선거 전략을 가지고 있다. 하지만 불행히도 최근 북한의 핵미사일이 시험 발사되면서 주요 지지층인 청년들도 안보 문제로 관심이 집중되고 있다. 동훈이는 이러한 상황을 자신에게 유리하게 바꾸고자 긴급 여론조사를 실시할 계획이다. 청년 유권자들을 모집단으로 표본을 추출하여 청년 유권자들이 안보 문제보다는 청년 실업 문제에 더욱 높은 관심을 가지고 있다는 것을 보여주고자 하는 것이다. 동훈이는 조사를 실시하는 여

론조사 기관의 간부를 만나서 다음과 같이 주문했다. "전화 여론조사를 실시할 때 반드시 아침시간을 이용해 주세요!"

동훈은 왜 아침시간을 고집한 것일까? 비판적 사고에 익숙한 사람이라면 그 이유를 어렵지 않게 추측할 수 있을 것이다. 동훈은 자신에게 유리한 결과가 나오도록 표본에 편향성을 주려고 시도하는 것이다.

아침에 전화를 걸면 이미 직장에 다니고 있는 사람들은 바쁘기 때문에 전화 응답을 거부하기 쉽다. 반면에, 직장을 구하고 있는 사람들은 상대적으로 전화조사에 응답할 확률이 높다. 이러한 방식으로 겉으로는 무작위로 전화를 걸어서 균질성을 확보한 것처럼 보이면서 실제로는 전화를 거는 시간을 조절함으로써 **교묘한 편향성**'을 발생시킬 수 있다. 이것은 일종의 '여론 조작'일 것이다. 이러한 조작에 당하지 않기 위해서도 우리는 반드시 편향된 자료의 오류에 대해서 정확하고 자세하게 알고 있어야 한다.

사회과학적 작업에서 많이 사용되는 통계적 일반화는 현대 사회에서 매우 흔하고 중요한 부분을 차지한다. 우리가 자주 접하는 여론조사와 선거철의 지지율 조사는 모두 통계적 일반화를 통해 이루어진다. 그런데 이때 앞서 언급했던 올바르지 못한 여론조사 방식을 눈치 채지 못한다면, 우리 역시 올바른 민주시민의 자세가 부족한 것을 아닐까 반성해야 한다.

4) 잘못된 유비의 오류(faulty analogy)

'잘못된 유비의 오류'는 유비추리의 과정에서 발생한다. 논증의 작성자는 유비논증을 시도하였으나 '① 비교되는 두 대상 사이의 논리적 구조의 차이' 또는 '② 비교되는 두 대상 사이의 본질적 차이'가 존재할 때 '잘못된 유비의 오류'가 발생한다. 사례를 통해서 그것을 구체적으로 알아보자.

<사례 11>

A사와 B사는 많은 부분에서 서로 비슷하다. 두 회사는 모두 동일한 상품을 만들고, 비슷한 규모의 매출과 영업이익, 시장 점유율을 가지고 있으며 기술력도 차이가 거의 없다. 또한 작년도 회계감사보고서에서도 두 회사 모두 아무런 문제가 없었다. 그런데 B사의 회장님이 이번에 배임 및 횡령의 혐의로 검찰 조사를 받고 있다. 따라서 A사의 회장님도 곧 검찰에 불려갈 것이다.

위의 논증은 A사의 회장이 곧 검찰에 출두할 것이라 결론을 A사와 비슷한 B사의 속성을 근거로 추론하고 있다. A사와 B사가 이러저러한 속성이 비슷한 가운데 B사에 F라는 속성이 있기 때문에 A사도 F라는 속성을 가졌을 것이라고 추측하는 것이다. 하지만 이 경우에 있어서 이러한 유비추론은 성공적이지 못하다. 왜냐하면 두 회사의 영업 실적이나 시장 점유율, 그리고 심지어 회계 보고서가 비슷한 모습을 보이고 있다고 하더라도 경영인의 도덕성은 이와 상관이 전혀 없는 문제이기 때문이다. 두 회사의 경영 실적과 두 회사 경영진의 도덕적 속성은 본질적으로 별개의 문제다. 만일 우리가 이 논증을 성공적인 것으로 바꾸려고 한다면 '①′결론이 회사의 경영 실적에 관한 명제가 되도록 바꾸거나 ②′유비의 사례가 도덕적인 속성에서 유사하도록 재조정'해야 할 것이다.

다음은 다소 복잡하지만 보다 실질적인 유비논증의 사례다.

<사례 12>

　순우곤(淳于髡)이 물었다. "남자와 여자가 물건을 직접 주고받지 않는 것이 예(禮)입니까?" 맹자가 '예(禮)'라고 대답하자 순우곤이 다시 물었다. "형수가 물에 빠졌다면 손을 잡아 당겨 구해줍니까?" 맹자가 대답했다. "형수가 물에 빠졌는데도 손을 잡아 당겨 구하지 않는다면 이것은 승냥이와 같은 짓이다. 남녀가 물건을 직접 주고받지 않는 것은 예(禮)이고 형수가 물에 빠졌을 때 손으로 잡아당겨 주는 것은 권(權)이다." 순우곤이 물었다. "오늘날 천하가 도탄에 빠졌는데 선생께서 잡아 당겨 구하지 않는 것은 왜 입니까?" 맹자가 대답했다. "천하가 도탄에 빠지면 도(道)로 건져내야 하고 형수가 물에 빠지면 손으로 잡아당겨 구한다. 그대는 내가 손으로 천하를 잡아당겨 구하기를 바라는가?"(『맹자』 이루[離婁] 上17)

　순우곤은 유비추리를 통해 맹자의 '덕치주의(德治主義)'를 논박하려 한다. 하지만 맹자는 순우곤의 유비논증이 '잘못된 유비추리'라고 즉각적으로 반박하고 있다.

	원본 사례	유비 사례
위험에 처한 대상	천하가 도탄에 빠짐	형수가 물에 빠짐
통상적인 상황의 대처	덕으로 통치해야 함	신체를 만져서는 안 됨
위험에 처한 상황의 대처	패도의 길을 가야 함	손을 당겨 구해야 함
천하와 형수의 본질적 차이	천하는 오직 덕(道)으로서만 구할 수 있다.	형수는 임기응변으로 손으로 당겨서 구할 수 있다.

맹자와 순우곤의 논쟁은 보는 사람의 관점에 따라서 그 승부를 다르게 판단할 수 있을 것이다. 하지만 분명한 점은 맹자의 지적처럼 천하가 오직 덕(道)으로서만 구할 수 있는 것이라면 순우곤의 유비는 천하의 본성을 잘못 이해한 '잘못된 유비의 오류'라는 것이다. 물론 순우곤이 회심의 일격으로 준비한 '천하-형수' 유비 논증을 즉각적으로 반박해 낸 맹자의 비판적 사고 능력의 탁월함도 주목할 만하다.

5) 원천봉쇄의 오류/우물에 독 풀기(poisoning the well)

원천봉쇄의 오류는 논증 작성자가 자신의 논증에 대한 비판의 가능성을 '원천봉쇄'하려고 할 때 발생하는 오류다. 물론, 이때 시도되는 원천봉쇄가 정당하지 못한 경우가 오류 논증의 사례가 된다. 한편 '원천봉쇄의 오류'는 종종 '인신공격의 오류'와 혼동되기도 한다. 그 이유는 원천봉쇄의 과정에서 인신 공격성 발언이 뒤따를 수 있기 때문이다. 하지만 이 둘의 차이는 비교적 분명하다. 인식 공격의 오류는 '언어'가 아닌 '언어를 사용하는 개인'을 공격하는 것이고, 원천 봉쇄의 오류는 기본적으로 '자신의 주장에 반대하는 전체의 사람들'이 가지는 집단적 특성을 통해 이루어진다.

<사례 13>
우리는 보편적 복지를 추구하는 정책을 단호히 반대해야 한다. 왜냐하면 보편적 복지를 주장하는 사람들은 모두 공산주의자들이기 때문이다.

위의 논증에서 논증 작성자는 자신의 주장을 반대하는 사람들을 '공산주의자'로 매도하면서 비판의 원천을 봉쇄하려고 한다. 물론 어떤 사람이 그의 주장에 반대하고 있다면, 이 논증은 그 반대자를 공산주의자라고 부르기 때문에 일종의 인신 공격성 발언을 하는 것으로 해석될 수도 있다. 하지만 위의 사례에서는 어떤 특정 개인의 속성이 드러나 있지 않다. 따라서 '인신공격의 오류'와 구분되는 '원천봉쇄의 오류'의 한 사례다.

 우리 사회에서 자신이 공산주의자라고 떳떳하게 밝힐 수 있는 사람은 극히 드물다. 또한 공산주의자라는 말로 '자유민주주의의 원칙을 무시하는 사람'이라는 의미를 전달하는 경우가 많다는 것도 생각해보자. 미루어 짐작컨대 상대방이 이런 식으로 원천봉쇄 전략을 펼치면 자유로운 비판은 위축될 수밖에 없다. 비단 '공산주의자'라는 단어만이 원천봉쇄 전략에 사용되는 것은 아니다. '~한 주장을 하는 사람은 모두 매국노, 친일파다' 혹은 '~한 주장에 비판을 하는 사람은 모두 비합리적인 미치광이들뿐이다' 등 많은 표현들이 원천봉쇄의 오류에 동원될 수 있다.

6) 허수아비 논증의 오류(straw man fallacy)

 허수아비 논증의 오류는 토론이나 논쟁에서 상대방의 논증을 잘못 해석하고, 그러한 잘못된 해석에 기반하여 상대방의 견해를 논박하려고 할 때 발생하는 오류다. 또한 허수하비 논증의 오류는 상대방의 논증을 '약화시키는 쪽'으로 잘못 해석할 때 발생한다는 점에 주목하자.

> <사례 14>
> 아인슈타인의 상대성 이론에 따르면, 내가 빛의 속도로 이동하는 기차에서 공을 던지면 공은 앞으로 나아갈 수 없고 그대로 멈춰

있어야 한다. 공이 빛보다 빠른 속도로 움직이는 것은 불가능하기 때문이다. 이 얼마나 황당한 이론인가!

위의 사례에서 논증의 작성자는 '상대성 이론'을 잘못 이해하고 있다. 그리고 이러한 오해를 바탕으로 상대성 이론이 틀린 이론이라는 논증을 펼치고 있다. 즉 논증의 작성자는 실제 '상대성 이론'을 논박하는 것이 아니라 '허수아비'를 세워놓고 그것을 공격하고 있는 셈이다.

실제로 많은 사람들이 토론이나 논쟁의 과정에서 허수아비 논증의 오류에 빠진다. 그 이유는 아마도 상대의 논증을 논박하고 자신의 주장을 관철시키고자 하는 마음이 너무 지나치게 크기 때문일 것이다. 허수아비 논증의 오류는 그 안에 빠져 있을 때는 성공적인 비판처럼 보인다. 하지만 잠시 후 정신을 차리고 보면 무척 부끄러워지는 오류이다. 현안 문제에 대해서 조금만 관심이 있고 지식이 있는 사람의 입장에서 보자면 허수아비 논증의 오류는 아무런 설득력도 없을 뿐만 아니라 그 논증의 작성자가 비판적인 정신을 소유하지 못했다는 것을 보여주기 때문이다.

7) 소망적 사고의 오류(wishful thinking)

소망적 사고의 오류는 자신의 소망을 근거로 하여 결론을 도출할 때 발생한다. 우리는 우리가 세상에 대해 무엇을 바라건 현실은 그 '바람'과는 무관하게 돌아간다는 것을 알고 있다. '간절히 바라면 이뤄진다'는 말은 무엇을 간절히 바라면 우리가 어떤 행동을 하게 되고 그러한 행동이 그 소원을 현실로 바꿀 수 있다는 말이지, 간절히 바라기만 하면 그것이 현실이 될 수 있다는 말이 결코 아니다. 그럼에도 불구하고 우리는 논증을 만드는 과정에서 이러한 오류를 저지른다.

<사례 15>

배트맨: 슈퍼맨은 반드시 돌아올 거야.
로   빈: 당신은 그것을 어떻게 아나요?
배트맨: 음…, 그것은 우리가 그를 간절히 원하기 때문이지.

위의 사례는 사실 그렇게 나쁘지 않다. 문학적인 관점에서 보자면 오히려 고개가 끄덕여질 수도 있는 대화라고 볼 수도 있다. 위험에 처한 세상은 슈퍼맨이 돌아오기를 간절히 바라고, 또 그렇기 때문에 슈퍼맨은 반드시 돌아와야만 하고, 돌아올 것이다. 하지만 위의 대화를 논증으로서 파악하고 논리적 관점에서 보자면 명백한 '소망적 사고의 오류'의 사례다. 우리가 아무리 명제 'P'가 참이 되기를 간절히 소망한들, 그것은 명제 'P'가 참이라는 것에 대한 정당한 근거나 이유가 될 수 없다.

물론 우리가 모든 것을 논리적 관점으로만 바라보는 것은 불가능하고 또 바람직하지도 않을 것이다. 만일 가까운 미래에 인간의 지능을 뛰어넘는 인공지능이 개발된다면 그러한 인공지능은 '소망적 사고의 오류'를 저지르는 인간의 행태도 이해할 수 있을까? 어쩌면 '소망적 사고'는 가장 '인간적인 오류'일 수도 있다.

연습문제

다음의 제시문에는 어떤 오류가 있는지 밝히시오.

⑴ 당신은 신의 존재를 받아들이거나 도덕적으로 무분별하게 살거나 둘 중 하나의 길을 가야 합니다. 당신은 도덕적으로 무분별하게 살고 싶지는 않겠지요? 자, 이제 우리 함께 신을 믿읍시다.

⑵ 질문자 : "증인, 증인은 블랙리스트 문건을 언제 삭제했습니까?"
증 인 : "네? 그런 적 없습니다."
질문자 : "증인, 그렇다면 증인은 블랙리스트 문건을 아직도 가지고 있다는 말이지요?"

⑶ 최근 한 연구자는 우울증의 원인이 유전적 요인에 있음을 밝혀냈다. 그는 우울증 환자 1,000명을 대상으로 그들의 부모의 우울증 병력을 조사하였다. 그 결과 우울증을 앓고 있는 환자의 약 70%는 부모 중 한 명 이상이 역시 우울증을 앓았거나 앓고 있는 것으로 드러났다. 이는 우울증이 선천적인 요인에 의해서 생긴다는 결정적인 근거이다.

⑷ 아직도 공원에 나가보면 반려동물을 목줄 없이 데리고 나온 사람들이 많다. 반려동물들은 그 주인들에게는 지극히 사랑스럽고 전혀 위협적이지 않은 존재일 것이다. 하지만 우리 사회에는 개나 고양이 같은 동물들을 위협적으로 받아들이는 사람들도 있다. 또한 어린이와 노약자에게는 상

대적으로 작은 반려동물들도 실질적인 위험 요소가 되기도 한다. 반려 동물의 목줄 사용 여부를 둘러싼 갈등을 해결하는 좋은 방법은 과태료를 보다 많이 부과하는 것이다. 이를 반대하는 사람은 반려동물을 키울 자격도 없는 사람들이다.

(5) ○○대학교에 재학 중인 리사는 요즘 ○○대 학생들이 선호하는 취미가 무엇인지 조사하기 위해서 ○○대 학생 100명을 무작위로 선발하여 설문 조사를 실시하기로 하였다. 리사는 방과 후 학교 앞 PC방에서 아르바이트를 하기 때문에 주로 자신이 일하는 장소에서 조사를 실시하였다. 표본 조사 결과 100명 중 90명이 PC게임을 가장 선호하는 취미로 꼽았다. 따라서 리사는 ○○대 학생들은 압도적으로 PC게임을 취미로 선호한다는 결론을 도출했다.

(6) 자살이 도덕적으로 잘못된 행위라고 생각하는 사람들이 있다. 하지만 자살은 도덕적으로 잘못된 행위가 아니다. 한 개인의 생명은 오로지 개인의 것이다. 만일 당신이 시계를 가지고 있다고 해보자. 그 시계가 고장이 난 까닭이든 단지 마음에 들지 않아서건 당신은 그 시계를 얼마든지 버릴 수 있다. 이것이 무슨 도덕적인 잘못이겠는가?

(7) 민주주의는 전 세계 거의 모든 나라에서 채택하고 있는 정치체제이다. 사람들은 흔히 이러한 민주주의가 지고지선한 우리가 선택할 수 있는 최선의 정체체제인 것처럼 생각하곤 한다. 하지만 인류의 역사를 살펴 보건데, 결단코 민주주의는 보편적인 정체체제가 아니었으며 오히려 대중들에게

국가의 운명을 맡기는 행태는 결코 바람직하지 않은 것이었다. 또한 민주주의가 결코 바람직한 이념이 아니라는 결정적인 근거가 있다. 민주주의의 이념에 따르면 우리는 모든 것을 다수결의 원리에 따라야 한다. 아무리 뛰어난 소수의 의견이 있어도 그것은 당연히 묵살당해야 한다. 무엇이 옳은지 무엇이 그른지, 무엇이 참인지 무엇이 거짓인지 이 모든 것들을 단지 다수결의 원리에 따라 결정하자는 민주주의는 인류 발전의 법칙과 전혀 맞지 않는 것이다. 따라서 민주주의는 결코 바람직한 정치체제가 될 수 없다.

(8) 사드 배치에 반대하는 사람들은 주로 미국의 군사적 영향력에 반대하는 사람들이다. 그런 사람들은 주로 북한의 핵을 미국과 북한의 협상으로 해결해야 한다고 주장한다. 이런 주장을 하는 사람들 중에는 북한 정권에 온정적인 사람들이 많다. 이런 온정주의자들 중에는 공산주의자들이 많이 있다. 따라서 사드 배치에 반대하는 사람들은 공산주의자들이다.

(9) 인공지능 로봇인 데이비드는 사랑하는 부모님으로부터 버림받았다. 데이비드는 자신이 진짜 인간 아이가 아니기 때문에 버림받았다고 생각했다. 만일 자신이 진짜 인간 아이가 되면 부모님은 다시 자신을 사랑해 줄 것이라고 믿었다. 그러던 중 우연히 피노키오 동화 속의 파란 요정 이야기를 듣게 된다. 동화 속의 파란 요정은 나무 인형인 피노키오를 인간 아이로 만들어준다. 데이비드는 꼭 인간 아이가 되고 싶었다. 데이비드는 파란 요정이 어딘가 반드시 있을 것이라 믿고 파란 요정을 찾아 길을 떠난다.

(10) 어느 국회의원: 대통령의 탄핵을 추진하면서 동시에 하야를 요구하는 야당의 입장은 말이 안 됩니다. 이것은 마치 배를 타고 '북으로 가자'하면서 동시에 '남으로 가자'고 하는 것과 같은 상황입니다.

(11) 사회 양극화 현상이 갈수록 심해지고 있다고 불평하는 사람들이 있다. '부익부 빈익빈'만을 외치면서 정작 그들은 이 나라를 위해서 실질적인 도움을 줄 생각은 하지 않는다. 이러한 사람들은 이 나라를 진정하는 사랑하는 사람들이 아니다. 이런 사람들의 주장은 일고의 가치도 없다.

(12) 창립 30주년을 맞은 △△신문사는 최근 사내 총원을 대상으로 여러 가지 특별 여론조사를 실시하였다. 그 중 가장 기억에 남는 조사결과는 한국의 신뢰받는 집단들에 대한 조사였다. △△신문사는 조사 결과를 바탕으로 한국사회에서 가장 신뢰받는 전문가 집단은 1위 언론인, 2위 교수, 3위 법조인, 4위 기업가, 5위 정치인이라고 특집 기사를 실었다. 이를 통해 보자면 역시 우리나라에서 가장 신뢰 받는 집단은 언론인이며 정치인이 가장 신뢰받지 못하는 집단이다. 우리나라 정치인들이 어쩌다 이 지경이 되었는지 참으로 개탄스럽다.

(13) 낙태죄가 헌법 불일치 판정을 받고 입법부에서는 새로운 규정을 마련하느라 분주하다. 하지만 낙태는 반드시 다시 불법화해야 한다. 왜냐하면 인간의 생명은 그 어떤 가치보다 존엄하기 때문이다.

(14) 우리 첫 애는 아주 복덩이에요. 첫 아이가 태어난 다음부터 집값도 오르고, 주식도 오르고, 직장에서는 승진도 했어요. 이 모든 것이 첫 아이 덕분인 것 같아요.

(15) 만일 신이 없다면 어떻게 되겠는가? 하루 종일 고된 노동에 시달리다 집으로 걸어오는 길에 문득 올려다 본 하늘에는 수많은 별들과 끝없는 우주가 펼쳐져 있다. 만일 신이 없다면, 우리는 그저 이 광활한 우주의 어느 구석에 있는 행성에서 서식하고 있는 원시세포로부터 진화한 하나의 유기체에 불과할 것이다. 어디 그뿐이랴. 우리의 삶은 우주적 관점에서 보자면 그 어떤 섭리나 목적도 없이 내던져진 무의미에 가까운 찰나의 점에 불과하다. 따라서 신은 반드시 존재해야 한다. 아니 존재한다.

연습문제 예시답안

2강

(1) 논증
(2) 인과적 설명
(3) 인과적 설명
(4) 인과적 설명
(5) 논증
(6) 인과적 설명
(7) 논증
(8) 논증
(9) 논증
(10) 인과적 설명

3강

(1) [논증 재구성]

p₁. 우리 사회에서 무고한 사람이 누명을 쓰고 사형 당한 사례가 있다.

p₂. 무고한 사람을 죽일 수 있는 가능성을 방치해서는 안 된다.

c₁. 사형제도의 유지는 무고한 사람을 죽일 수 있는 가능성을 방치하는 것이다.

p₃. (사형제도는 범죄 예방 효력이 없고) 범죄 예방 효력이 없는 제도를 유지할 이유는 없다.

C. 사형제도는 폐지되어야 한다.

[논증 구조도]

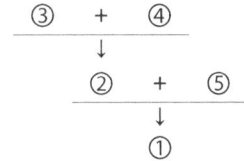

(2) [논증 재구성]

p₁. 비정상적이라는 개념은 단지 주관적인 것이다.

p₂. 정상적이라는 개념도 단지 주관적인 것이다.

c₁. 정상적이라는 것은 어디까지나 비정상적인 것의 관점에서 제한적으로 정의될 수 있다.

p₃. 단순히 주관적인 개념은 사회적인 결정의 기초로 사용될 수 없다.

C. 정상적인 것에 관한 개념을 기초로 사회적인 결정을 하지 않아야 한다.

[논증 구조도]

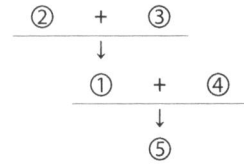

(3) [논증 재구성]

- p_1. 지구 온난화가 실제로 진행되고 있다면, 북극과 남극의 얼음이 아주 빠른 속도로 녹고 있어야 할 것이다.
- p_2. 만일 얼음이 녹고 있다면, 해수면이 점점 높아져야 할 것이다.
- p_3. 해수면이 점점 높아지고 있다.
- C. 지구 온난화가 진행되고 있음에 분명하다.

[논증 구조도]

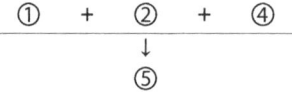

(4) [논증 재구성]

- p_1. 개인에게 공정하고 정의로운 분배는 사회의 기본적인 가치 중 하나다.
- p_2. 우리나라의 세금 징수는 불합리하다.
- c_1. 만일 사회의 기본적인 가치가 붕괴된다면, 그 사회는 살기 좋은 사회가 되지 못한다.
- p_3. 우리 사회는 점점 빈익빈 부익부의 현상이 심화되고 있다.
- C. 세금 제도의 개선 없이는 우리 사회는 살기 좋은 사회가 될 수 없다.

[논증 구조도]

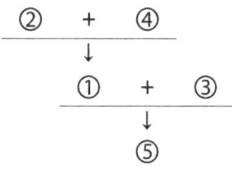

(5) [논증 재구성]
- p₁. 현재 시중에 있는 중고차들은 매연 방지에 대한 인식이 부족할 때 생산된 것들이 대부분이다.
- p₂. 자동차는 오래될수록 매연 배기량이 증가한다.
- c₁. 중고차는 매연 테스트를 통과할 확률이 떨어진다.
- p₃. 저소득층은 대부분 낡은 중고차를 가지고 있다.
- C. 매년 자동차 매연 검사를 받아야 한다는 새로운 교통법규는 저소득층에게 불리하다.

[논증 구조도]

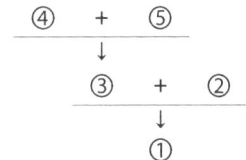

(6) [논증 재구성]
- p₁. 맹물은 100℃에 끓지만 스프를 넣으면 끓는점이 올라간다.
- p₂. 스프를 넣은 물에 면을 익히면 더 높은 온도에서 면을 익히게 된다.
- c₁. 라면의 맛은 면발에 달려 있다.
- p₃. 높은 온도의 불에 빨리 익혀야 면이 붇지 않고 쫄깃쫄깃해진다.
- C. 라면을 끓일 때 면을 먼저 넣는 것보다 스프를 먼저 넣어야 더 맛있다.

[논증 구조도]

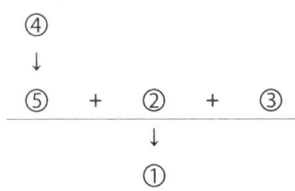

(7) [논증 재구성]

- p_1. 우리나라의 출산율이 점점 더 저하되고 있다.
- p_2. 출산율이 저하되면, 우리 사회는 고령 사회로 전환될 것이다.
- c_1. 우리 사회는 고령 사회로 전환될 것이다.
- p_3. 인구의 고령화로 생산인구가 줄어든다.
- p_4. 생산가능인구의 부양비가 급증한다.
- C. 우리 사회는 심각한 경제 문제에 봉착하게 된다.

[논증 구조도]

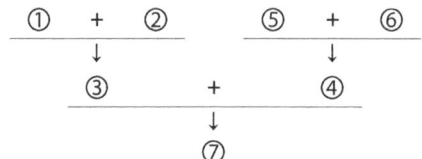

(8) [논증 재구성]

- p_1. 우리 모두는 코로나19사태가 종식되길 바란다면, 개인위생에 특히 신경을 써야 한다.
- p_2. 그것을 위한 가장 손쉬운 방법은 우리 모두가 공공장소에서 마스크를 쓰는 것이다.
- c_1. 우리가 공공장소에서 마스크를 쓰는 것이 예절이며 의무라고 할 수 있다.
- p_3. 틈틈이 손을 잘 씻고 기침 예절을 잘 지키는 것도 코로나19 시대를 살고 있는 사람들의 예절이며 의무라고 할 수 있다.
- p_4. 사회 예절과 의무는 지켜져야 한다.
- C. 우리는 코로나19사태를 슬기롭게 극복할 수 있을 것이다.

[논증 구조도]

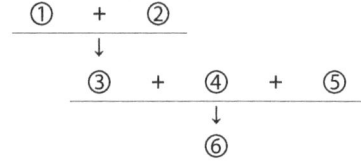

(9) [논증 재구성]

    p_1. 무거운 물체는 가벼운 물체보다 빨리 낙하한다.

    p_2. 지구는 여타의 물체보다 엄청 무겁다.

    c_1 만일 지구가 움직인다면, 지구는 우리를 남겨두고 우주 밖으로 떨어져 버릴 것이다.

    p_3. 지구는 우주 밖으로 떨어져 버리지 않는다.

    C. 지구는 움직이지 않는다.

[논증 구조도]

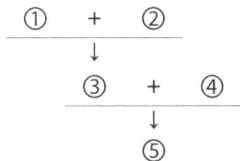

(10) [논증 재구성]

    p_1. 정신과 영혼은 우리의 신체가 움직이도록 명령한다.

    c_1 신체적 움직임은 외부의 힘이 작동하지 않아도 일어난다.

    p_2. 원인 없이 신체적 움직임이 일어날 수는 없다.

    C. 정신과 영혼은 육체적 본성을 가진다.

[논증 구조도]

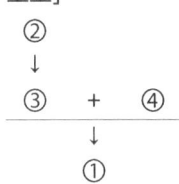

(11) [논증 재구성]

p₁. 그 의사가 취할 수 있는 선택지는 둘 뿐으로, 그 환자에게 몇 개월 밖에 살지 못할 것이라고 정확한 정보를 제공하거나 제공하지 않는 것이다

p₂. 만일 그 의사가 그 환자에게 그 정확한 정보를 제공한다면, 그 환자는 충격을 받아 건강이 더 악화될 수 있다.

p₃. 만일 그 의사가 그 환자에게 그 정확한 정보를 제공하지 않는다면, 그 환자는 남은 소중한 삶에 대해 적절하게 계획하지 못하게 된다.

C. 그 환자는 충격을 받아 건강이 더 악화될 수 있거나, 남은 소중한 삶에 대해 적절하게 계획하지 못하게 될 것이다.

[논증 구조도]

(12) [논증 재구성]

p₁. 지구는 평평하거나 둥글거나 둘 중 하나이다.

p₂. 지구가 평평하다면 지구를 아무리 걸어가도 끝이 없기에 원래 자리로 돌아올 수 없을 것이다.

p₃. 지구를 걸어 나가면 언젠가는 원래 자리로 돌아오게 된다.

c₁. 지구는 평평하지 않고 둥글다.

p₄. 지구가 내부로 잡아당기는 힘이 없다면, 지구 위의 모든 물체는 바깥으로 떨어질 것이다.

p₅. 지구 위의 모든 것들은 지구로부터 떨어지지 않는다.

C. 지구 내부로 잡아당기는 힘이 있다.

[논증 구조도]

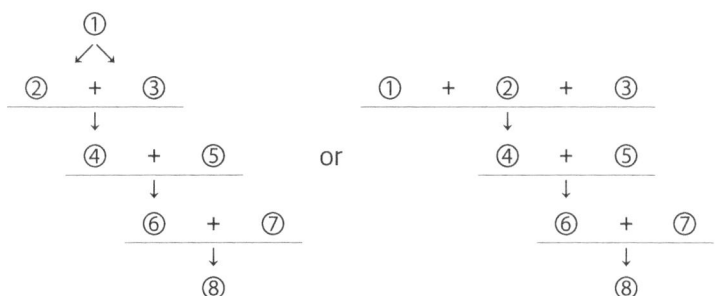

(13) [논증 재구성]

- p_1. 인간의 유전적 다양성은 다양한 병원균에 대항해 우리를 보호하기 위해 진화해 온 결과다.
- c_1. 우리들 가운데 어떤 사람은 다른 사람보다 특정 질병에 취약하다.
- p_2. 만일 특정 질병에 더 취약한 사람이 소수라면, 그 질병에 저항력이 있는 사람들이 더 많다는 것이다.
- p_3. 그 질병에 취약한 숙주들이 저항력이 있는 사람들 사이사이에 넓게 퍼져 둘러싸고 있다.
- c_2. 그 질병을 일으키는 병원균은 살기가 더 힘들게 된다.
- p_4. 유전적 다양성은 질병에 취약한 사람들을 보호하는 역할도 한다.
- C. 질명에 취약한 사람들도 병에 걸리지 않을 수 있다.

[논증 구조도]

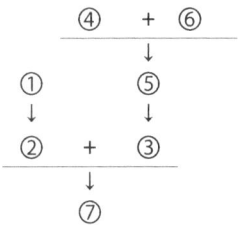

(14) [논증 재구성]

- p_1. 목축을 할 수 있는 초원지역에서 기를 수 있는 가축은 반추동물이다.
- p_2. 돼지는 잡식성 동물로 인간과 먹이 경쟁을 하게 된다.
- c_1. 돼지는 반정착 취락농경인들에게는 오히려 위협적인 존재가 되었다.
- p_3. 돼지는 실용될 수 있는 젖이 없고 원거리를 몰고 다니기가 무척 어렵다.
- C. 돼지 사육이 중동지방의 기본적인 문화와 자연의 생태계의 조화된 통합성을 깨뜨릴 위협이 되었기 때문에 성서와 코란은 돼지를 정죄시켰다

[논증 구조도]

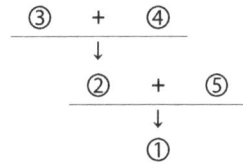

(15) [논증 재구성]

- p_1. 인간에게는 이성이 부여되었다.
- p_2. 인간은 자신이 분리되어 있다는 것을 안다.
- c_1. 분리는 모든 불안의 원천이다.
- p_3. 인간은 분리로부터 벗어나고자 한다.
- C. 인간은 다른 사람 그리고 외부 세계와 결합해야 한다.

[논증 구조도]

$$\frac{p_1 \;+\; p_2}{\downarrow}$$
$$\frac{c_1 \;+\; p_3}{\downarrow}$$
$$C$$

(16) [논증 재구성]

- p_1. 여러 국가의 불행은 그칠 날이 없을 것이다.
- p_2. 온 인류도 불행이 그칠 날이 없을 것이다.
- c_1. 만일 철학자가 왕이 되든지 왕이 철학자가 되지 않으면, 불행은 그치지 않을 것이다.
- p_3. 우리는 불행이 그치기를 원한다.
- C. 철학자가 왕이 되든지, 왕이 철학자가 되어야 한다.

[논증 구조도]

$$\frac{p_1 \;+\; p_2}{\downarrow}$$
$$\frac{c_1 \;+\; p_3}{\downarrow}$$
$$C$$

(17) [논증 재구성]

- p_1. 도덕과 법은 우리의 삶과 일상을 유지하기 위한 규율 체계다.
- p_2. 법의 기본적인 형식은 '명령과 제재(처벌)'로 구성된다.
- c_1. 우리가 명령에 위배되는 행위를 한다면, 그 행위에 상응하는 합당한 제재가 가해진다.
- p_3. 도덕은 우리가 일상에서 지켜야 할 예절과 타인을 돕는 것과 같은 선행 등을 포함한다.
- p_4. 법은 우리 삶의 최소한의 영역에 대해 관여한다.
- c_2. 법은 최소한의 도덕이다.
- p_5. 법의 사각지대를 허용할 경우, 우리는 최소한의 명령에 위배되는 행위에 대해서도 처벌을 할 수 없는 불합리가 발생한다.
- C. 법의 사각지대는 허용될 수 없다.

[논증 구조도]

$$\frac{p_1 + p_2}{\downarrow} \quad \frac{p_3 + p_4}{\downarrow}$$
$$\frac{c_1 \quad + \quad c_2 \quad + \quad p_5}{\downarrow}$$
$$C$$

(18) [논증 재구성]

- p_1. 사람은 최소한의 물질적 조건이 갖추어진 상태에서 행복감과 만족감을 느낄 수 있을 때 삶의 질이 높아진다.
- p_2. 기본적인 '의, 식, 주'는 최소한 물질적 조건이다. (숨은 전제)
- c_1. 따라서 기본적인 '의, 식, 주'의 해결은 인간다운 삶의 기본 전제다.
- p_3. 국가 경제를 성장시키면 국민들로 하여금 기본적인 '의, 식, 주'의 충족이 쉽고 질 높은 교육과 의료, 문화 혜택의 여유를 가지게 된다.
- p_4. 질 높은 교육, 의료, 문화 혜택의 여유를 가지게 되면 행복감과 만족감을 느낄 가능성이 커진다.
- C. 국민들의 삶의 질 향상을 위해서는 국가 경제를 성장시켜야 한다.

[논증 구조도]

$$\frac{p_1 + p_2}{\downarrow}$$
$$\frac{c_1 \quad + \quad p_3 \quad + \quad p_4}{\downarrow}$$
$$C$$

(19) [논증 재구성]

- p_1. 모든 집단의 성원들에게 공통적으로 구속력을 지닌 도덕 규칙은 존재하지 않는다.
- p_2. 어떤 집단의 성원들이 옳다거나 그르다고 믿고 있는 것은 그들에게 실제로 옳거나 그르다.
- c_1. 각자가 자신이 속한 집단의 규칙을 따라야 한다.

p_3. 동등하게 옳지만 서로 상충하는 도덕 판단이 존재할 수 있다.

c_3. 모든 집단의 도덕적 신념은 동등하게 존중되어야 한다.

p_4. 우리에게는 다른 집단의 신념 체계에 대해 비판하거나 간섭할 권리가 없다.

C. 도덕적 갈등은 해소될 수 없다.

[논증 구조도]

$$\frac{p_1 \quad + \quad p_2}{\downarrow}$$
$$\frac{c_1 \quad + \quad p_3}{\downarrow}$$
$$\frac{c_2 \quad + \quad p_4}{\downarrow}$$
$$C$$

(20) [논증 재구성]

p_1. 사회가 구성되기 이전인 자연상태에서 인간들은 한정된 자원으로 인해 서로 '개인 대 개인'으로서 마치 전쟁과도 같은 극한 상황에 처하게 된다.

p_2. 사회를 구성하기 이전의 원시 상태의 무지막지한 폭력과 공포는 견디기 어려운 것이다.

c_1. 사람들은 원시 상태(자연상태)에서 벗어나기를 갈망한다.

p_3. 사회를 지배하는 절대적인 권력, 즉 왕(군주)은 이러한 상태로부터 벗어난 생존을 보장해 준다.

C. 사람들은 기꺼이 절대 권위에 복종할 것이다.

[논증 구조도]

$$\frac{p_1 \quad + \quad p_2}{\downarrow}$$
$$\frac{c_1 \quad + \quad p_3}{\downarrow}$$
$$C$$

4강

(1) [논증 재구성]

<생략된 전제> ⓐ 사회 전체의 발전 동력으로 작동할 수 있는 욕망은 나쁜 것이 아니다. ⓑ 정치적 욕망과 경제적 욕망은 타인과 공유할 수 있다.

- p₁. 타인과 공유할 수 있는 욕망은 사회 전체의 발전을 동력으로 작용할 수 있다.
- p₂. 정치적 욕망과 경제적 욕망은 타인과 공유할 수 있다.
- p₃. 사회 전체의 발전 동력으로 작동할 수 있는 욕망은 나쁜 것이 아니다.
- C. 정치적인 욕망과 경제적인 욕망은 나쁜 것이 아니다.

[논증 구조도]

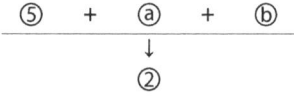

(2) [논증 재구성]

<생략된 전제> ⓐ 식용으로 삼기 위해 동물을 죽이는 것은 도덕적으로 그릇된 일이다.

- p₁. 육식은 생존을 위해 필요한 것도 아니다.
- p₂. 육식은 건강에 좋은 것도 아니다.
- p₃. 육식은 영양에 비해 비용도 많이 든다.
- c₁. 육식은 필수적인 것이 아니다.
- p₄. 만일 육식이 도살을 위해 동물을 사육하도록 만들며 또한 육식이 필수적인 것이 아니라면, 식용으로 삼기 위해 동물을 죽이는 것은 도덕적으로 그릇된 일이다.
- c₂. 식용으로 삼기 위해 동물을 죽이는 것은 도덕적으로 그릇된 일이다.
- C. 우리는 육식을 해서는 안 된다.

[논증 구조도]

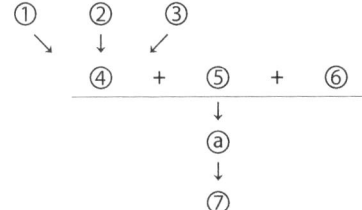

(3) [논증 재구성]

<생략된 전제> ⓐ 동물은 이성을 가지고 있지 않다.

- p₁. 이성을 가지고 있어야만 도덕에 대해 생각할 수 있고 도덕적 의무를 가질 수 있다.
- p₂. 도덕에 대해 생각할 수 있고 도덕적 의무를 가질 수 있는 존재만이 도덕적 권리를 가질 수 있다.
- p₃. 동물은 이성을 가지고 있지 않다.
- c₁. 동물은 도덕적 권리를 가질 수 없다.
- p₄. 도덕적 권리를 가지지 않는 존재를 이용하는 것은 도덕적으로 문제가 되지 않는다.
- C. 동물을 이용하는 것은 도덕적으로 문제가 되지 않는다고 할 수 있다.

[논증 구조도]

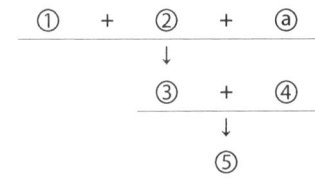

(4) [논증 재구성]

<논증을 재구성할 때 불필요한 진술문> ④

- p₁. 내가 존재하지 않으면, 나는 속을 수 없다.
- p₂. 내가 무엇인가 생각하고 있는 한, 악마는 나를 존재하지 않도록 만들 수 없다.
- c₁. 악마가 나를 속인다고 해도 내가 존재한다는 것을 의심할 수 없다.
- C.   나는 생각한다, 고로 존재한다.

[논증 구조도]

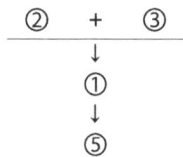

(5) [논증 재구성]

<기본 가정> 현대 의학은 자연선택의 결과물이 아니다. (논증 재구성에서는 직접적으로 사용되지 않는다.)

- p₁. 자연선택은 약한 개체를 강한 개체들이 번식하기 전에 죽게 한다. (④)
- p₂. 현대의 의학은 약한 개체를 살아남고 번식하게 만든다. (⑤)
- c₁. 현대의 인간에게 자연선택은 적용되지 않는다. (③)
- p₃   자연선택이 없다면, 진화는 멈출 것이다. (②)
- C.   인간은 더 이상 진화하지 않는다. (⑥)

[논증 구조도]

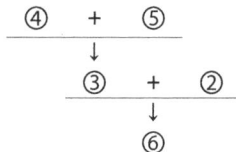

(6) [논증 재구성]
- p₁. 인간이 합리적이라는 주장이 정당화되려면, 의도에 반하는 행동을 하는 인간이 없어야 하고 모든 사람이 인간은 합리적 존재라고 생각해야만 한다.
- p₂. 'p₁'이 모든 사람이 합리적인 행동을 한다는 사실로부터 도출된다면, 의도에 반하는 행동을 하는 사람이 없어야 한다.
- c₁. 'p₂'가 모든 사람이 인간은 합리적 존재라고 생각한다는 사실에 근거한다면, 일부 사람이라도 인간이 합리적이지 않다고 생각해서는 안 된다.
- p₃. 의도에 반하는 행동을 하는 사람도 있으며, 일부의 사람은 인간이 합리적인 존재라고 생각하지 않는다.
- C. 인간이 합리적이라는 주장은 정당하지 않다.

[논증 구조도]

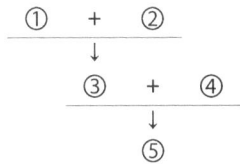

(7) [논증 재구성]

<생략된 전제> 윤리의 핵심 기능인 옳고 그름에 대한 분석은 관습에 대한 분석에 불과하다면, 옳고 그름에 대한 답변을 제시하는 것이 더 이상 윤리의 고유 영역이 될 수 없다.

<생략된 결론> 윤리는 사회적 합의라고 볼 수 없다.

- p₁. 윤리를 사회적 합의로 보아야 한다면, 윤리의 핵심 기능인 옳고 그름에 대한 분석은 관습에 대한 분석에 불과하다.
- p₂. 윤리의 핵심 기능인 옳고 그름에 대한 분석은 관습에 대한 분석에 불과하다면, 옳고 그름에 대한 답변을 제시하는 것이 더 이상 윤리의 고유 영역이 될 수 없다.
- c₁. 옳고 그름에 대한 답변을 제시하는 것이 더 이상 윤리의 고유 영역이 될 수 없다면, 윤리적 평가는 당위의 의미를 가질 수 없다.
- p₃. 윤리적 평가는 당위의 의미를 가진다.
- C. 윤리는 사회적 합의라고 볼 수 없다.

[논증 구조도]

$$\frac{p_1 \quad + \quad p_2}{\quad \downarrow \quad}$$
$$\frac{c_1 \quad + \quad p_3}{\quad \downarrow \quad}$$
$$C$$

(8) [논증 재구성]

<생략된 전제> 공격 본능을 일깨우는 음식을 먹지 않으려면 육식을 줄여야 한다.

- p_1. 인류가 평화롭게 살려면 내면의 폭력성을 통제할 수 있어야 한다.
- p_2. 내면의 폭력성을 통제하려면 공격 본능을 일깨운 음식을 먹어서는 안 된다.
- c_1. 공격 본능을 일깨우는 음식을 먹지 않으려면 육식을 줄여야 한다. (생략된 전제)
- p_3. 육식을 줄이려면 생식이 효과적인 방법이다.
- C. 인류가 평화롭게 살려면 생식이 효과적인 방법이다.

[논증 구조도]

$$\frac{p_1 \quad + \quad p_2}{\quad \downarrow \quad}$$
$$\frac{c_1 \quad + \quad p_3}{\quad \downarrow \quad}$$
$$C$$

(9) [논증 재구성]

<생략된 전제> 모든 엔진 고장은 똑같이 위험하다.

- p_1. 두 개의 엔진을 가지고 있다면, 두 개의 엔진 고장 위험이 있다.
- p_2. 모든 엔진 고장은 똑같이 위험하다.
- c_1. 네 개의 엔진을 가지고 있다면 네 개의 위험이 존재한다.
- p_3. 엔진 고장의 위험은 네 개의 엔진을 갖고 있다고 해서 줄어들지 않는다.
- C. 에어버스의 4개의 엔진을 가진 A340의 엔지 고장 위험은 2배 증가한다.

[논증 구조도]

$$\frac{p_1 \quad + \quad p_2}{\downarrow}$$
$$\frac{c_1 \quad + \quad p_3}{\downarrow}$$
$$C$$

(10) [논증 재구성]

<생략된 전제> 진짜 어머니는 아이를 살리기 위해 거짓 자백을 할 것이란 가정이 들어있다.

- p_1. 솔로몬 왕은 아이를 반으로 잘라 서로 반씩 갖도록 하면 된다고 판결하였다.
- p_2. 한 여인이 그 아이는 자신의 아이가 아니라고 하면서 자신의 죄를 뉘우치며 잘못을 빌었다.
- p_3. 진짜 어머니는 아이를 살리기 위해 거짓 자백을 할 것이란 가정이 들어있다.
- C. 자신의 아이가 아니라고 자신의 죄를 뉘우친 여인이 아이의 진정한 어머니다.

[논증 구조도]

$$\frac{p_1 \quad + \quad p_2 \quad + \quad p_3}{\downarrow}$$
$$C$$

(11) [논증 재구성]

- p_1. 책임을 질 수 있는 성인은 죽음을 선택할 수 있다.
- p_2. 자의적인 안락사는 환자의 고통을 없애줄 수 있다.
- p_3. 자의적인 안락사는 사회적 비용을 줄인다.
- p_4. 자의적인 안락사는 환자 가족의 심적인 고통을 덜어준다.
- C. 자의적인 안락사는 법적으로 허용해야 한다.

[논증 구조도]

$$\frac{p_1 \quad + \quad p_2 \quad + \quad p_3 \quad + \quad p_4}{C}$$

(12) [논증 재구성]

<생략된 전제> ⓐ 믿음은 정당화되어야 한다.

- p_1. 지식을 구성하는 믿음은 참된 믿음이어야 한다.
- p_2. 우연히 참된 믿음을 가질 수 있다.
- c_1. 참된 믿음만으로는 지식이 될 수 없다.
- c_2. 참된 믿음이 앎이 되기 위해서는 다른 조건이 충족되어야 한다.
- p_3. 믿음은 정당화되어야 한다. (정당화는 믿음의 필요조건이다.)
- C. 지식은 정당화된 참된 믿음이다.

[논증 구조도]

$$\frac{p_1 \quad + \quad p_2}{c_1}$$
$$\downarrow$$
$$\frac{c_2 \quad + \quad p_3}{C}$$

(13) [논증 재구성]

<생략된 전제> 세계에 대한 기술(記述)에서 삭제할 수 있는 것은 실재하는 것이 아니다.

p_1. 질량체가 주어지면, 특정 힘이 존재한다.
p_2. 특정 힘이 존재한다면, 가속도가 발생할 수밖에 없다.
c_1. 어떤 질량체가 주어지면, 가속도가 발생한다.
c_2. '$p_1 \sim c_1$'의 이론($f=am$)은 타당하다.
p_3. 세계에 대한 기술(記述)에서 삭제할 수 있는 것은 실재하는 것이 아니다.
C. 뉴튼의 이론($f=am$)과 같이 세계에 대해 기술(description)될 수 있는 것은 실재하는 것이다.

[논증 구조도]

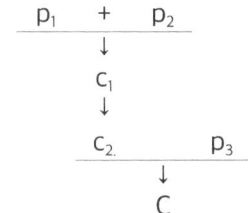

(14) [논증 재구성]

p_1. 우주는 본에 따라 만들어졌다.
p_2. 우주를 만든 이가 존재한다.
c_1. 우주의 본은 하나다.
p_3. 우주의 본은 지성에 의해서라야 알 수 있는 모든 살아 있는 것을 포함해야 한다.
C. 여럿인 우주는 그 여럿을 포함하는 하나를 전제한다.

[논증 구조도]

```
    p₁  +  p₂
       ↓
    c₁  +  p₃
       ↓
       C
```

(15) [논증 재구성]

<생략된 전제> 경제 위가가 심각해져서는 안 된다.

- p_1. 정부와 여당의 비정규직법 개정안이 시행되면, 비정규직이 늘어나게 될 것이다.
- p_2. 비정규직이 더 늘어난다면, 경제 위기가 더 심각해질 수 있다.
- p_3. 경제 위기가 심각해져서는 안 된다.
- C. 정부와 여당의 비정규직법 개정안은 철회되어야 한다.

[논증 구조도]

$$\frac{p_1 \quad + \quad p_2 \quad + \quad p_3}{\downarrow}$$
$$C$$

(16) [논증 재구성]

<생략된 전제> 대부분의 사람들은 공개적으로 자신의 삶을 당당하게 변호할 수 없다.

- p_1. 가식적인 사람만이 공개적으로 자신의 삶을 당당하게 변호할 수 있다.
- p_2. 어느 누구도 온전하게 자신의 삶을 공개적으로 변호할 수 있는 사람은 없다.
- c_1. 대부분의 사람들은 공개적으로 자신의 삶을 당당하게 변호할 수 없다.
- p_3. 자기 삶에 당당한 사람들은 모두 공개적으로 자신의 삶을 변호할 수 없다.
- C. 처벌이나 비난을 받지 않는 사람도 자신의 삶을 당당하게 변호할 수 없다.

[논증 구조도]

$$\frac{p_1 \quad + \quad p_2}{\downarrow}$$
$$\frac{c_1 \quad + \quad p_3}{\downarrow}$$
$$C$$

(17) [논증 재구성]

<생략된 전제> ⓐ 가벼운 죄가 중한 죄로 이어지는 것이다.

- p_1. 중한 죄에 중벌을 그리고 가벼운 죄에 가벼운 벌을 주면 형벌을 주어야 할 사건이 계속 터진다.
- p_2. 중한 죄에 중벌을 그리고 가벼운 죄를 가볍게 다스리면 가벼운 죄가 그치지 않으니 중한 죄를 그치게 할 수 없다.
- c_1. 중한 죄를 그치게 하지 않으면 사회의 혼란을 가져온다.
- p_3. 가벼운 죄가 중한 죄로 이어진다.
- C. 가벼운 죄에 무거운 형벌을 내리면 범죄가 사라진다.

[논증 구조도]

$$\frac{p_1 \;+\; p_2}{\downarrow}$$
$$\frac{c_1 \;+\; p_3}{\downarrow}$$
$$C$$

(18) [논증 재구성]

<생략된 전제> ⓐ 어느 누구도 자신에 대한 의무로부터 자신을 놓아줄 수 없다 ⓑ 어느 누구도 자신에 대한 권리가 없다.

- p_1. 모든 권리는 의무를 그리고 모든 의무는 권리를 함축한다.
- c_1. 어떤 사람이 자신에 대한 의무가 있다면, 그 사람은 자신에 대한 권리가 있다.
- p_2. 어떤 사람이 자신에 대한 권리가 있다면, 그 사람은 자신에 대한 의무로부터 자신을 놓아줄 수 있다.
- c_2. 어떤 사람이 자신에 대한 의무가 있다면, 그 사람은 자신에 대한 의무로부터 자신을 놓아줄 수 있다.
- p_3. 어느 누구도 자신에 대한 의무로부터 자신을 놓아줄 수 없다.
- C. 어느 누구도 자신에 대한 의무가 없다.

[논증 구조도]

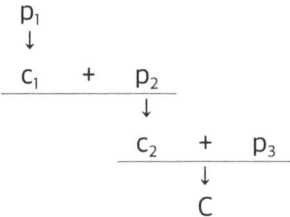

(19) [논증 재구성]

<생략된 전제> ⓐ 자신의 유전적 진상에 대하여 알아야 할 도덕적 의무가 있다면, 자신의 유전적 진상에 대하여 알지 않을 도덕적 권리가 없다.

p_1. 자율적이어야 할 도덕적 의무가 있다.
p_2. 자신의 결정에 중대한 영향을 끼치는 것 정도는 알아야 자율적일 수 있다.
c_1. 자신의 결정에 중대한 영향을 끼치는 것 정도는 알아야 할 도덕적 의무가 있다.
p_3. 자신의 유전적 진상에 대하여 아는 것이 자신의 결정에 중대한 영향을 끼친다.
c_2. 자신의 유전적 진상에 대하여 알아야 할 도덕적 의무가 있다.
p_4. 자신의 유전적 진상에 대하여 알아야 할 도덕적 의무가 있다면, 자신의 유전적 진상에 대하여 알지 않을 도덕적 권리가 없다.
C. 자신의 유전적 진상에 대하여 알지 않을 도덕적 권리가 없다.

[논증 구조도]

$$\frac{p_1 + p_2}{\downarrow}$$
$$\frac{c_1 + p_3}{\downarrow}$$
$$\frac{c_2 + p_4}{\downarrow}$$
$$C$$

(20) [논증 재구성]

<생략된 전제> 인터넷 실명제를 통해서 표현의 자유를 제한하는 것은 정당화된다.

- p_1. 고전적 자유주의자들은 국가나 정부가 국민의 기본권을 제한할 수 있는 경우는 기본권을 제한하지 않을 경우 국가의 존립이 위태로울 때뿐이다.
- p_2. 인터넷에 익명으로 글을 올리는 것은 표현의 자유다.
- p_3. 인터넷에 익명으로 글을 올리는 것은 국가의 존립에 위협이 되지는 않는다.
- c_1. 인터넷에 익명으로 글을 올리는 것은 정당화될 수 있다.
- p_4. 인터넷에 익명으로 글을 올리는 것이 사회 혼란을 초래하는 원인이 되기도 한다.
- c_2. 인터넷 실명제를 통해서 표현의 자유를 제한하는 것은 정당화된다.
- C. 오늘날에는 고전적 자유주의자의 주장이 여전히 유효하다고 주장할 수는 없다.

[논증 구조도]

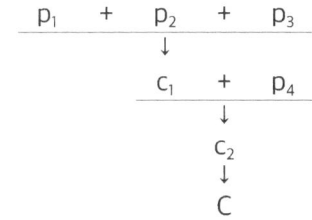

5강 ①

(1) 연역논증
(2) 귀납논증
(3) 연역논증
(4) 연역논증
(5) 연역논증
(6) 귀납논증
(7) 귀납논증
(8) 연역논증
(9) 연역논증
(10) 연역논증
(11) 연역논증
(12) 귀납논증
(13) 연역논증
(14) 연역논증
(15) 귀납논증
(16) 연역논증
(17) 귀납논증
(18) 연역논증
(19) 귀납논증
(20) 귀납논증

5강 ②

(1) <단순명제>
p: 당신과 당신의 배우자는 서로 협력하며 아끼고 있다.
q: 당신 부부는 화목하다.

<타당성 검사> 타당하지 않은 논증이다. (전건부정의 오류)

$p_1.$	p	→	q
$p_2.$	~p		
c.			~q

(2) <단순명제>
p: 리사는 비판적 사고 수업에 참석한다.
q: 리사는 축제에 참가한다.

<타당성 검사> 타당한 연역논증이다. (선언지 삼단논법)

$p_1.$	p	∨	q
$p_2.$	~p		
c.			q

(3) <단순명제>
p: 인간은 도덕적 책임을 지는 존재다.
q: 인간은 도덕적 칭찬이나 비난의 정당한 대상이다.
r: 인간은 자유로운 행위자다.

<타당성 검사> 타당한 논증이다. (가언적 삼단논법)

$p_1.$	p	→	q		$p_1.$	p	→	q	
$p_2.$	~r	→	~q	≡	$p_2.$	q	→	r	(대우명제)
c.	~r	→	~p		c.	p	→	r	(대우명제)

(4) <단순명제>
   p: 특정 사회 세력이 자신의 이익을 위해 사회 구성원들에게 부과하는 거짓된 욕구를 충족하려는 개인들의 행동
   q: 우리가 보호하고 유지해야 할 대상
   r: 사회 전체의 병폐를 인식하고 그 병폐를 개선할 우리의 능력 발달을 방해하는 핵심 요소
   s: 우리 자신을 고통과 불행에 빠뜨리는 병적 쾌감을 충족시키려는 노력

   <타당성 검사> 타당한 논증이다. (가언삼단논법)

p_1.	p	→	~q
p_2.	r	→	p
p_3.	s	→	r
c.	r	→	~q

(5) <단순명제>
   p: 자기만을 생각하지 않고 남을 배려하는 행동을 한다.
   q: 이기적이지 않다.
   s: 포용력을 가지고 있는 자비로운 사람이다.
   t: 오랜 수행을 통해 진리를 깨달은 자다.

   <타당성 검사> 타당한 연역논증이다. (가언삼단논법)

p_1.	t	→	s
p_2.	s	→	p
p_3.	t	→	p
p_4.	p	→	q
c.	t	→	q

(6) <단순명제>
p: 자연수는 무한하다.
q: 가장 큰 수를 확정할 수 없는 문제가 발생한다.

<타당성 검사> 타당한 연역논증이다. (귀류논증, 후건부정식)

p_1. ~p → q
p_2. ~q
―――――――――――
c. p

(7) <단순명제>
p: 새끼에게 젖을 먹인다면 포유류다.
q: 오리너구리는 새끼에게 젖을 먹인다.

<타당성 검사> 타당한 연역논증이다. (전건긍정식)

p_1. p → q
p_2. p
―――――――――――
c. q

(8) <단순명제>
p: 아버지는 진정한 자유주의자다.
q: 아버지는 인간의 행복을 가장 중요시한다.
r: 아버지는 이성 간의 만남이 필요하다는 것을 안다.
s: 아버지는 우리의 결혼을 반대하지 않을 것이다.

<타당성 검사> 타당한 논증이다. (가언삼단논법)

p_1. p → q
p_2. q → r
p_3. r → s
―――――――――――
c. p → s

(9) <단순명제>

　　p: 비정규직에서 정규직으로 전환되는 직원이 많아진다.
　　q: 육아휴직이 크게 는다.

　　<논증 재구성>

　　p_1.　비정규직에서 정규직으로 전환되는 직원이 많아지게 될 경우 육아휴직이 크게 늘게 될 것이다.
　　p_2.　육아휴직이 크게 늘어났다.
　　c.　비정규직에서 정규직으로 전환이 증가하였다.

　　<타당성 검사> 부당하다. (후건긍정의 오류)

p_1.	p	→	q
p_2.			q
c.	p		

(10) <단순명제>

　　p: 우리의 모든 삶은 운명에 의해 이미 정해져 있다.
　　q: 어떠한 뛰어난 사람의 업적도 스스로의 노력에 의한 것이 아닌 운명에 의한 것이다.
　　r: 뛰어난 업적을 가진 사람에 대해 존경심을 갖는 것은 잘못이다.

　　<타당성 검사> 타당하다. (가언삼단논법)

p_1.	p	→	q
p_2.	q	→	r
c.	p	→	r

(11) <단순명제>

　　p: 자연환경 보존에 관심을 가진 나라는 모두 선진국이다.
　　q: 모든 선진국은 인공적으로 설치한 댐이나 보를 제거한다.
　　r: 자연환경 보존에 관심을 가진 나라는 인공적으로 설치한 댐이나 보를 제거한다.

<논증 재구성>

p_1. 자연환경 보존에 관심을 가진 나라는 모두 선진국이다.

p_2. 모든 선진국은 불필요하게 인공적으로 설치한 댐이나 보를 제거하고 있다.

C. 자연환경을 보존하기 위해서는 불필요하게 인공적으로 설치한 댐이나 보를 제거해야 한다.

<타당성 검사> 타당하다. (정언삼단논법)

p_1. 모든 p는 q이다.

p_2. 모든 q는 r이다.

c. 모든 p는 r이다.

(12) <단순명제>

p: 좋은 의사는 훌륭한 의학교육을 받은 사람이다.
q: 좋은 의사는 그의 환자를 대부분 치료한다.
r: 로제는 훌륭한 의학교육을 받았다.
s: 로제는 그의 환자를 치료할 수 있다.

<논증 재구성>

p_1. 좋은 의사는 훌륭한 의학교육을 받은 사람이다.

p_2. 좋은 의사는 그의 환자를 대부분 치료한다.

p_3. 로제는 훌륭한 의학교육을 받았다.

C. 로제는 그의 환자를 치료할 수 있다.

<타당성 검사> 연역적으로 타당하다. (선언삼단논법, 전건긍정식)

p_1.	p	→	q
p_2.	q	→	p
c_1.	p	↔	q
p_2.	p		
C.			q

(13) <단순명제>

　p: 민주주의의 입법 취지는 시민의 의견을 반영한다.
　q: 귀족정치의 입법 취지는 귀족의 의견만을 반영한다.
　r: 법은 가능한 한 시민 모두의 복지를 증진시켜야 한다.

　<타당성 검사> 연역적으로 타당하다. (선언삼단논법, 전건긍정식)

```
p₁.    p    →    r
p₂.    p
c₁.              r
p₃.    q    →   ~r
p₄.              r
c₂.   ~q
p₅.    p    ∨    q
─────────────────
C.     p
```

(14) <단순명제>

　p: 약한 범죄에 약한 처벌을 내린다.
　q: 중대한 범죄는 줄어들지 않는다.

　<타당성 검사> 타당한 연역논증이다. (전건긍정식)

```
p₁.    p    →    q
p₂.    p
─────────────────
c.               q
```

(15) <단순명제>

　p: 어떤 사람은 자신에 대한 의무가 있다.
　q: 그 사람은 자신에 대한 의무로부터 자신을 놓아줄 수 있다.

　<타당성 검사> 타당한 연역논증이다. (후건긍정식)

```
p₁.    p    →    q
p₂.             ~q
─────────────────
c.     p
```

(16) <단순명제>
  p: 질량체가 있다.
  q: 특정 힘이 있다.
  r: 가속도가 발생한다.

  <타당성 검사> 타당한 논증이다. (가언삼단논법)

  p₁.   p → q
  p₂.   q → r
  ─────────────
  c.   p → r

(17) <단순명제>
  p: 인터넷에 익명으로 글을 올리는 행위가 사회의 혼란을 초래하거나 허위 사실을 유포하지 않는다.
  q: 인터넷에 익명으로 글을 올리는 행위는 표현의 자유로서 보장받는다.

  <타당성 검사> 부당한 논증이다. (전건부정의 오류)

  p₁.   p → q
  p₂.   ~p →
  ─────────────
  c.   ~q

(18) <단순명제>
  p: 지구는 움직인다.
  q: 지구는 우리를 남겨두고 우주 밖으로 떨어져 버릴 것이다.

  <타당성 검사> 타당한 논증이다. (후건부정식)

  p₁.   p → q
  p₂.   ~p →
  ─────────────
  c.   ~q

(19) [Quiz]

명제 L: "어제는 내가 거짓말을 하는 날이다."

p₁. 사자가 명제 L을 말할 수 있는 요일은 '월요일'과 '목요일'뿐이다.
p₂. 유니콘이 명제 L을 말할 수 있는 요일은 '목요일'과 '일요일'뿐이다.
c. 사자와 유니콘 모두 명제 L을 말할 수 있는 요일은 '목요일'뿐이다.

	월	화	수	목	금	토	일
사자	거짓말	거짓말	거짓말	참말	참말	참말	참말
L 진리값	T	F	F	T	F	F	F
유니콘	참말	참말	참말	거짓말	거짓말	거짓말	참말
L 진리값	F	F	F	T	F	F	T

(20) [Quiz]

<1단계 추론>

p₁. 만일 눈이 정상인 죄수가 두 개의 붉은 모자를 보았다면, 그는 자기가 쓰고 있는 모자의 색깔을 알아맞혔을 것이다. p → q
p₂. 그는 자기가 쓰고 있는 모자의 색깔을 알아맞히지 못했다. ~q
c. 그러므로 눈이 정상인 죄수는 두 개의 붉은 모자를 보지 못했다. ~p

1단계 추론이 참이라면, 즉 '만일 애꾸눈 죄수가 눈이 정상인 죄수가 알아맞히지 못했음을 알았다면',

<2단계 추론> p:약한

p₁. 내(장님)가 쓰고 있는 모자의 색깔이 붉은색이라면, 그(애꾸눈 죄수)는 자기가 쓰고 있는 모자의 색깔(흰색임)을 알아맞혔을 것이다. r → s
p₂. 그(애꾸눈 죄수)는 자기가 쓰고 있는 모자의 색깔을 알아맞히지 못했다. ~s
c. 그러므로 내가 쓰고 있는 모자의 색깔은 흰색이다. ~r

6강

(1) <단순명제>

　p: 순회 재판소는 쓸모가 있다.
　q: 순회 재판소는 쓸모가 없다.
　r: 모든 정부는 순회 재판소를 인정한다. (설치해야 한다.)
　s: 모든 정부는 순회 재판소를 인정하지 않는다. (설치하지 않는다.)

　<타당성 검사> 타당한 연역논증이다. (구성적 양도논법)

$p_1.$	p	∨	q
$p_2.$	p	→	s
$p_3.$	q	→	t
c.	s	∨	t

(2) <단순명제>

　p: 타인에게 해악을 끼치는 것을 금지하기 위해 한 개인의 권리를
　　제한할 수 있다.
　q: 공리적 이익에 의거하여 한 개인의 권리를 제한할 수 없다.

　<타당성 검사> 타당한 연역논증이다. (선언삼단논법)

$p_1.$	p	∨	q
$p_2.$		~q	
c.	p		

(3) <단순명제>

　p: 의사는 환자에게 진실을 말한다.
　q: 의사는 환자에게 진실을 말하지 않는다.
　r: 의사는 처방의 근본적인 이유를 부정한다.
　s: 의사는 환자의 신뢰에 기초한 관계를 파괴한다.

<타당성 검사> 타당한 연역논증이다. (구성적 양도논법)

$p_1.$ p ∨ q
$p_2.$ p → s
$p_3.$ q → t
c.   s ∨ t

(4) <단순명제>

p: 학생들은 공부하기를 좋아한다.
q: 학생들은 공부하기를 좋아하지 않는다.
r: 선생은 학생을 가르칠 필요가 없다.

<타당성 검사> 타당한 연역논증이다. (단순 양도논법)

$p_1.$ p ∨ q
$p_2.$ p → s
$p_3.$ q → s
c.   s

(5) <단순명제>

p: 신은 전지, 전능, 지고지선하다.
q: 신은 인간의 모든 것을 만들었다.
r: 인간은 책임을 지는 존재다.

<타당성 검사> 타당한 연역논증이다. (가언삼단논법, 귀류추리)

$p_1.$ p → q
$p_2.$ q → ~r
$c_1.$ p → ~r
$p_3.$ r
c.   ~p

(6) <단순명제>

　p: 세상에 대해 올바른 말을 한다.
　q: 세상에 대해 어떠한 말도 하지 않는다.
　r: 신은 너를 미워한다.

　<타당성 검사> 타당한 연역논증이다. (단순 양도논법)

p_1.	p	∨	q
p_2.	p	→	s
p_3.	q	→	s
c.			s

(7) <단순명제>

　p: 공리주의는 선험적 원리로부터 도출된다.
　q: 공리주의는 도덕적 직관에 어긋나지 않아야 한다.
　r: 공리주의는 경험적 주장이다.
　s: 공리주의는 정의감에 반하면서 최선의 결과를 낳는 행위가 없다.

　<타당성 검사> 타당한 논증이다. (후건부정식)

p_1.	p	∨	q
p_2.	p	→	~r
p_3.			r
c_1.	~p		
p_3.	q	→	~s
p_3.			s
c_2.	~q		
c.	~p	∧	~q

(8) <단순명제>

　p: 평화를 선택해야 한다.
　q: 국방비를 증액해야 한다.

<타당성 검사> 부당한 연역논증이다. (선언지 긍정의 오류)

$p_1.$ p ∨ q
$p_2.$ p
─────────────
c.   ~q

(9) <단순명제>

p: 수정 시점은 인간 생명이 시작되는 순간이다.
q: 배아가 쌍둥이로 분할될 경우 동일성(identity) 문제가 발생한다.

<논증 재구성>

$p_1.$ 수정 시점이 인간 생명이 시작되는 순간이라고 해보자.
$p_2.$ 만일 인간 생명의 시작이 수정 순간이라면, 배아가 쌍둥이로 분할될 경우 동일성 문제가 발생한다.
$p_3.$ 배아의 동일성 문제를 해결할 수 없다.
c.   인간 생명이 시작되는 순간이 수정 시점이라는 생각은 잘못되었다.

<타당성 검사> 타당한 연역논증이다. (귀류추리, 후건부정식)

$p_1.$ p → q
$p_2.$ ~q
─────────────
c.   ~p

(10) <단순명제>

p: 당신은 나를 사랑한다.
q: 당신은 나를 미워한다.
r: 당신은 나를 돕는다.

<타당성 검사> 타당한 연역논증이다. (단순 양도논법)

$p_1.$ p ∨ q
$p_2.$ p → s
$p_3.$ q → s
─────────────
c.   s

(11) <단순명제>
　　p: 그는 진보주의자다.
　　q: 그는 부자가 아니다.

　　<타당성 검사> 타당한 연역논증이다. (후건부정식, 선언지 제거법)

　　<건전성 검사> 건전하지 않다. (진보주의자라고 해서 반드시 부자가 아닌 것은 아니다. 또한 어떤 사람이 진보주의자인 것과 그 사람이 부자인 것은 서로 배타적이지 않다.)

p_1.		p	→	~q	p_1.	p ∨ q	
p_2.			q		p_2.		~q
c.		~p			c.	~p	

(12) <단순명제>
　　p: 유아트루스가 이 소송에서 진다.
　　q: 유아트루스가 소송에서 이긴다.
　　r: 유아트루스는 나(프로타고라스)에게 수업료를 내야한다.

　　<타당성 검사> 타당한 연역논증이다. (단순 양도논법)

p_1.	p	∨	q
p_2.	p	→	s
p_3.	q	→	s
c.			s

(13) <단순명제>
　　p: 세계를 만든 완전한 창조자가 있다.
　　q: 완전한 창조가 만든 세계 또한 완전하다.

　　<타당성 검사> 타당한 연역논증이다. (귀류추리, 후건부정식)

p_1.	p	→	q
p_2.			~q
c.	~p		

(14) <단순명제>

p: 세계를 만든 완전한 창조자가 있다.
q: 이 세계는 우연히 만들어졌다.

<타당성 검사> 타당한 연역논증이다. (귀류추리, 후건부정식)

$p_1.$ ~p → q
$p_2.$ ~q
c.   p

(15) <단순명제>

p: 뇌사가 죽음의 기준이다.
q: 심장사가 죽음의 기준이다.

<타당성 검사> 타당한 연역논증이다. (선언지 삼단논법, 선언지 제거법)

$p_1.$ p ∨ q
$p_2.$ ~q
c.   p

(16) <복합 딜레마 (복합 양도논법)>

$p_1.$	황제에게 세금을 바치는 것은 옳거나(p) 옳지 않다(~p 또는 q).	p ∨ ~p
$p_2.$	만일 예수가 황제에게 세금을 바치는 것이 옳다고 말한다면(p), 그는 (하나님의 명령(우상을 섬기지 말라는 명령)을 거역했으므로) 하나님에게 처벌을 받아야 한다.(s)	p → s
$p_3.$	만일 예수가 황제에게 세금을 바치는 것이 옳지 않다고 말한다면(~p), 그는 (황제의 명령을 거역했으므로) 황제에게 처벌을 받아야 한다.(r)	~p → r
c.	예수는 하나님에게 처벌을 받거나 황제에게 처벌을 받아야 한다.	s ∨ r

또는 더 간략한 형식의 딜레마 논증(양도논법)으로서

<단순 딜레마 (단순 양도논법)>

p₁.	황제에게 세금을 바치는 것은 옳거나(p) 옳지 않다(~p 또는 q).	p ∨ ~p
p₂.	만일 예수가 황제에게 세금을 바치는 것이 옳다고 말한다면(p), 그는 (하나님의 (우상을 섬기지 말라는) 명령을 거역했으므로 하나님에게) 처벌을 받아야 한다.(s)	p → s
p₃.	만일 예수가 황제에게 세금을 바치는 것이 옳지 않다고 말한다면(~p), 그는 (황제의 명령을 거역했으므로 황제에게) 처벌을 받아야 한다.(s)	~p → s
c.	예수는 (하나님 또는 황제에게) 처벌을 받아야 한다.(s)	s

※ 본문에서 다룬 구성적 양도논법의 진리표를 이용한 진리값 검사는 다음과 같다. 아래의 진리표에서 확인할 수 있듯이, 구성적 양도논법은 전제가 모두 참인 경우 그 결론 또한 참이라는 것을 알 수 있다.

명제				적용 순서			
				p₁.	p₂.	p₃	c.
p	q	r	s	p ∨ q	p → r	q → s	s ∨ r
T	T	T	T	T	T	T	T
T	T	T	F	T	T	F	T
T	T	F	T	T	F	T	T
T	T	F	F	T	F	F	F
T	F	T	T	T	T	T	T
T	F	T	F	T	T	T	T
T	F	F	T	T	F	T	T
T	F	F	F	T	F	T	F
F	T	T	T	T	T	T	T
F	T	T	F	T	T	F	T
F	T	F	T	T	T	T	T
F	T	F	F	T	T	F	F
F	F	T	T	F	T	T	T
F	F	T	F	F	T	T	T
F	F	F	T	F	T	T	T
F	F	F	F	F	T	T	F

7강

(1) 단순 귀납(귀납적 일반화)

- $p_1.$ 헨리는 시간 t_0에 제인의 종소리를 듣고 맛있는 모이를 먹었다.
- $p_2.$ 헨리는 시간 t_1에 제인의 종소리를 듣고 맛있는 모이를 먹었다.
- $p_3.$ 헨리는 시간 t_2에 제인의 종소리를 듣고 맛있는 모이를 먹었다.
- $p_4.$ ...
- $p_5.$ 헨리는 시간 t_n에 제인의 종소리를 듣고 맛있는 모이를 먹었다.
- c.   오늘도 맛있는 모이를 먹을 수 있을 것이다.

헨리가 수행한 귀납추리의 결론은 참일 수도 있고 거짓일 수도 있다. 그리고 그 추리의 진리값은 헨리가 아닌 제인에게 달려 있다. 만일 제인이 헨리가 아직 충분히 자라지 않았다고 판단한다면, 헨리는 오늘도 맛있는 모이를 먹었을 것이다. 하지만 헨리가 이제 충분히 자랐다고 판단한다면, 헨리는 맛있는 모이를 먹지 못하고 생명을 잃었을 것이다.

(2) 유비추리

- $p_1.$ 칠성무당벌레와 달무리무당벌레는 나프탈렌 냄새를 싫어하고 진딧물을 좋아한다.
- $p_2.$ 칠성무당벌레와 달무리무당벌레는 모두 높은 곳을 올라가는 습성을 공통적으로 가지고 있다.
- $p_3.$ 칠성무당벌레는 자기보다 훨씬 센 적인 파리를 보면 기절한다.
- c.   달무리무당벌레도 파리를 보면 기절할 것이다.

(3) 단순 귀납(귀납적 일반화)

- $p_1.$ 달무리무당벌레에 대한 관찰 사례가 너무 적다.
- $p_2.$ 더 많은 사례를 봐야 비로소 달무리무당벌레가 죽은 체 하는 것인지 기절한 것인지 알 수 있다.
- $p_3.$ 달무리무당벌레가 파리를 보고 기절한다고 주장할 수는 없다.

p₄.	달무리무당벌레가 개구리를 보고 죽은 체 한다고도 주장할 수 없다.
c.	달무리무당벌레가 파리를 보고 기절한다고 주장할 수는 없다.

이 논증은 언뜻 보기에 연역추리처럼 보이지만, 달무리무당벌레에 대한 관찰 사례가 '충분'하지 않기 때문에 적절한 결론을 도출할 수 없다는 주장을 하고 있는 귀납추리다. 귀납논증은 표본의 수가 충분히 크고 주장의 대상이 되는 속성과의 상관관계가 밀접해야 함을 고려했을 때 좋은 논증이라고 할 수 있다.

(4) 단순 귀납(귀납적 일반화)

p₁.	회사 동료인 로제는 용성을 사랑하지 않는다.
p₂.	회사 동료인 지수는 용성을 사랑하지 않는다.
p₃.	용성의 모든 회사 동료들은 용성을 사랑하지 않는다.
c.	이 세상에서 용성을 사랑하는 사람은 없다.

이와 같은 귀납추리는 좋지 않은 논증이다. 회사 동료들이 용성을 사랑하지 않는다는 것으로부터 이 세상의 모든 사람들이 용성을 사랑하지 않는다는 결론이 도출된다고 볼 수 없기 때문이다. (만일 추리의 결과가 'p₃.'라면, 이 논증은 좋은 논증으로 평가할 수 있다.)

(5) 통계적 일반화

p₁.	맥주를 좋아하는 대다수의 학생들은 학교 매점에서 맥주를 판매하는 것에 적극적으로 찬성하고 있다.
p₂.	학생들의 의견은 존중되어야 한다.
c.	학교 매점에서 맥주를 판매해야 한다.

이 논증은 '맥주를 좋아하는 학생들에 대한 설문자료(통계적 자료)'에 의존하고 있는 귀납추리다. 하지만 설문의 대상이 되는 표본은 전체 대학생을 대표할 수 없는 편향된 자료라고 할 수 있다. 결론을 지지하기 위해서는 대학생 전체를 대표할 수 있는 자료에 근거해야 한다. 한편, 이 논증은 겉으로

보기에 연역논증으로 오해할 수 있다. 예컨대, 이 논증은 다음과 같이 구성될 수 있다.

- p_1. 만일 학생들의 의견을 존중한다면, 학교 매점에서 맥주를 판매해야 한다.
- p_2. 맥주를 좋아하는 대다수의 학생들은 학교 매점에서 맥주를 판매하기를 원한다.
- c. 학교 매점에서 맥주를 판매해야 한다.

이와 같은 논증 재구성이 옳다면, 이 논증은 전건긍정식으로서 형식적으로 타당하다. 하지만 여전히 'p_2.'에 대해 내용적으로 의문을 제기할 수 있기 때문에 건전한 논증이 아니며, 논리적으로 수용할 수 없는 논증이다.

(6) 통계적 삼단논법

- p_1. 별자리가 전갈자리인 사람은 대부분 X의 성질을 가지고 있다.
- p_2. 소개팅에 나온 여학생의 별자리는 전갈자리다.
- c. 그녀는 신경질을 잘 부리는 예민한 성격을 가지고 있을 것이다.

이 논증은 강한 논증이 아니며, 따라서 설득력이 없다. '전제로 사용되고 있는 것은 '별자리가 전갈자리인 여성의 속성'이다. 따라서 결론이 설득력이 있기 위해서는 첫 번째 전제인 'p_1'의 확률적 통계치가 100%에 가까워야 한다. 하지만 그것을 확인할 수 있는 믿을만한 통계자료는 없다.

(7) 유비추리

- p_1. 인간, 외계인, 동물은 모두 (정도의 차이가 있지만) 지적 능력을 가지고 있다.
- p_2. 인간과 외계인 그리고 인간과 동물의 관계는 지적 능력의 측면에서 설명적으로 유사하다.
- p_3. 인간보다 지적으로 우월한 외계인이 인간에 고통을 주고 식용으로 삼는 것은 옳지 않다.
- p_4. 동물보다 지적으로 우월한 인간이 동물에게 고통을 주고 삼는 것은 옳지 않다.
- c. 인간이 동물에게 고통을 주고 동물을 식용으로 삼은 것은 옳지 않다.

(8) 유비추리

- p₁. 진화는 방랑하는 예술가와 (설명적 구조에서) 유사하다.
- p₂. 방랑하는 예술가는 세상의 것들을 특별한 의도 없이 무작위로 합쳐 복잡한 형태의 예술품을 만든다.
- p₃. 진화는 어떤 계획이나 목적이 없이 자연스럽게 자연세계의 생물을 만든다.
- c.   인간은 진화의 산물이다.

(9) 통계적 삼단논법

- p₁. 이번 장마로 인한 산사태의 발생 건수는 1,548건이다.
- p₂. 이번 장마로 인한 태양과 발전시설의 유실 건수는 12건이다.
- p₃. 태양광 발전시설로 인한 산사태는 전체 산사태의 전체의 약 0.1%에 불과하다
- c.   태양광 발전시설이 산사태 피해의 직접적인 원인이라는 주장은 설득력이 없다.

이 논증은 최근 지속되고 있는 긴 장마 기간 동안 발생한 산사태의 원인이 '태양광 발전시설'때문이라는 주장을 반박하는 논증이다. 전국의 전체 태양광 발전시설, 장마 기간 동안의 전체 산사태 피해 건수, 그 기간 동안 발생한 태양과 발전시설 피해 건수 모두에 대한 통계자료를 사용하여 그와 같은 주장이 설득력이 없음을 보이고 있는 좋은 논증이다.

(10) 유비추리

- p₁. 세계는 매우 복잡한 기계와 유사하다.
- p₂. 기계는 매우 복잡하고 미세한 부분까지 매우 정확하게 조립되었다.
- p₃. 세계는 기계보다 더 복잡하고 미세한 부분까지 더 정확하게 조립되었다.
- p₄. 기계는 인간의 계획, 사유, 지혜 및 지성에 의해 고안되고 만들어진 것이다.
- c.   세계는 인간의 지성보다 더 높은 지성을 가진 창조자에 의해 만들어졌다.

(11) 유비추리

- p_1. 담배와 술과 우유는 해를 유발할 수 있다는 점에서 유사하다.
- p_2. 알코올 중독자들이 있다고 하여 양조업자들이 비난받는 것은 아니다.
- p_3. 심장병과 비만 인구가 있다고 하여 낙농업자가 비난받는 것은 아니다.
- p_4. 담배 회사는 구매 여부를 선택할 수 있는 제품을 제공한다.
- p_5. 흡연의 위험은 잘 알려져 있고 담뱃갑에도 경고문이 붙어 있다.
- p_6. 흡연자는 흡연의 위험을 알면서도 담배를 구매하여 흡연한 것이다.
- c. 흡연과 관련한 질병의 탓은 담배 회사가 아니라 흡연자에게 있다.

(12) 유비추리

- p_1. 시계는 정교하고 복잡하다.
- p_2. 시계가 정교함과 복잡함은, 그것이 지성(시계공)의 산물이라는 것으로 설명될 수 있다.
- p_3. 생명체도 정교하고 복잡하다.
- c_1. 생명체의 정교함과 복잡함도 그것이 지성(神)의 산물이라는 것으로 설명될 수 있다.
- p_4. 생명체의 정교함과 복잡함이 우연의 산물이라는 설명보다 지성의 산물이라는 설명이 더 낫다.
- p_5. 생명체가 정교하고 복잡한 것은 그것이 신에 의해 만들어졌기 때문이다.
- c_2. 생명체는 신에 의해 만들어졌다.

(13) 페일리의 유비추리에 대한 반대 논증

- p_1. 페일리는 시계공이 시계를 만들 듯 신이 생명체를 창조하였다고 주장한다.
- p_2. 시계와 생명체는 유사하지 않다.
- c_1. 생명체는 시계와 달리 목적을 가진 지성적 존재를 필요로 하지 않는다.
- p_4. 생명체를 창조한 것은 맹목적인 물리학적 힘(자연선택)이다.
- c_2. 자연의 시계공이 있다면, 그는 '눈먼' 시계공일뿐이다.

(14) 유비추리

- p_1. 한 유기체의 부분은 전체에 예속적이다.
- p_2. 부분은 전체의 건강에 도움이 되는 한에서 그 존재 가치를 부여받는다.
- p_3. 개인의 이익은 전체의 이익에 도움이 되는 한에서 정당화된다.
- p_4. 개인의 국가에 대한 관계는 한 유기체의 부분과 전체의 관계와 유사하다.
- c. 개인의 이익이 국가의 이익에 부합되지 않으면, 개인의 이익은 희생되어야 한다.

(15) 유비추리

- p_1. 짐승은 본래부터 이빨과 털과 위를 가지고 있다.
- p_2. 사람도 본래부터 이빨과 털과 위를 가지고 있다.
- p_3. 짐승은 언제나 먹이 찾기에 골몰한다.
- p_4. 사람도 언제나 먹이 찾기에 골몰한다.
- p_5. 짐승은 언제 어디서나 본능적으로 행동한다.
- c. 사람도 언제 어디서나 본능적으로 행동할 것이다.

8강

(1) 과학적 가설추리(가설-연역법)

가설(H): 달무리무당벌레는 파리를 속이기 위해 죽은 체 할 것이다.
- p_1. 달무리무당벌레는 파리를 속이기 위해 죽은 체 한다면, 달무리무당벌레는 더 무서운 적인 개구리를 보고 도망갈 것이다. (p → q)
- p_2. 달무리무당벌레는 개구리를 보면 도망간다. (q)
- c. 달무리무당벌레는 파리를 속이기 위해 죽은 체 한다. (p)

(2) 과학적 가설추리(가설-연역법)

가설(H): 인간은 사회생활에서 따돌림 당하지 않기 위해 합리적인 척 할 것이다.
- p_1. 사회생활에서 따돌림 당하지 않기 위해 합리적인 척 하는 것으로 보지 않는다면, 극한 상황이 돼서야 비합리성을 극명하게 드러내는 인간을 설명할 수가 없다. (p → q)
- p_2. 인간은 극한 상황에서 비합리성을 극명하게 드러낸다. (q)
- c. 인간은 사회생활에서 따돌림 당하지 않기 위해 합리적인 척 한다. (p)

(3) 최선의 설명에 의한 추론

p_1.	아프리카 국립공원 내에서 멸종위기에 놓인 동물들에 대한 밀렵이 다시 증가하고 있다.	현상
p_2.	해당 국가의 미온적인 대처가 밀렵을 증가시키고 있다.	후보 가설$_1$
p_3.	공원 내 원주민들이 자신들의 이익을 위해 당국의 감시망을 피해 밀렵꾼들을 돕고 있다.	후보 가설$_2$
p_4.	'p_2'가 'p_3'보다 더 나은 설명이다.	숨은 전제
c.	가설 'p_2'가 그 현상을 더 잘 설명하기 있으므로 참인(또는 최선의) 설명이다.	

(4) 최선의 설명에 의한 추론

p_1.	지구의 기후 온난화가 빠르게 진행되고 있다.	현상
p_2.	산업의 발달로 인한 무분별한 개발과 과도한 탄소 에너지 사용이 지구의 온도를 상승시키는 원인이다.	후보 가설$_1$
p_3.	지구가 주기적으로 찾아오는 온도 상승기에 접어들었기 때문이다.	후보 가설$_2$
p_4.	'p_2'보다 'p_3'이 더 나은 설명이다.	
C.	가설 'p_3'이 그 현상을 더 잘 설명하기 있으므로 참인(또는 최선의) 설명이다.	

(5) 최선의 설명에 의한 추론

p_1.	약 6,500만년 전 백악기에 공룡이 멸종하였다.	현상
p_2.	공룡은 '질병과 생리적 변화'에 의해 멸종했다	후보 가설$_1$
p_3.	공룡은 소행성의 충돌로 인해 멸종했다.	후보 가설$_2$
p_4.	'p_2'보다 'p_3'이 더 나은 설명이다.	
C.	가설 'p_3'이 그 현상을 더 잘 설명하기 있으므로 참인(또는 최선의) 설명이다.	

(6) 반증

과학적 가설추론의 추론 형식에 따른 반증

p_1.	태양의 쌍성이 존재한다면 태양과 비슷한 질량의 항성이 관측되어야 한다.		
p_2.	최근 쏘아올린 우주 망원경으로 태양계를 샅샅이 조사했지만 태양과 비슷한 질량의 항성(적색 왜성)은 존재하지 않는 것으로 보인다.	p_1.	H → h
		p_2.	~h
		C.	~H
p_3.	'현상 h'는 발견되지 않았다.		
C.	가설(H)는 반증된다.		
제안된 한 가설을 반증		후건부정식	

(7) 사고실험에 의한 반증

과학사에서 가장 성공한 '사고실험'으로 알려진 갈릴레이의 자유 낙하에 관한 아리스토텔레스의 '자유낙하운동' 이론에 대한 반론은 다음과 같다.

> <갈릴레이의 사고실험 논증>
>
> ① 물체 A와 B가 있고, A는 B보다 무겁다고 하자.
> ② 아리스토텔레스에 따르면, A는 B보다 먼저 떨어진다.
> ③ A에 비해 B는 더 빨리 떨어지려는 성향이 있고, B는 A에 비해 덜 빨리 떨어지려는 성향을 가지고 있다.
> ④ A와 B를 연결하여 낙하 운동을 시킨다고 하자.
> ⑤ ③이 참이라면, 'B의 덜 빨리 떨어짐'은 'A의 더 빨리 떨어짐'을 감쇄시킨다.
> ⑥ 'A-B 연결체'는 A보다 무겁다.
> ⑦ ②가 참이라면, 'A-B 연결체'는 A보다 더 빨리 떨어져야 한다.
> ⑧ ⑤가 참이라면, 'A-B 연결체'는 A보다 덜 빨리 떨어져야 한다.
> ⑨ ⑦과 ⑧은 동시에 참일 수 없다.
> ⑩ (그러므로) 아리스토텔레스의 운동법칙은 참이 아니다.

과학적 가설추론의 추론 형식에 따른 반증

p_1.	아리스토텔레스의 '자유낙하운동'이론이 참이라면, 모순 사건이 발생해서는 안 된다.	p_1.	H → h
p_2.	갈릴레이의 사고실험 논증의 '⑦, ⑧'과 같은 모순 사건이 발생한다.	p_2.	~h
c.	아리스토텔레스의 '자유낙하운동'이론이 참이 아니다.	c.	~H
제안된 한 가설을 반증		후건부정식	

(8) 최선의 설명에 의한 추론

 이 현상을 설명하는 방법은 여러 가지일 수 있지만, 가장 간결한 최선의 설명은 '로제는 북극점에 서 있다'가 될 수 있다. (조금 복잡한 수식을 사용하면, 남극과 적도 상의 모든 위치에 대해서도 설명이 가능하다. 또한 완전한 원뿔 모양을 가진 산(山)의 정상[꼭대기 점]에서 출발하는 것을 가정할 수도 있다. 하지만 이와 같은 산이 현실 세계에 있다고 보는 것은 허무맹랑하다.)

9강

(1) 일치법, 고추장 불고기가 원인

영희와 친구들의 복통의 원인은 정황상 점심 때 먹은 음식으로 보인다. 표를 보면 그들이 먹은 음식들 중 공통적으로 발견되는 것은 고추장 불고기다. 영희는 밀의 일치법을 사용하여 복통의 원인이 고추장불고기라고 정당하게 추론할 수 있다. 물론, 이것만으로는 충분한 개연성을 확보한 인과 추론은 될 수 없다는 점을 명심하자.

(2) 차이법, 사과

그 동안 지수의 집을 엉망으로 만든 범인은 아마도 사과일 것으로 보인다. 지수가 사과를 동물병원에 맡겨놓은 날 집이 엉망이 되는 현상이 발생하지 않았다. 차이법을 적용시켜보면 '집이 엉망이 됨'과 '집이 엉망이 되지 않음'의 차이는 '사과가 집에 있음'과 '사과가 집에 없음'이다. 따라서 지수는 사과를 범인으로 지목할 수 있는 근거가 마련되었다. 하지만 물론 차이법 하나만으로 사과를 범인으로 몰면 사과가 억울한 일을 당할 가능성도 있으니 주의하자.

(3) 차이법, 엔진오일

차량 고장의 원인은 차이법에 의거하여 엔진오일을 교체하지 않았기 때문이라고 추론할 수 있다. 각각의 부품들을 교체 하였지만 오직 엔진오일을 교체하였을 때에만 차량이 정상적으로 운행하였다. 이러한 방법으로 고장의 원인을 추론하는 것 역시 일종의 차이법을 이용한 것이다.

(4) 차이법, 야근

지수의 회사의 신규사원 채용이 실패하는 이유는 바로 야근이다. 지수가 조사한 바에 따르면 오직 야근이 없는 경우에만 신규 채용이 성공하였다. 연봉이나 주당 근무일수 등은 별다른 차이를 만들지 못했다. 물론, 주6일 근무 역시 차이로 지목될 수 있다. 하지만 주5일 근무가 신규채용에 실패한 것으로 미루어보아 주6일 근무는 원인으로 파악하는 것은 무리가 있다. (왜냐하면 상식적으로 여타의 조건이 동일할 때, 주6일 근무를 주5일 근무보다 선호하는 것은 전혀 그럴듯한 상황이 아니기 때문이다.)

(5) 일치법, 속공을 수비하지 못함

김 감독이 조사한 바를 토대로 일치법을 적용시켜 보면 팀의 성적이 저조한 이유는 바로 상대팀의 속공을 제대로 수비하지 못하기 때문이다. 팀이 패배하는 상대를 분석한 결과 그 팀들은 공통적으로 속공에 강하다는 것을 알 수 있다.

(6) 차이법, 속공을 수비하지 못함

김 감독이 조사한 바를 토대로 차이법을 적용시켜보면 팀의 성적이 저조한 이유는 바로 상대팀이 속공이 강한 팀일 경우 상대의 속공에 제대로 대처하지 못하기 때문이다. 표를 보면 김 감독의 팀이 승리하는 경우는 상대가 속공에 약할 때뿐이다. 즉, '이기는 경우'와 '지는 경우'의 차이는 상대가 '속공에 약한 팀'인가 '속공에 강한 팀'인가의 차이다.

(7) 일치차이법, 속공을 수비하지 못함

김 감독의 팀은 일관되게 속공에 강한 팀을 만나면 지고, 이기는 경우는 오직 속공에 약한 팀을 만났을 때뿐이다. 다른 말로 표현하자면, 패배하는 경우의 일치된 공통점은 상대방이 속공에 강한 경우이며, 패배하고 승리하는 경우의 차이는 상대방이 속공에 강한지 속공에 약한지의 차이다. 따라서 일치차이법을 사용하여 패배의 원인을 '속공'에서 찾아야 한다. 김 감독은 하루 빨리 속공 대처법을 찾아야 할 것이다.

(8) 잉여법, B식물

미지의 행성에 도착한 탐험대는 불의의 사고로 인해 안타깝게 희생되었다.

그들이 사망한 원인은 탐험대의 과학 장교가 마지막 순간에 남긴 쪽지에서 찾아볼 수 있다. 탐험대의 사망 원인은 정황상 3가지로 의심된다. 그 중에서 두 가지는 연구를 통해 사망의 원인이 아닌 것으로 판명이 났다. 그렇다면 우리는 당연히 남은 한 가지를 사망의 원인으로 추정하는 것이 합리적이다. 이러한 방식은 바로 우리가 이미 배웠던 잉여법이다. 지수는 따라서 잉여법에 따라 사망의 원인을 탐험대의 거처 중심에 자생하고 있던 B식물로 추론하고 즉각적인 조치를 취했던 것이다.

(9) 공변법

공변법은 일상적으로도 과학적으로도 자주 사용되는 인과 관계를 추론하는 귀납 방식이다. 연구팀은 술을 마시는 정도가 변화함에 따라서 표본 집단의 간경변 유병률이 변화한다는 사실을 발견하였다. 따라서 연구팀은 공변법에 의거하여 음주가 간경변의 원인이 된다고 추론할 수 있다.

(10) 일치차이법 + 공변법, A시의 미세먼지가 B시의 미세먼지의 (부분적인) 원인

일반적으로 미세먼지는 자체적으로 발생하는 경우도 있고 외부에서 유입되는 경우도 있다. 이러할 때 다음과 같은 관찰 결과는 일치차이법과 공변법을 적절히 사용한다면 우리에게 미세먼지의 원인이 무엇인지 가르쳐줄 수 있다. A시와 B시의 거리를 고려할 때 대기가 유입되기 까지 약 하루의 시간이 소요된다고 가정해 보자. 그렇다면 우리는 B시에 미세먼지가 발생할 때 공통적으로 A시에 미세먼지가 발생하였다는 것을 알 수 있다. 또한 B시에 미세먼지가 발생하고 발생하지 않고의 차이는 바로 B시의 미세먼지 발생 여부에 달려 있다는 것도 알 수 있다. 한편 A시의 미세먼지의 강도의 변화는 B시의 미세먼지의 강도에 선행하면서 함께 변화한다. 이러한 사정을 종합적으로 고려한다면 우리는 적절하게 B시의 미세먼지는 A시로부터 유입된다고 결론 내릴 수 있을 것이다. 물론 충분한 원인이라기보다는 부분적인 원인으로 간주하는 것이 더 합리적으로 보인다.

10강

(1) 전건부정의 오류
<단순명제>
p: 로제는 몸무게가 평균 이하다.
q: 의사는 로제에게 밥을 잘 먹으라고 권유하지 않는다.

p_1.　　p → q
p_2.　　~p
c.　　　　　~q

(2) 후건긍정의 오류
<단순명제>
p: (그는) 연쇄살인마다.
q: (그는) 어렸을 때 동물을 학대한 경험이 있다.

p_1.　　p → q
p_2.　　　　q
c.　　p

(3) 후건긍정의 오류
<단순명제>
p: 학생들은 공부를 열심히 한다.
q: 중간시험 오류론 문제들 중에서 최고한 5개 이상의 정답을 맞힌다.

p_1.　　p → q
p_2.　　　　q
c.　　p

(4) 선언지 긍정의 오류

<단순명제>

p: 로제는 엄마를 좋아한다.
q: 로제는 아빠를 좋아한다.

$p_1.$　　　p ∨ q
$p_2.$　　　p
c.　　　　　~q

(5) 선언적 삼단논법: 타당한 연역논증

<단순명제>

p: 자기만을 생각하지 않고 남을 배려한다.
q: 이기적이다.
r: 포용력을 가진 자비로운 사람이다.
s: 오랜 수행을 통해 진리를 깨달은 사람이다.

<타당성 검사> 타당한 논증이다. (가언삼단논법)

$p_1.$　　p → ~q　　　　　　$p_1.$　　r → p
$p_2.$　　r → p　　　　　　　$p_2.$　　s → p
$p_3.$　　s → p　　≡　　　　$p_3.$　　p → ~q
c.　　　　s → ~q　　　　　　c.　　　　s → ~q
　　　　　　　　　　　　　　　c.　　　　r → ~q

(6) 후건부정식: 타당한 연역논증

<단순명제>

p: 언제나 악을 행하는 사람은 보호의 대상이 아니다.
q: (이기지 못하더라도) 악과 싸우려고 노력하는 사람만이 보호의 대상이다.

$p_1.$　　~p → ~q
$p_2.$　　　　　　q
c.　　　　p

(7) 선언적 삼단논법: 타당한 연역논증

<단순명제>

p: 특정 사회 세력이 자신의 이익을 위해 사회 구성원들에게 부과하는 거짓된 욕구를 충족하려는 개인들의 행동
q: 우리가 보호하고 유지해야 할 대상
r: 사회 전체의 병폐를 인식하고 그 병폐를 개선할 우리의 능력 발달을 방해하는 핵심 요소
s: 우리 자신을 고통과 불행에 빠뜨리는 병적 쾌감을 충족시키려는 노력

<타당성 검사> 타당한 논증이다. (가언삼단논법)

p_1.	p	→	~q		p_1.	r	→	p
p_2.	r	→	p	≡	p_2.	s	→	p
p_3.	s	→	p		p_3.	p	→	~q
C.	s	→	~q		C.	s	→	~q
					C.	r	→	~q

(8) 전칭(모든)으로부터 특칭(어떤)을 도출하는 오류

논증

p_1. 당신들은 모두 폭력 전과가 있다.
p_2. 폭력 전과가 있는 사람들 중 몇몇은 살인을 저지를 수 있다.
C. 당신들 중에 살인자가 있다.

<논증의 형식>

모든 A는 B이다.

어떤 B는 C이다.

(따라서) **어떤** A는 C이다.

(9) 전건긍정식(또는 후건긍정식)

<단순명제>

p: 나는 죄가 있는 자다.
q: 간음한 여인에게 돌을 던진다.

$p_1.$	~p → q	$p_1.$	~p → q
$p_2.$	p	$p_2.$	~q
c.	~q	c.	p

(10) 정언삼단논법

논증	
$p_1.$	자연환경 보존에 관심을 가진 나라는 모두 선진국이다.
$p_2.$	모든 선진국은 불필요하게 인공적으로 설치한 댐이나 보를 제거하고 있다.
c.	자연환경을 보존하기 위해서 불필요하게 인공적으로 설치한 댐이나 보를 제거해야 한다.

<논증의 형식>

모든 A는 B이다.

모든 B는 C이다.

(따라서) **모든** A는 C이다.

(11) 선언지 긍정의 오류

<단순명제>

p: 제니는 짜장면을 먹는다.
q: 제니는 짬뽕을 먹는다.

$p_1.$	p ∨ q
$p_2.$	p
c.	~q

(12) 후건긍정의 오류

　　<단순명제>

　　p: 용성은 지수에게 잘못한 것이 있다.
　　q: 용성은 지수에게 선물을 한다.

　　p_1.　　　p　→　q
　　p_2.　　　　　　　q
　　c.　　　　p

(13) 전건긍정식

논증 재구성	
p_1.	만일 조국을 위한 전쟁에 참가하여 누군가를 죽인다면, 그것은 그릇된 일이 아니라 정당한 일이다.
p_2.	전범은 조국을 위한 전쟁에 참여한 것이다.
c_1.	전범은 그릇된 일을 한 것이 아니다.
p_4.	만일 그것이 그릇된 일이 아니라면, 그것에 대해 처벌을 해서는 안 된다.
p_5.	전범의 행위는 그릇된 일이 아니다.
c.	전범을 처벌해서는 안 된다.

　　<단순명제>

　　p: 조국을 위한 전쟁에 참여하여 누군가를 죽인다.
　　q: 그릇된 일이 아니다.(정당한 일이다.)
　　r: 처벌해서는 안 된다.

　　<타당성 검사>

　　p_1.　　　p　→　q
　　p_2.　　　p
　　c_1.　　　　　　　q
　　p_4.　　　q　→　r
　　p_5.　　　q
　　c.　　　　　　　　r

(14) 구성적 양도논법과 전건긍정식

논증 재구성

p_1. (현재 상황에서) 나에게는 빵을 훔치거나 훔치지 않는 두 가지 선택지만이 있다.
p_2. 내가 빵을 훔친다면, 나는 도둑질을 해서 범죄자가 된다.
p_3. 내가 빵을 훔치지 않는다면, 나의 조카들은 굶게 된다.
c_1. 나는 범죄자가 되거나 허기진 조카들을 굶기게 된다.
p_4. 조카들을 위한 한 줄의 빵을 얻으려면 (현재 상황에서는) 그 빵을 훔칠 수밖에 없다.
p_5. (현재 상황에서는) 조카들을 굶길 수 없다.
c. 나는 한 줄의 빵을 훔친다.

<단순명제>

p: 나는 빵을 훔친다.
q: 나는 빵을 훔치지 않는다.
r: 나는 도둑질을 한다.
s: 나는 허기진 조카들을 굶긴다.

<타당성 검사>

p_1.	p	∨	q
p_2.	p	→	r
p_3.	q	→	s
c_1.	r	∨	s
p_4.	~r	→	p
p_5.	~r		
c.			p

(15) 원인과 결과를 혼동하는 오류(또는 대우명제를 혼동하는 오류)

　　<단순명제>
　　p: 클립보드에 이상 소견이 없고 바이털사인도 안정되어 있다.
　　q: 환자에게 문제가 발생하지 않을 것이다.

$$p_1.\quad p \to q$$
$$\underline{p_2.\quad p\qquad\quad}$$
$$c.\qquad\qquad\ q$$

'환자의 바이털사인'과 '환자의 상태' 중 원인의 자리에 있어야 하는 것은 전자가 아닌 후자다. 말하자면, 기계에서 볼 수 있는 환자의 바이털사인의 수치들은 환자의 상태로부터 초래된다. 따라서 의사가 해야 하는 올바른 추리는 다음과 같다.

　　　　전건긍정식　　　　　　대우명제
$$p_1.\quad q \to p \qquad\qquad \sim p \to \sim q$$
$$\underline{p_2.\quad q\qquad\quad} \equiv \underline{\sim p \qquad\qquad\quad}$$
$$c.\qquad\qquad p \qquad\qquad\qquad\qquad \sim q$$

인과관계에 따라 논리적(연역적)으로 말할 수 있는 것은 '환자에게 문제가 발생하지 않는다면(~q), 환자의 바이털사인이 일정하다(~p)'뿐이다. '환자의 바이털사인이 일정하다면(~p), 그 환자에게 심각한 감염이 발생하지 않을 것이다(~q)'라고 추리하는 것은 오류다. 말하자면, 환자의 바이털사인 일정하다는 전제 조건은 환자에게 심각한 감염이 일어나지 않는다는 것을 (논리적으로) 보증하지 않는다.

11강

(1) 애매한 문장의 오류

'솔직히 내입으로 내가 군대에 가겠다고 말한 적이 없다'는 문장은 최소한 두 가지 의미로 해석된다. 첫째, '내입으로 내가 군대에 가겠다고 말한 적이 결코 없으며, 이것이 나의 솔직한 진술이다.' 둘째, '내입으로 내가 군대에 가겠다고 말한 적이 있었다. 그런데 이것은 나의 솔직한 진술이 아니었다.' 이러한 의미의 애매성은 특정 단어나 표현으로부터 비롯된 것이 아니라 문장의 구조 때문에 발생한 것으로 보인다. '솔직히'라는 부사가 문장의 어디를 수식해 주고 있는 것인지 불분명하기 때문이다.

(2) 결합의 오류

영희(의 신체)라는 전체는 영희의 머리, 팔, 다리, 몸통으로 구성되어 있다. 하지만 그 각각의 부분들이 가볍다고 해서 영희가 가볍다는 것이 도출되지 않는다. 우리는 이러한 전체-부분 관계에서 부분들이 가지는 무게가 전체의 속성으로 직접 연결되지 않는다는 것을 이해할 수 있다. (만약 '가볍다'는 것이 아니라 '무겁다'는 것으로 논증이 구성되었다면 결과는 달라졌을 것이다. 부분들이 무겁다면 전체도 무거울 수밖에 없기 때문이다.)

(3) 우연의 오류

이 논증은 재구성하면 다음과 같다.

- p_1.   나쁜 짓은 열심히 하면 안 된다.
- p_2.   나쁜 짓은 인간 활동이다.
- C.   (따라서) 모든 인간 활동을 열심히 해야 한다는 말은 올바르지 않다.

우리는 '무엇이든 열심히 해야 한다'는 문장이 전달하고자 하는 명제에 대해서 분명하게 해석해야 한다. 통상적으로 이 문장은 예외를 인정하는 일반적인 수준의 인간 행위에 대한 조언이라고 해석된다. 이 문장을 인간 행위 전반에 예외 없이 적용시켜야 한다고 해석하는 사람은 거의 없을 것이다. 따라서 이 사례는 우연의 오류로 판명될 수 있다.

(4) 대중에 호소하는 오류

　과연 무엇이 내세의 존재 여부에 대한 합리적인 근거가 될 수 있는지는 어려운 문제다. 하지만 최소한 이 문제가 다수결의 원리에 의해서 판명될 수 있는 성격의 문제는 아니라는 것은 분명해 보인다. 이 독백 논증의 작성자는 아마도 많은 사람들이 내세를 믿는다는 것으로부터 자신도 그러한 내세관을 믿어야 한다고 스스로를 설득하고 싶었는지 모른다. 인간은 심리적으로 다른 사람의 의견에 큰 영향을 받는 타고난 경향성을 지니고 있다. 또한 이러한 심리적 본성이 우리는 언제나 잘못된 길로 인도하는 것은 결코 아니다. 이러한 심리적 경향성에도 일종의 합리성이 내재해 있는 것으로도 보인다. 긴박한 위기의 순간이라면 그저 단순히 다른 사람들의 눈치를 보고 빠르게 판단하는 것이 합리적일 수도 있다. 하지만 이러한 경우가 언제나 바람직한 결과를 가져오는 것은 아니라는 것을 우리는 잘 알고 있다.

　한편 여론조사 방법이 등장한 것을 보고 '편향된 자료의 오류' 등의 오류를 지목한 사람이 있을 수도 있다. 하지만 본문에 등장한 사례에는 어떠한 직접적 또는 간접적 편향성도 보이지 않는다. 따라서 우리는 '자비의 원리'를 통해 이러한 죄목으로 이 논증을 기소해서는 안 될 것이다.

(5) 무지에 호소하는 오류

　이 논증은 문맥으로 보았을 때 법정에서 이루어진 변호인의 논변이다. 본문에서 우리는 법정에서 이루어진 무지에 호소하는 형식의 논변은 '무죄 추정의 원리'에 입각하여 문제가 없는 것으로 판단해야 한다고 배웠다. 하지만 결론부터 말하자면, 이 논증은 문제가 있다. 예민한 독자라면 마지막에 서술된 '그러므로 피고는 검찰이 기소한 죄를 저지르지 않았습니다'라는 결론에 주목할 것이다. 변호인은 '피고는 무죄로 판결 받아야 한다'라고 주장하는 대신 '피고는 그러한 죄를 저지르지 않았다'라고 주장한다. 이 두 명제 사이의 의미 차이는 분명해 보인다. 전자는 무죄 추정의 원리에 따라 결정적인 증거나 증인이 없기 때문에 무죄로 판결 받아야 한다는 것을 주장한다. 반면에, 후자는 결정적인 증거나 증인이 없기 때문에 피고가 그러한 죄를 저지른 것은 사실이 아니라고 주장한다. 어떤 것이 사실인지 아닌지는 무지에 호소해서는 입증할 수 없는 사안의 문제이다. 따라서 본 논증은 '무지에 호소하는 오류'로 보는 것이 적절하다.

(6) 우연의 오류

이 논증은 실제로 인터넷 포털에 실렸던 기사와 그에 달린 누군가의 댓글을 순화하여 재구성한 것이다. 그만큼 이러한 오류도 우리 주변에서 일상적으로 발견된다. '음주는 월경증후군의 원인이다'는 여러 가지 의미로 해석될 수 있다. 우선 필요충분조건의 관점에서 두 가지로 해석될 여지가 있다. ① '음주는 월경증후군의 충분적 원인이다' ② '음주는 월경증후군의 필요적 원인이다.' 또한 ①의 경우에도 일반적인 주장이냐 보편적인 주장이냐에 따라서 ①-1 '음주는 대부분의 경우에 월경증후군을 초래한다'와 ①-2 '음주는 언제나 반드시 월경증후군을 야기한다'의 경우로 나뉜다. 우리는 문맥에 따라 해석의 여지가 있으나 '①-1'의 의미로 해석하는 것이 통상적이다. 이러한 관점에서 보자면, 논증의 작성자는 자신의 예외적인 사항을 통해서 일반적인 규칙이나 주장을 논박하려고 시도하기 때문에 '우연의 오류'를 저지르고 있는 것으로 판단된다. 일반적으로 의학적 증상의 원인은 예외적인 사항을 인정한다. 이러한 점을 잘 살펴서 올바른 논박을 시도하는 것이 바람직하다.

(7) 권위에 호소하는 오류

광고 속에는 많은 유명인들이 등장한다. 그들은 대부분이 자신이 속한 분야에서 성공한 일종의 전문가들이라고 할 수 있다. 하지만 광고 속에서 유명인들이 자신의 전문 분야에만 등장하는 것은 아니다. 우리는 '오류'의 관점에서는 이러한 점을 잘 고려해 보아야 한다. 이 문항의 사례도 마찬가지다. 아무개씨는 훌륭한 배우이며 연기에 있어서 전문가일 수 있지만 화장품에 있어서는 권위자라고 보기 힘들다. (물론, 화장품 회사 출신의 배우이거나 화학박사학위가 있는 배우라거나 하는 경우는 배제되었다.) 따라서 이 논증의 작성자는 잘못된 권위에 호소하여 결론을 도출하는 '권위에 호소하는 오류'를 저지르고 있다.

(8) 성급한 일반화의 오류

　이 논증의 작성자는 자신의 친구가 경험한 지극히 소수의 경험 사례만을 가지고 유럽인들 일반에 대한 판단을 내리고 있다. 사실 이런 경우는 매우 흔하다. 인터넷 블로그 등에는 자신이 생활하고 있는 나라에 대해서 자신의 경험만을 가지고 일반화된 평가를 내리는 경우들이 무수히 많다. '하나를 보면 열을 알 수 있다'는 속담은 사실상 대부분의 경우에 있어서 잘못된 판단을 낳는다. 지극히 적은 표본만을 가지고 결론에서 일반적 명제를 도출하는 단순 일반화를 시도했기 때문에 이 논증은 성급한 일반화의 오류를 저지르고 있는 오류 논증이다.

(9) 애매어의 오류

　우리는 가끔 친구와 대화하면서 서로 대화가 헛도는 느낌을 받을 때가 있다. 이러한 경우가 발생하는 주된 원인은 서로 겉으로는 같은 단어나 표현을 사용하지만 사실 그 의미를 다르게 사용하기 때문이다. 9번 문항의 대화 사례도 이와 마찬가지인 경우다. 용성은 '좋은(좋다)'의 의미를 '선호하다(like 또는 prefer)'의 의미로 사용하는 반면 제니는 '도움이 된다(good)'의 의미로 사용하고 있다. 이와 같은 사실은 마지막에 용성은 '사람들은 건강식을 싫어한다'고 항변하는 대목에서 잘 드러난다. 용성은 좋은 물건(좋은 음식)이란 사람들이 '좋아하는' 물건(음식)이라고 생각하고 있었기 때문에 제니가 '달고 짠 음식이 좋은 음식이 아니다'라고 말했을 때 놀랐던 것이다. 한편, 이 대화는 은밀한 재정의의 오류로도 볼 수 있다. 왜냐하면 우리는 통상적으로 이러한 맥락에서 '좋은'이란 개념을 영희와 같은 의미로 사용하지 용성과 같은 의미로 사용하지는 않기 때문이다. 용성은 '좋은'이라는 개념을 자신의 선호대로 '은밀하게 재정의'하고 있는 것으로 보이기 때문이다.

(10) 분해의 오류

　인간의 뇌는 생각을 할 수 있다. 그리고 뇌는 결국 원자들이 모여서 구성된 유기 화합물이다. 전체로의 뇌가 가지는 '생각하는 능력'이라는 속성은 그 부분들은 원자들도 가지고 있을까? 우리는 통상적으로 그렇지 않다고 생각한다. 하지만 이것은 과학적인 연구에 의해 밝혀져야 한다. 우리의 이러한 통념 때문에 이 논증이 잘못된 것이라고 판단하는 것은 오류를 판단하는 방법을 전혀 이해하지 못한 것이다. 우리는 결론이 틀린 것으로 판단되기 때문에 어떤 것을 오류로 치부해서는 안 된다. 오류는 전제로부터 결론으로 도출되는 과정에서 발생하는 것이기 때문이다. 이 논증은 단지 '전체가 가지는 속성은 그것이 무엇이든 부분도 가지고 있을 것'이라는 잘못된 가정을 세우고 있기 때문에 잘못된 것이다. 따라서 이 논증의 작성자는 '분해의 오류'를 저지르고 있는 것으로 보인다.

(11) 논점 일탈의 오류

이 논증은 처음에는 데카르트의 회위주의를 목표로 삼아서 출발한 것으로 보인다. 하지만 논증이 전개되면서 과학적 탐구에 대한 논의가 개진되었고, 곧이어 결론에서는 과학적 탐구 방법에 대한 찬사가 나오고 있다. 이러한 논점 일탈이 의도된 것이 아니라면, 이 논증의 작성자는 아마도 논증을 작성하는 도중에 심리적으로 산만했을 수도 있고, 아니면 주제를 바꾸고 싶어졌을지도 모른다. 하지만 이러한 것은 논점 일탈의 오류에 대한 변명은 될 수 없을 것이다. 우리는 언제나 처음과 끝이 유관한 올바른 논증을 만들어야 한다.

(12) 인신공격의 오류

이 대화에서 장관은 의원의 비난이 잘못된 것임을 얼마든지 합리적인 이유와 근거를 가지고 반박할 수 있었다. 하지만 어찌된 일인지 장관은 질문한 의원의 개인적인 속성, 즉 재산을 가지고 논박 아닌 논박을 시도하고 있다. 우리는 국회에서 또는 정책 토론회에서 모범을 보여야 할 위치에 있는 사람들이 이러한 인신공격의 오류를 범하는 것을 쉽게 목격할 수 있다. 인신공격의 오류는 '말(언어)에 대해서 말(언어)을 가지고 논쟁'한다는 기본 규칙을 어기고 '말(언어)에 대해서 개인적 속성'으로 공격하는 오류이다. 물론 이러한 오류가 언제나 실효성이 없거나 설득력이 없다는 것은 아니다. 우리는 가령, 성범죄 전과자가 전달하는 성범죄 예방 교육은 전혀 설득력이 없다고 느낄 수 있기 때문이다. 하지만 논리적 관점에서 인신공격의 오류는 결코 합리적인 토론이나 논쟁을 만들 수 없다.

(13) 힘에 호소하는 오류

  이 문장은 문명들 간의 경쟁과 흥망성쇠를 다룬 유명한 게임에 등장하는 대사이다. 이 게임 속 한 문명 지도자는 다른 나라와의 외교 과정에서 금을 제공받기 위해 협박을 일삼는다. 하지만 이러한 외교적 수사는 비단 게임 속에만 존재하는 것은 아니다. 우리는 실제로 힘이 지배하는 국제 사회에서 무력수단의 동원을 암시하는 많은 외교적 수사(rhetoric)를 접할 수 있다. 어떤 태도의 변화나 정책을 추구해야 하는 합리적인 이유를 제시하는 대신 무력수단을 암시하는 위협이나 협박으로 다른 나라는 억압한다면 지금 당장은 효과를 거둘 수 있지만 결국에는 그에 따른 대가를 지불하게 될 위험이 크다. 합리적인 설득이야말로 가장 경제적이고 효과적인 외교적 수사들 중 하나가 되어야 한다.

(14) 연민에 호소하는 오류

  복지에 보다 많은 공적 지출을 해야 하는 이유는 여러 가지가 있다. 또한 공적 지출을 너무 많이 늘리면 안 되는 이유도 여러 가지가 존재한다. 이 문제는 우리 사회에서 '뜨거운 감자'에 해당하는 문제다. 그런데 이 논증의 작성자는 복지정책을 확대해야 하는 이유를 '연민에 호소'하면서 전개하고 있다. 합리성보다는 청자의 심리적 요인에 호소하는 것이다. 물론 이러한 논증이 효과가 없다는 것은 아니다. 다만 논리적 관점에서 이러한 논증이 연민에 호소하는 오류를 저지르고 있다는 것은 분명해 보인다.

(15) 무지에 호소하는 오류

  인류는 오랜 시간 외계의 지적 생명체에 대해 조사해 왔다. 하지만 오랜 시간이라는 것은 어디까지나 '상대적' 개념이다. 우주의 역사와 광활함을 생각해 본다면 우리가 실제로 조사한 것이 얼마나 유의미한 것인지 조차 의문시 된다. 그러함에도 불구하고 위 논증의 작성자는 혹시 이 넓은 '우주에 지적 생명체는 오직 우리 인간들 뿐'이 아닌가 하는 결론을 암시하고 있다. 그리고 무엇보다 중요한 것은 그 근거가 '우리가 외계의 지적 생명체의 흔적을 발견하지 못했다'는 것뿐이다. 우리가 아직 외계인의 흔적을 발견하지 못했다거나 혹은 우리가 아직 외계인의 존재를 알지 못한다는 것은 외계인이 존재하지 않는다는 것의 합리적 근거가 될 수 없다.

12강

(1) 거짓 딜레마의 오류

위의 사례는 '도덕에 의한 신 존재 증명'이라고도 불리는 신 존재 증명의 한 예시다. 이 논증은 잘못된, 증명이 필요한 가정을 부당하게 전제로 삼고 있다. '신의 존재를 받아들이거나 혹은 도덕적으로 무분별하게 살거나'의 문제는 딜레마 상황이 아니다. 얼마든지 신의 존재를 받아들이지 않으면서도 도덕적 분별력을 유지하면서 살아갈 수 있다. 이 논증의 작성자는 아마도 신이 없다면 선과 악을 최종적으로 판별하는 확고한 기준이 없는 것이고, 그러한 선과 악의 확고한 기준이 없다면 사람들은 도덕적으로 무분별하게 살 수밖에 없을 것이라고 생각했을 것이다. 하지만 우리가 주의를 기울여 이 상황이 정말 '배타적 선언지'의 상황인지 생각해본다면 그렇지 않다는 것을 알 수 있을 것이다. 신을 믿지 않으면서도 도덕적으로 살아가는 많은 사람들이 존재한다는 것은 의심의 여지가 없다.

(2) 복합질문의 오류

이 대화는 질문자가 겉으로는 '예' 또는 '아니오'의 단순한 질문을 하는 것처럼 보이지만 실제적으로는 복합적인 질문을 하는 것으로 보인다. "블랙리스트 문건을 언제 삭제했습니까?" 라는 질문은 이미 블랙리스트 문건이 존재하고 있다는 것을 전제로 하고 있다. 만일 이 질문이 맥락상 블랙리스트 문건이 존재하고 있다는 것이 상호 간에 일치된 생각으로 전제되고 있는 상황에서 던져진 것이 아니라면 이러한 복합질문은 부당하다. 이 때 이 질문은 두 가지로 나누어지는 것이 바람직하다. "블랙리스트 문건이 실제로 존재합니까?"와 "블랙리스트 문건을 언제 지웠습니까?"로 나누어서 질문을 한다면 증인은 정확하게 자신의 답변을 만들 수 있을 것이다. 물론, 이와 같은 복합질문의 오류는 의도적으로 만들어지는 경우가 많다. 제시문의 대화에 등장하는 복합질문 역시 의도적으로 만들어졌을 가능성이 높아 보인다. 하지만 이것은 오류다. 오류를 피하는 것이 비판적 사고능력을 향상시키고 실체적 진실을 찾는 올바른 길임을 명심하자.

(3) 거짓 인과의 오류

우울증 환자를 대상으로 조사한 결과 그 부모들 역시 대부분 우울증의 병력이 있었다는 것은 무엇을 의미할까? 물론, 이 연구자의 경우처럼 부모의 우울증이 유전에 의해 자식에게 전달되었을 것이라는 가설에 대한 증거일 수 있다. 하지만 반대로 생각할 수도 있다. 우울증에 걸린 부모를 둔 자식이라면 대개의 경우 화목한 가정에서 유년기를 보내기는 힘들 것이다. 따라서 이 조사는 오히려 우울증이 환경적 요인에 의해 발생한다는 것에 대한 증거로도 보인다. 즉, 이 연구자는 너무 성급하게 부모의 유전적 요소가 자식의 우울증의 원인이라고 단정하였다. 보다 면밀한 추가적인 조사가 필요해 보인다.

(4) 원천봉쇄의 오류

논증의 작성자는 자신의 주장인 '반려 동물의 목줄 사용 여부를 둘러싼 갈등을 해결하는 좋은 방법은 과태료를 보다 많이 부과하는 것이다'에 대한 가능한 반론들을 원천적으로 차단하는 것으로 보인다. 왜냐하면 그는 뒤이어 '이를 반대하는 사람은 반려동물을 키울 자격도 없는 사람들'이라고 말하면서 반론을 원천적으로 차단하려고 시도하기 때문이다. 우리는 얼마든지 반려견을 키우는 사람들의 입장에서 가능한 합리적인 반론들을 고려해 볼 수 있으며, 또 그러해야 한다. 하지만 이 논증의 작성자는 자신의 주장에 반대하는 사람들을 모두 반려동물을 키울 자격도 없는 함량 미달의 사람들로 매도하고 있다. 우리는 이렇게 원천봉쇄를 시도하는 사람들을 적절하게 규제해야 한다. 그래야 우리의 공론의 장이 보다 합리적이고 생산적으로 유지될 수 있다.

(5) 편향된 자료의 오류

리사의 조사는 큰 문제가 있다. 표본을 추출하는 장소가 그가 일하는 PC방이라는 장소다. 이곳이 만일 불특정 다수의 사람들이 (특히 취미와 무관하게) 오가는 곳이었다면 문제가 없었을 수도 있다. 하지만 PC방이라는 장소의 특성상 PC게임을 즐겨하는 사람들이 밀집해 있을 수밖에 없다. 따라서 리사는 표본 추출과정에서 의도적이든 비의도적이든 편향성을 줄 수밖에 없는 처지인 것으로 판단된다. 결국 그녀가 도출한 결론 역시 믿을 만 한 '통계적 일반화'로 간주될 수 없다. 통계를 다룰 때는 항상 표본의 편향성을 주의 깊게 살펴보는 습관이 형성되어 있어야 한다.

(6) 잘못된 유비의 오류

이 논증은 자살을 옹호하는 유명한 유비추론이다. '인간'과 '그의 생명'을 '인간'과 '그의 소유물인 시계'와 유비하면서 자신의 주장을 피력하고 있다. 물론, 이 유비가 전혀 말이 안 되는 것은 아니다. 어떤 사람이 자신의 생명을 온전히 개인적으로 소유하고 있다는 것도 일리가 있는 견해이며, 그러한 관점에서 자신이 소유한 시계와도 충분히 비유될 만하다. 하지만 결론적으로 말하자면, 이 유비는 잘못된 유비이다. 왜냐하면 인간의 생명과 개인 소유물인 시계와의 본질적인 차이를 간과한 것으로 보이기 때문이다. 인간은 존엄성을 가지고 있다. 그리고 이 존엄성은 그 무엇과도 비교될 수 없는 가치를 가진다. 그렇기 때문에 자살을 도덕적인 잘못이라고 보는 사람들은 자신의 생명일지언정 그 생명을 해친다면 인간의 존엄성을 훼손한 것으로 볼 수 있다고 주장한다. 반면, 시계는 어떠한가. 그것에 어떤 일말의 존엄성이라도 있는가? 그렇지 않다. 따라서 우리는 이 유비논증을 잘못된 유비의 오류라고 비판할 수 있다.

(7) 허수아비 논증의 오류

이 논증은 민주주의를 반박하는 핵심 내용을 가지고 있다. 그리고 그 이유는 비교적 분명하다. 민주주의는 올바른 정치체제가 아니다. 그 이유는 '민주주의의 이념에 따르면 우리는 모든 것을 다수결의 원리'에 따라야 하기 때문이다. 하지만 이것은 민주주의에 대한 잘못된 이해다. 민주주의는 모든 것을 다수결의 원리에 따라야 한다고 주장하거나 권고하지 않는다. 민주사회에서 다수결의 원리가 많은 영역에서 규범적 역할을 하는 것은 사실이다. 하지만 객관적 영역이나 '참과 거짓'에 관한 학문적인 영역, 그리고 옳고 그름에 대한 도덕 추론 등에서는 다수결의 원리가 규범적인 역할을 하지 않는다. 이 논증의 작성자는 의도적이든 의도적이지 않든 민주주의에 대한 잘못된 인식을 근거로 민주주의를 논박하려고 시도하고 있다. 따라서 이 논증은 허수아비를 공격하고 있다.

(8) 연쇄반응의 오류

이 논증은 '사드 배치에 반대하는 사람들이 미국의 군사적 영향력이 한반도에 투사되는 것을 부정적으로 평가하는 사람들'이라는 전제로부터 출발하여 '사드 배치에 반대하는 사람들은 공산주의자들이다'라는 황당한 결론으로 치닫는다. 그리고 그렇게 된 이유는 분명해 보인다. 논증의 작성자는 각각의 고리들이 개별적으로 그럴듯하지만, 결국 가능한 대안들이 존재하는 확률적 명제들이라는 것을 망각한 것으로 보인다.

(9) 소망적 사고의 오류

본 논증은 스티븐 스필버그가 감독한 인공지능에 관한 이야기를 다룬 영화의 줄거리를 논증 형식과 유사하게 편집한 것이다. 인공지능 로봇인 데이비드는 놀랍게도 소망적 사고의 오류를 저지르고 있다. 그(것)는 자신을 입양한 부모를 너무나 사랑했고 그래서 너무나 진짜 인간 아이가 되고 싶었다. 하지만 그(것)는 이러한 소망이 너무 강한 나머지 동화 속의 파란 요정이 진짜 존재할 것이라고 결론 내리고 그(녀)를 찾아 떠난다. 감동적인 이야기임에 틀림없지만 분명히 소망적 사고의 오류의 한 사례다. 우리가 명제 'p'가 참이기를 간절히 원하고 바란다고 해도 그것이 명제 'p'가 참이라는 것의 합리적 근거가 될 수는 없다. 물론 영화를 감상할 때 지나치게 오류론에 집착하는 것도 일종의 오류로 볼 수 있다.

(10) 잘못된 유비의 오류

본 논증은 유명한 어느 정치인이 실제로 발언한 내용을 편집한 것이다. 정치인들은 언변에 강하다. 종종 그들은 자신의 논증이 더 쉽고 직관적으로 사람들에게 전달되도록 만들기 위해서 비유를 사용하기도 한다. 이 경우도 유비논증이 사용된 사례이다. 야당이 탄핵과 하야를 동시에 요구하자 그것의 불합리함을 지적하기 위해서 '배' 혹은 '항해'의 비유를 들어서 논증하고 있다. 물론 배를 동시에 북쪽과 남쪽으로 항해하고자 한다면 이것은 모순이자 매우 부조리한 일이다. 하지만 탄핵과 하야를 동시에 요구하는 것도 이와 같은 모순이 발생할까? 탄핵은 '물러나지 않는 대통령을 강제로 물러나게 만드는 것'이다. 하야는 '대통령이 스스로 물러나는 것'이다. 이것은 일견 모순적으로 보인다. 하지만 탄핵 추진과 하야 요구는 '동일한 종착점'을 가진다. 대통령이 그 직책에서 물러나는 것이 바로 양자가 가지는 동일한 목적(방향)이다. 따라서 '배를 몰고 북으로 가면서 동시에 남으로 가는' 비유는 적절하지 않은 것으로 보인다. 물론, 이 정치인은 매우 뛰어난 지능과 언변을 가지고 있다. 그가 이것을 모르지는 않았을 것이다. 하지만 아마도 이러한 차이를 알아차리는 비판적 사고력을 갖춘 국민들이 많이 있다는 것은 미처 몰랐을 수 있다.

(11) 원천봉쇄의 오류

이 논증의 작성자는 우리 사회의 양극화에 대해서 불평하는 사람들을 논박하고 있다. 그런데 그 논박이 주로 이러한 불평을 하는 사람들이 '나라를 진정하는 사랑하는 사람들이 아니'라는 것에 초점이 맞추어져 있다. 즉, 사회의 양극화를 지적하며 그것에 대해서 불만을 토로하는 사람들은 '애국자'가 아니기 때문에 그들의 주장에 귀를 기울일 필요가 없다는 원천봉쇄를 시도하는 것이다.

(12) 편향된 자료의 오류

제시문에서 소개되고 있는 통계 조사는 '편향된 자료의 오류'를 저지르고 있다. 우리는 쉽게 여기에 등장하는 통계 조사가 편향성을 가지고 있다는 것을 발견할 수 있다. 조사의 대상자들이 '○○언론사에 근무하는 사원들'이기 때문에 조사 대상자 대부분이 언론 종사자 및 그와 관련이 있는 사람들이다. 언론 종사자들에게 언론인에 대한 신뢰도를 묻는 것이 어떤 사회과학적 의미가 있을까? 답을 정해놓고 조사하는 통계조사는 결코 바람직하지 않다.

(13) 선결문제 요구의 오류

선결문제의 요구의 오류란 결론에서 해결, 증명되어야 하는 내용이 이미 전제에 직·간접적으로 포함되어 있을 때 발생하는 오류이다. 제시문의 논증은 다음과 같은 형식으로 재구성 될 수 있다.

p_1.   낙태는 (그것이 어느 시점이건) 무고한 인간을 죽이는 행위이다.
p_2.   (숨겨진 전제) 무고한 인간을 죽이는 행위는 불법화해야 한다.
C.   따라서 낙태는 불법화해야 한다.

우리가 낙태 문제의 핵심 관건이 무엇인지 알고 있다면, 이 논증이 '선결문제 요구의 오류'를 저지르고 있다는 것을 발견할 수 있다. 낙태 문제의 핵심 관건 중 하나는 낙태가 과연 '무고한 인간을 죽이는 행위'인가 '그렇지 않은가'의 문제다. 만일 낙태가 무고한 인간을 죽이는 행위라고 판명된다면 아무도 낙태를 죄가 아니라고 주장하지 못할 것이기 때문이다. 따라서 이 논증은 결론에서 입증되어야 할 주장이 전제에 이미 상당부분 포함되어 있는 선결문제 요구의 오류 논증이다.

(14) 거짓 인과의 오류

통상적으로 우리는 이러한 논증을 진지한 의미로 사용하지는 않는다. 하지만 누군가 이러한 논증을 진지한 의미의 논증으로 사용한다면 문제를 지적하지 않을 수 없다. 논증의 작성자는 단지 우연히 시간적으로 선행한 첫 아이의 출산을 '아파트 값이 오르고', '주식이 오르고', '직장에서 승진한' 사건의 원인으로 귀속시킨다. 물론 '직장에서 승진한' 것은 어쩌면 몇 가지 숨겨진 전제를 추가한다면 합리적으로 수용 가능한 전제로 해석될 여지가 있다. 하지만 어떤 인간이 단지 출생했다는 것만으로 부동산 가격이나 주식 가격에 영향을 주었다고 판단하는 것은 비합리적이다.

(15) 소망적 사고의 오류

논증의 작성자는 자신의 인생이 의미 있기를 바란다. 그 의미가 정확히 무엇인지는 모르겠지만 우주적인 관점에서, 그리고 목적론적 세계관의 관점에서 자신이 태어난 이유, 살아가는 이유가 주어져 있기를 간절히 소망하고 있다. 그리고 이러한 소망을 근거로 '신은 존재한다'는 결론을 도출하고 있다. 신이 존재하지 않는다면 자신의 삶은 그저 우연의 연속으로 등장한 하나의 단순한 사건에 지나지 않기 때문이다. 하지만 이것은 '소망적 사고의 오류' 사례다. 우리가 무엇인가를 아무리 간절히 원해도, 그것이 '무엇인가가 사실이라고 믿어야 하는' 이유는 될 수 없다.

[참고문헌]

김광수 『논리와 비판적 사고』 철학과현실사, 2007

박은진, 김희정 『비판적 사고』 아카넷, 2013

레이먼드 M. 스멀리언, 『퍼즐과 함께 하는 즐거운 논리』, 이종권, 박만엽 옮김, 문예출판사, 2001

어빙 코피(Irving Copi) 『논리학 입문』 (제10판), 박만준 옮김, 경문사, 2000

전대석 『의료윤리와 비판적 글쓰기』 북코리아, 2016

전대석 『논증적 글쓰기 기반의 대학 글쓰기』 북코리아, 2020

홍지호, 이좌용 『비판적 사고: 성숙한 이성으로의 길』 성균관대학교출판부, 2011

Goldman, A. I., "What is Justified Belief?", In: Pappas G. S.(ed) *Justification and Knowledge (Philosophical Studies Series in Philosophy, vol. 17)*, Dordrecht: Springer, 1979

Howard-Snyder, Frances, *The Power of Logic*, New York: McGraw-Hill, 2009

Peirce, C. S., "The Fixation of belief", *Popular Science Monthly*, 12 (Nov. 1877), pp. 1-15

Walton, Douglas, "What is Reasoning? What Is an Argument?", *The Journal of Philosophy*, 87:8 (Aug. 1990), pp. 399-419